독일의 서적인쇄와 서적거래의 역사
구텐베르크의 발명에서 1600년까지

독일의 서적인쇄와 서적거래의 역사

구텐베르크의 발명에서 1600년까지

프리드리히 카프 지음
최경은 옮김

한국문화사

■ 역자서문

　한국은 구텐베르크의 인쇄술 발명보다 무려 70여 년이나 앞선 세계 최초의 금속활자 인쇄본 『직지』를 보유한 인쇄술의 최초 발명국이다. 지난 수십 년 동안 그에 걸맞게 인쇄술에 관한 많은 연구가 국내에서 이루어졌고, '청주고인쇄박물관', '세계문자박물관', '한글박물관' 등에서 한국의 인쇄술에 관련된 많은 자료를 수집하고 우리의 인쇄술을 전 세계에 알리려고 많은 노력을 기울였다. 그동안의 노력 덕분에 학계는 한국의 금속활자에 대한 자료를 '과도할 정도로' 수집하고, 연구 성과도 많이 내놓았다. 그러나 이런 연구 중 많은 것이 유럽의 인쇄술 연구와 비교해 보면 자료에 의존하지 않고 2차 자료나 아마추어 연구가의 가설에 의존한다. 이런 약점은 특히 한국의 인쇄술을 구텐베르크의 인쇄술과 관련시키려고 시도할 때 나타난다. 우리의 인쇄술이 독일의 인쇄술 발명의 단초를 제공했다는 주장이 대표적 가설이다. 이런 사이비 연구들은 무엇보다도 독일 인쇄술 발명에 관련된 초창기, 특히 15, 16세기의 자료가 국내에 거의 없다는 사실에 기인한다.

　이 번역서의 학술적 가치는 국내 학계에 거의 없는 독일 인쇄술 초창기의 구체적 발전 상황을 전달하여, 한국과 독일의 인쇄술 발명과 그 영향의 비교 연구를 균형 있게 만드는 데 있다. 이 번역서의 원본은 프리드리히 카프(Friedrich Kapp)의 『17세기까지 독일 서적거래의 역사』(*Geschichte des deutschen Buchhandels bis in das siebzehnte Jahrhundert*, Leipzig 1886) 중 1장 '구텐베르크와 그의 선구자들'과 2장 '독일에서 인쇄술의 확산'이다. 오늘날 우리는 인큐내뷸러 시기와 16세기에 제작되어 도처에 보존되어 있는 유럽 인쇄본의 정보를 온라인 서비스, 예컨대 '세계 서명 카탈로그'(Universal Short Title Catalogue, https://www.ustc.ac.uk)와 같은 사이트를 통해 손쉽게 접할 수 있지만, 이 책이 출판되었던 19세기에는 저자가 오랜 기간에 걸쳐 서적인쇄와 서적거래의 자료를 문서보관소, 박물관, 도서관 등을 직접 찾아가 조사하고 분석해야 했다. 그 당시 빈약하기 그지없는 연구 기반에도 불구하고 저자는 독일의 서적인쇄와 서적거래를 방대한 분량으로 저술하였고, 이후 이 책은 인쇄술 발명 초기 연구의 중요한 학술 자료가 되었다.

2020년 5월
역자 최 경 은

■ **차례**

역자서문 / V

1부 | 1
구텐베르크와 그의 선구자들

1. 필사본의 제작과 거래 ··· 3
2. 구텐베르크 서적인쇄술의 발명 ··· 40
3. 필사본에서 인쇄본으로 ··· 72

2부 | 85
인쇄술의 확산

1. 마인츠 ··· 89
2. 밤베르크 ··· 108
3. 슈트라스부르크 ·· 111
4. 쾰른 ··· 129
5. 바젤 ··· 151
6. 취리히 ··· 173
7. 아우크스부르크 ·· 177
8. 울름 ··· 189
9. 뉘른베르크 ··· 194
10. 라이프치히 ··· 203
11. 빈 ··· 225
12. 막데부르크 ··· 232
13. 튀빙겐 ··· 236
14. 비텐베르크 ··· 241

참고문헌 / 243
찾아보기 / 246

1부
구텐베르크와 그의 선구자들

1. 필사본의 제작과 거래
2. 구텐베르크 서적인쇄술의 발명
3. 필사본에서 인쇄본으로

1. 필사본의 제작과 거래

구텐베르크, 콜럼버스, 루터, 코페르니쿠스는 중세의 경계에 있는 위인들이다. 그들은 인류 문명의 발달에 있어 이정표 역할을 한다. 그들 중 누가 인간 정신의 비약적 성장과 새로운 시대로 들어가는 문을 열어 주는데 가장 큰 영향을 미쳤느냐는 질문에 대답하기는 어렵다.

우선 마인츠 시민 구텐베르크는 정신에 묶여 있던 사슬을 풀고 날개를 달아 준다. 그는 납을 세계의 정복자 대열에서 죽음을 불러오는 탄환이 아니라, 글로 담화하며 삶을 일깨우는 활자로 만든다. 선원이며 탐험가인 콜럼버스는 공간의 세계를 확장하고, 유럽을 지중해라는 좁은 바다와 해안의 경계를 넘어 무한의 대양으로 나아가게 한다. 거기에 이어 비텐베르크의 종교개혁자 루터는 정신을 옭아매고 있던 사슬을 끊어버리고 도덕적 자율의 권리를 돌려줄 것을 요구한다. 프라우엔부르크 주교좌성당의 참사회 의원인 코페르니쿠스는 우주의 운동법칙을 발견함으로써 인류가 그때까지 꿈꾸어 왔던 유치하기 짝이 없는 하늘에 대한 상상을 마침내 깨뜨려 버린다.

사고하는 인간이 기호와 문자를 수단으로 불충분하게라도 서로를 이해하고 사고의 열매를 후세에 옮겨놓을 수 있을 때까지 수천 년이 흘러갔다. 기존 작품의 전제와 토대인 구텐베르크의 발명이 비로소 전대미문의 범위로 민중의 정신적 교류를 확장했고, 그 교류를 세계를 지배하는 권력으로 만들었다. 위대한 발견과 발명은 결코 우연의 소산이 아니다. 그것은 항상 수년간의 노동과 관찰의 결과이며, 처음엔 실패하지만 후에 성공하는 시도이며, 뜬 눈으로 보낸 수없이 많은 밤과 새로운 근심과 절망, 그리고 오랜 기다림 끝에 오는 승리의 결과이다. 냉정한 현실 세계에서는 아이디어의 최초 사고와 그것에 바탕으로 둔 대발명의 궁극적인 현실화 사이에는 항상 길고 불안한 시기가 놓여 있다. 발명자와 발견자는 시작의 어려움을 의식하면서 관습적 관계로 편승하는 노력에서 항상 오래전에 인정된 삶의 방식에 기대려고 하는 욕구를 느낀다. 그래서 구텐베르크 또한 외관적으로는 보면 동일한 분야에서 옛것의 성과를 충분히 이용하고 발전시키는 방식으로 쓰기 기술과 중세의 필사본 거래를 접목하고 있다.

서적이나 필사본 거래에 대한 언급은 매우 드물며, 산발적인 단편 자료만이 후세에 전달되었다. 고대연구가와 역사서술가는 동일한 단편적 자료로부터 희박하게 전승된 것에 있는 내용들을 반복해서 발표한다. 여태까지 연구되지 않았던 자료들이, 이것은 아주 불가능해 보이는데, 해명되지 않는 한, 새로운 사실들이 더 이상 조달되기가 어려울 수 있다. 그래서 그 시대의 서술과 인식에 대한 것은 이미 획득된 연구 성과의 요약에 불과하다.

아테네, 알렉산드리아, 로마는 고대 세계의 정신적 삶을 규정하고 지배하는 문화의 3대 중심지였다. 그리스인들은 기원전 7세기 전까지는 파피루스를 이집트에서 조달받지 못했기 때문에 그들의 문학도 이 시기 이후에나 비로소 시작될 수 있다. 아테네의 서적거래에 대한 것은 아주 드물게 후대에 전해지고 있다. 페르시아 전쟁(기원전 499-450)의 종말과 더불어 시작되고 펠로폰네소스 전쟁(기원전 431-404)으로 끝난 그 시기에 자유롭게 발전된 그리스 정신이 만개한다. 그러나 아테네는 나중에 위대한 시인이나 작가를 통해 비로소 그리스 문학의 중심지로 발전된다. 그곳에서 세계의 모든 일이 낭독되고 기술된다. 이미 기원전 5세기에 대중적인 문학이 만개한다. 일화 모음집, 요리책 등이 존재한다. 서적은 집에서나 학교에서 사용된다. 기원전 432년에서 425년 사이에 최초로 서적판매원이 언급된다. 필경사가 필사본 거래의 상업적 영업 활동을 중개한다.

필경사라는 직종에서 서적판매원이 유래하였고, 서적판매원이 필경사라는 직업을 성장시켰다. 종종 한 사람이 두 가지를 함께 한 경우도 있었다. 알렉산더대왕(기원전 356-323)은 아테네에 있는 친구 하르푸루스를 통해 새로운 문학작품과 역사서를 현지로 보내게 했다.

작가와 출판업자 사이의 정당한 관계, 즉 출판업자가 작가에게 사례를 지불하는 관계는 불법복제를 금지하는, 혹은 표절을 금지하는 법이 없던 것처럼 당시에는 거의 존재하지 않았다. 작가적 작업으로 돈을 번다는 것은 학식 있는 그리스인에겐 수치스러운 일인 것처럼 보였다. 작가는 아마 서적중개상이 아닌 부유한 개인에게 자신의 원고를 판매했을 것이다. 플라톤(기원전 428-348)과 아리스토텔레스(기원전 384-322)와 같은 철학자들은 자신의 작품을 제자나 친구에게 주었고, 그들은 그것을 스스로 복제하거나 거래를 통해 수익을 창출하는 서적상에게 넘겼다. 플라톤의 제자인 헤르모도루스는 스승의 작품을 시실리언에서 판매했다는 비난을 받았다. 부유한 시민들은 노예를 시켜 사본을 만들게 하거나 자신들에게 가치 있는 원고는 자신의 손으로 직접 필사했다. 예컨대 데모스테네스는 스스로 여덟 번이나 투키디데스(기원전 454-396)의 역사서를 복제했다고 한다. 기원전 400년에 이미 아테네에서는 도서관이 존재했다. 피지스트라투스와 폴리크라테스에 의해 확인된 도서관의 존재가 여전히 불확실하지만, 아테네 사람들이 보고하는 오이리피데스, 유클리데스, 니코

크라투스의 존재는 남아 있다.

알렉산더대왕 이래 비로소 아테네에서는 필사본 거래의 정기적인 상거래가 발전되었다. 아리스토텔레스의 제자 알렉산더가 알렉산드리아를 자신의 그리스-아시아-아프리카를 포괄하는 세계제국의 정치적 수도로 정한 것처럼, 그는 아테네를 그 당시 세계의 정신적 자본으로 경의를 표했으며 문학의 중심지로 만들었다. 알렉산더대왕의 정치적 몰락에도 불구하고 그의 과거 명성이 - 아테네가 수백 년간 알렉산드리아에 비해 중요한 서적 시장으로 남을 정도로 - 여전히 강력한 마력을, 특히 로마에 행사하였다. 상인들은 시장에서 자신들의 입지를 확고히 했으며 여기서부터 필사본을 머나먼 야만족에게 이르기까지 가져갔는데, 순수문학과 철학 작품만이 아니라 행정 문서도 거기에 포함되었다(Schoemann 1853, 529). 루쿨루스와 술라와 같은 부유한 로마의 위인들은 거기서 도서관 전체를 메울 서적을 구매하였다. 아테네에서 수사학과 철학을 공부하는 젊은 귀족 청년들은 서적 구매를 기품 있는 태도와 취향의 문제로 보았으며 거기서 수집한 상당한 양의 필사본을 집으로 가져갔다. 필사본의 가격은 서적이 아주 적은 수의 가용 노예로는 대량으로 제작될 수 없었고 그밖에도 쓰기 자료의 유동적인 가격으로 인해 비용이 많이 들었기 때문에 값이 쌀 수 없었다. 아테네에서는 유명한 필사본 거래상의 이름은 거의 알려지지 않았다. 단지 칼리누스와 아티쿠스의 일화로 후대에 전해질 따름이다. 칼리누스는 아름다운 필사본으로, 아티쿠스는 필사본 거래로 두각을 나타내었다. 이런 직업은 심지어는 평판이 나쁘기도 한데, 왜냐하면 정직하지 못한 일들이 자주 발생했고, 정확한 필사본 대신에 질이 나쁘고 양심이 없이 제작된 필사본이 형편없는 도구로 채색되어 구매자에게 판매되었기 때문이었다. 예컨대 테오폼프는 서적상을 정어리, 과일, 무화과, 가죽, 밀, 숟갈 등을 판매하는 상인과 동일한 등급에

놓았다(Meineke, 852).

　로마인들이 근동을 정복하고 난 후 로마 아시아 헬레니즘이 수백 년 동안 문학에서 세계를 지배했던 알렉산드리아에서 만개했다. 프톨레마이우스인은 여기에 고대의 가장 큰 도서관을 건립하였다. 이 도서관은 아랍인들에 의해 최종적으로 완전히 파괴되기 전에 700,000종의 두루마리가 있었다고 전해진다. 프톨레마이우스인은 그리스문학에서만 찾아낸 것을 - 많은 그리스 도시에서 거의 사본이 남아 있지 않을 정도로, 그리고 후에 새로운 사본을 위한 텍스트를 얻기 위해선 알렉산드리아로 가야만 할 정도로 - 대량으로 구매했다. 알렉산드리아 두루마리 거래상의 영업, 두루마리의 가격, 그에 관련된 조건 등에 대해선 유감스럽게도 알려진 것은 없다. 물론 새로운 텍스트의 제작을 위해 일부 동원되었던 필경사들은 아주 유명했지만, 자신의 작업에 거의 책임을 지지 않았다. 반면에 알렉산드리아의 문헌학자와 도서관 사서들의 활동은 철저하고 후대에까지 중요했다는 사실이 입증되었다. 페르가몬에서 아탈루스왕에 의해 건립된 도서관은 안토니우스가 그 도서관을 클레오파트라에게 선물할 때까지 200,000종의 두루마리를 소장하고 있었지만, 알렉산드리아의 도서관과 경쟁할 수 없었다. 왜냐하면 돈만이 아니라, 도서관의 재건을 위한 모든 종류의 문학적 보조수단이 부족했기 때문이었다. 안티오키아 또한 알렉산드리아의 사례와 그의 풍족한 도구와 비교해보면 초라할 정도였다. 그리고 그리스-소아시아와 이집트 무역에 유리한 위치를 점하고 있는 레두스섬은 짧은 기간에만 중요한 서적 시장으로 존재할 수 있었다.

　로마는 도시가 세계로, 그리고 완성된 국가로 확장되고 형성된 후에 황제의 국가로 비로소 아테네의 유산을 넘겨받았고 그때부터 점차 학문적 교양의 욕구를 충족해 나갈 수 있었다. 자신들의 고향이 무력으로 정복당하자 무리를 지어 로마로 흘러든 그리스의 철학자, 수사학자, 언어교사 등은 특히 글 쓰는 일을 중흥하는 데 일조했으며, 그들의 저작물은 곧 독립적인 서적거래로 중개되었다. 승리한 로마인이 알렉산드리아와 그리스에서 탈취한 수많은 도서관 서적은 그리스 문학의 연구를 촉진했다. 은행가 폼포니우스 아티쿠스는 이런 값비싼 서적들을 자신이 지니지 않고 필사본 거래에 사용했던 최초의 인물이었다. 그는 특히 키케로의 작품들을 간행했다. 엄청나게 많은 정신적 에너지가 요구되었던 정치적 삶의 몰락이 진행되면 진행될수록 문학적 교류는 그만큼 더 중요한 의미를 가지게 되었다. 알렉산드리아시기에 문학적 전성기가 아테네에서 시작되었던 것처럼, 로마에선 아우구스투스에서 시작되었다. 아테네에서와 같이 로마에서도 필사본 제작은 노예의 몫이었다. 아테네에서 소규모로 수행되었던 것이 로마에서는 보다 완전하고 풍족하게 복제되었다. 로마의 아우구스투스에서 아시니우스폴리오 시대에 이르기까지 건립되었던 공공 도서관의 수는 수백 년 내에 28개까지 증가하였다. 그러나 황제 치하에서 정신적 삶의 발전과 더불어 그에 상응하는 개인 도서관 또한 병행해서 증가하였다. 귀족들 사이에는 중요한 필사본을 소유하는 것이 자신의 품위를 유지하는 일로 치부되기에 이른다. 아테네인이 필사본의 복제를 위해 10명의 노예를 가졌다면 로마인들은 같은 목적으로 수천 명의 노예를 이용했으며, 수많은 수의 부지런하고 동시에 필사하는 노예들의 손으로 단지 한 편의 원고가 받아쓰기를 통해서만 대규모 작업으로 착수될 수 있었다. 물론 노예들이 듣고 생각하며 쓰는 과정에서 나올 수밖에 없는 수많은 실수는 어쩔 수 없이 감수되어야 하는 사항이었다. 예컨대 문자로 쓰인 토착민의 정신적 산물과 외국의 정신적 산물의 대량 확산은 오늘날 언론을 통해 퍼지는 것과 아마 비슷했을 것이다. 유통되는 작품의 가격도 로마에서는 아주 저렴했다. 그러나 로마에서 서적의 대량복제에 대해서는 여전히 염두에 두지 못할 정도로 필경사의 수는 적었다. 그래서 그리스인도 그렇지만 로마인들도 대량복제가 가능한 서적인쇄술의 기본적인 사고는 지니게 되었다.

고대 초기에도 활자(活字)는 이미 알려져 있었으며, 예술, 문자, 다른 기호들도 나무나 금속으로 만든 도장에 새겨지거나 색의 도움으로 압형을 뜨거나 부드러운 반죽으로 찍히기도 했다. 그러나 이런 지식을 계속 발전시킬 수는 없었다. 헤로도토스 이후 바빌론 사람들은 누구나가 인장 반지(Siegelring)를 지니고 있었다. 스키피오 아프리카누스는 자르도닉스라는 돌에 자신의 인장을 새기게 한 최초의 인물이었다. 아우구스투스 황제는 자신의 편지와 문서에 스핑크스 모양의 인장을 찍었다. 마찬가지로 고대인들은 금속 도장도 가지고 있었다. 그 도장에는 노예, 가축, 빵, 도자기 등을 표시하기 위한 단어들이 좌우 대칭으로 새겨져 있다. '10두 정치'(Decemvirn)의 법률은 10개의 청동판에 새겨졌다. 이런 것들이 외관상으로는 인쇄로 가는 손쉬운 또 다른 발전으로 연결되지 않았다는 것과 좌우 대칭 문자의 눌러찍기가 이미 스파르타의 왕 아게실라우스 이전에 이미 사용되었으며, 이 방법이 널리 알려져 있었다는 것은 또한 놀라운 사실이다. 예컨대 플루타르크는 아게실리우스 왕이 전쟁을 치르기 전에 전사의 용기를 다음과 같은 목록을 통해 북돋우었다는 사실을 간결한 문장으로 서술하고 있다. 그는 제물을 준비하게 했으며, 검은색 잉크로 '승리'라는 단어를 은밀하게 좌우 대칭으로 손바닥에 썼으며, 제물의 내장을 자세히 살피기 위해 제단을 향해 걸어갔다. 그는 동물의 간을 움켜잡고, 그것을 손으로 누르면서 깊이 상념에 빠져든 것 같은 태도를 취했다. 그리고 갑자기 감격에 겨워 정신을 차리면서 그의 병사들에게 동물의 간에 찍힌 '승리'라는 어휘를 신이 준 기적의 표시로서 보여주었다.

그밖에도 로마인들은 글자를 배우려는 아이들에게 개별 철자를 새겨 넣은 놀이도구를 만들어 주었다. 성인 히에로니무스는 4세기 말경 로마의 귀부인 라에타에게 그녀의 딸 수업을 위해 동일한 방법을 조언했다. 그는 다음과 같이 말했다.

"따님을 위해서 회양목이나 상아에 철자를 새기시고 그것에 이름을 붙이십시오. 따님이 그것을 가지고 놀게 하십시오. 그러면 그 놀이 자체가 수업이 될 것입니다. 철자들을 서로서로 던져서, 끝에 철자가 중간에 오게도 하고 처음에도 오게 하십시오. 그렇게 함으로써 철자의 이름에 따라서 뿐만 아니라 철자의 형태에 따라서도 학습할 수 있습니다."

그러나 이런 개별 철자들로 어휘를 구성하고, 이것들을 서로 연결하여 찍어낼 수 있다는 생각에는 아무도 미치지 못했다. 키케로는 신들의 본성에 대해 서술한 자신의 작품 『신의 본성에 관하여』(*De Natura Deorum*)에서 스토아학파의 철학자 발부스(Balbus)와 에피쿠로스학파의 철학자 벨레유스(Vellejus)를 대조하고 있다.

"확고하고 나누어질 수 없는 본체의 수는 중력을 통해 모을 수 있고 그것의 우연한 만남으로부터 화려하고 정말 놀라운 세계가 형성될 수 있다고 상상한다는 사실에 나는 놀라지 않을 수 없다. 내가 파악할 수 없는 것이 일어날 수 있다고 누가 믿겠는가? 그 어떤 위치에 무수한 형태의 (금으로 혹은 다른 소재로 만든) 21개 철자가 뒤죽박죽 섞어, 흔들어 놓는다면, 그것을 통해 에네아(Ennius, BC 239-169)의 로마연대기가 성립되어 읽힐 수 있게 서술될 수 있었다면 왜 믿지 않겠는가?"

새겨 넣은 것을 찍을 경우 좌우 반대로 복제된다는 사고에 이르기 전인 중세에서도 이미 오랫동안 나무, 금속, 돌 등에 문자가 새겨졌다. 그러나 서적의 필사본 제작이 서적인쇄술 없이도 얼마나 중요했는지는 몇 가지 사례가 입증해준다. 아우구스투스가 종교적 최고권한을 세속적 권한과 통일시켰을 때, 그는 유일한, 물론 열성적으로 탐내었던 필사본을 찾기 위해 소위 사이비 여성 예언자에게서 2,000종 이상의 서적을 압류하였다(Schmidt 1847, 118). 274행과 127개의 제목으로 구성된 마르티알리스(40-100)의 격언적인 2행시 크세니엔의 열세 번째 책을 출판업자인 트리폰은 4 제스테르츠(로마의 은화) 혹은 54페니에 판매하였다. 마르티알리스는 그 가격이 너무 비싸다고 생각하고, 절반 가격 즉 27페니에 판매될 수 있을 것이라고 확신한다. 그리고 그렇게 팔린다 해도 출판업자에게 상당한 이익을 가져다줄 것이다. 마르티알리스의 크세니엔은 토이브너 판의 좁은 인쇄로 한 장의 인쇄 전지를 채운다. 마르티알리스는 540개 시행을 포함해서 93개의 에피그램을 수록하고 있는 두 번째 책에 대해 출판업자가 하루에 1,000부를 제작했다고 말한다. 더 자세히 말하면 100명 이상의 필경사가 그 일에 매달렸고, 한 사람이 작은 작품의 기록에 매일 10시간 작업한다고 계산하면, 물론 그 시간 내에 1,000부라는 서적이 제작될 수 있다.

 로마에서도 작가들은 서적거래상으로부터 저작료를 받지 않았고, 최소한 저작료에 대해 언급할 수도 있는 증거 자료가 어디에도 존재하지 않는다(Marquardt 1882, 806). 키케로는 자신의 일을 아주 상세하게 언급한 편지에서 자신이 아티쿠스와의 교류에서 그 어떤 재정상의 이익을 끌어냈다는 내용을 언급하고 있지 않다. 퀸틸리아누스(Quintilian)가 자신의 출판업자인 트리폰에게 보낸 편지에서도 저작료 요구에 대한 암시는 전혀 찾을 수 없다. 유베날리스(Juvenal)는 자신의 일곱 번째 풍자시에서 작가의 급료에 대해선 전혀 언급하지 않는 반면, 수사학자, 변론인, 다른 직업군의 아주 사소한 수입까지도 정확하게 서술하고 있다. 호라티우스(Horaz)는 자신의 시가 출판업자에게 돈뿐만 아니라, 해외에까지 알려지기 때문에 저자에게 명성을 안겨준다고 생각한다. 따라서 그는 저작료에 대해 알지 못한다. 그 때문에 작가는 출판업자가 아니라 궁정, 고위직 관료, 제국 등으로부터 자신의 창작물에 대한 보수를 기대하거나 받는다는 결론이 아마 옳을 것이다. 이에 반해 개인이 작가로부터 필사본을 구입하고 그 대가로 좀 더 비싸게 지불했다는 것은 아마 입증된 사실일 것이다. 예컨대, 키케로의 시대에 살았던 한 부유한 남성은 문법학자인 폼필리우스 안드로니쿠스(Pompilius Andronicus)에게 그가 저술한 역사 일람표 원고에 대해 16,000 제스테르첸(로마의 은화, 대략 2,500마르크)을 주었고, 또 다른 부유한 남성은 늙은 플리니우스(Plinius)에게 그의 선집에 대해 400,000제스테르첸 은화(62,000마르크)를 제공하였다.

  로마의 모든 도시 구역에서는 그들의 가게가 거리 일부를 완전히 차지할 정도로 수많은 필사본 거래상이 존재했다. 특히 가게들은 쿠리에[1] 근처 광장, 겔리우스가 필사본 거래상의 중심지로 명명한 비쿠스 잔델라리우스에 있는 아르길레툼[2], 시길라리스[3] 등지에 자리 잡고 있었다. 알려진 가게는 특히 소시우스 형제, 호라티우스의 출판업자, 율리우스 루센시스의 노예 신분에서 해방된 트리폰(Tryphon), 아트렉투스와 발러리아누스 폴리우스, 도루스, 세쿤두스 등이다. 신간 서적을 문기둥에 걸어 알렸던 그들의 가게는 문학 애호가, 시인, 평론가, 상류사회, 학계의 모임 장소 혹은 강독실로 이용되기도 했다. 가게의 내부는 사프란 향료의 냄새가 진동하며, 곰팡이를 없애기 위한 삼나무 목재 향이 배어 있었다.

---

1 로마의 행정구역.
2 로마의 거리 이름.
3 로마의 미술품 시장.

묶어진 문서 두루마리는 벽장의 칸칸이 놓여 있었고, 인기 있는 두루마리는 구매자의 시야에 잘 들어오는 칸에, 상품 가치가 미미한 두루마리는 맨 밑 칸에 두었다. 가게 뒤에는 일반적으로 필경사, 두루마리 제작자, 제본가가 일하고 있었던 필사 공방이 있었다. 필사본 제작업자는 이미 문학의 개별 분야로 구분되었다. 행정서류, 법률서, 시 등은 여러 필사본 공방에서 다양하게 간행되었다. 예컨대 마르티알리스와 같은 몇몇 인기 시인들의 작품은 여러 판이 제작되었다. 그래서 도서관 비치용으로 정해진 아름답고 값비싼 판은 아트렉투스 공방에서 출간된 반면, 값싼 문고판은 트리폰 공방에서 제작되었다. 또한, 그 외의 이탈리아 도시와 지역에서도 1세기부터 이미 필사본 거래상이 존재했다. 그들은 필사본을 대부분 로마에서 받아서 고객이기도 한 제작업자에게 판매를 위해 넘겼다. 밀라노, 폼페이, 나폴리, 타렌트, 항구도시 브룬디지움 등과 같은 이탈리아의 도시들은 말할 것도 없고 지방 도시인 동쪽의 아테네, 스미르나, 알렉산드리아, 서쪽의 아우툰, 비엔느, 라임스(리용), 마실리아, 남쪽의 카르타고, 우티카 등에 필사본 거래상이 활동하였다. 노예 작업을 바탕으로 한 로마의 필사본 거래는 그 당시 문명 세계 전역에서 이루어지고 있었다(Schmidt 1847, 123).

그러나 이런 확장된 거래에도 불구하고 - 복제 혹은 필사가 법을 통해 금지된 사례는 말할 것도 없고 - 저작권에 대한 언급은 전무하다. 또한 사유재산권에 대한 있을법한 손상이 가능할 것으로 여기는 탄식에 대한 흔적도 없다. 그러나 서적의 성공적 사례와 판매고는 로마에서 복제 전에 일상적으로 공개된 낭독에서 일어났던 박수갈채를 받은 후 비교적 정확하게 계산되었다. 비르트(Birt 1882, 104)가 추정한 바에 의하면, 필사본 거래상들 간에 어떤 새로운 간행서적도 필사하지 않겠다는 우호적인 합의가 이미 존재하고 있었다. 필사본의 제작과 거래를 통한 필사본 영업은 그때까지 세계에서 가장 중요한 필사본 시장이었던 로마에서 5세기까지 동일한 형태와 범위로 유지되었다. 야만인들의 이탈리아 침략은 '영원의 도시' 로마의 정신적 지배를 완전히 파괴할 수는 없었고, 기껏해야 필사본 제작이 줄어든 정도였다. 그러나 전시에는 정신적 분야에 대한 관심이 줄어들기 마련이다. 고트족의 침략이 아름다움, 화려함, 정신 등으로 점철되었던 풍요로운 고대 세계를 잿더미로 묻어 버렸다. 야만인들의 육중한 발이, 이제 유린하거나 침략한 정복자의 거친 주먹이 천년 동안 이어진 로마의 정신적 유산과 더불어 그 당시 전체 교양 세계의 유산까지도 철저히 파괴했다. 교사, 학교, 학문과 더불어 이제 호화로운 도서관까지도 잿더미로 변했다. 로마가 겪어야 했던 끔찍한 재앙에서 수많은 서적, - 여기에 『도시의 명성』(*Notitia Urbis*)도 속해 있는데 - 팔라티나와 울피아, 혹은 예를 들어 보에티우스와 짐마쿠스 등이 소유하고 있었던 개인 도서관은 손상을 입을 수밖에 없었다. 그리고 고트족과 그들의 추종자들이 벌인 파괴 전쟁은 로마 문화가 남긴 값비싼 보화를 - 운 좋게 막 생겨난 베네딕트 교단의 수도원이 수집하고 구할 수 있었던 잔재들까지도 - 집어삼켰다(Gregorovius, 459).

물론 수백 년간 지속된 야만으로의 복귀는 거의 모든 정신적 활동을 마비시켰다. 벌거벗은 삶이 야만인에 대항해서 자신을 방어하려고 했던 시대는 필사본의 수많은 상업적 제작은 말할 것도 없이, 어떤 필사본도 필요하지 않게 되었다. 그러나 이탈리아에서 고대 고전주의의 영향은 오랫동안 유지되었고, 결코 완전히 사라지지는 않았다. 다른 질서가 서서히 폐허에서 다시 소생하게 될 때까지에는 반세기가 흘렀다. 우선 새로운 정신적 삶의 최초의 싹을 돌보고 그들의 중개자들에게 손님처럼 후하게 장소를 제공했던 곳은 바로 그리스도교 수도원이었다. 필사본 작업도 교회의 업무로 편입되었다. 교회가 초창기에 최소한 몇 권의 서적을 필요로 했기 때문에 쓰기 능력을 갖춘 수도승들은 수도원의 은둔적이고 단순한 삶에 의무와 무위의 성격을 수용할 수 있는 필사 작업에 종사했다. 깃펜을 놀리는 수도승들의 부지런함으로 인해 점차 소규모 도서관이 생겨나기 시작했다. 수도원을 통한 필사본의 구매는 여전히 드문 일이었으며, 기껏해야 예외적으로 화려함을 좋아하는 수도원장이나 주교가 아름답게 필사되고 화려하게 장식된 기도서를 구입하는 정도였다. 그 때문에 그 당시 서적들은 교회의 보물 목록에 속했다. 그러나 다른 한편으로는 중세 초기의 수도승은 고전문학 작품을 복제하여 소멸로부터 구함으로써 문명 세계의 정신적 삶을 위한 공적을 쌓았다. 그러나 고대 서적의 대량 제작은 점점 개별 제작으로 줄어들었다. 이것은 수도원이라는 아주 고립된 상황에서 성립되었고, 발전하는 동시대 정신과의 연관성은 거의 없었다.

그리스도교 성직자는 이제 학술적 교양의 거의 유일한 담당자가 되었다. 그러나 성직자는 주문으로 제작된 필사본을 거래하지는 않았고, 자신의 필사 작업을 통해 고유의 필사본 거래를 수백 년간 완벽하게 저지하였다. 왜냐하면 몇 부의 필사본으로 제한된 영업은 필사 공방과 (그 당시 여전히 존재하지 않았던) 문학적 대량생산의 이익을 연결할 수 있는 거래가 아니었기 때문이다. 수도승들은 특히 9세기에서 14세기에 이르는 동안 탁월한 업적을 남겼다. 그러나 그 후 그들은 증가하는 종교적 윤리의 부패로 게을러졌고 필요한 서적을 필사하기보다는 구입하길 좋아했으며 자신들이 필요한 서적을 다른 사람들에게 필사시켰다. "오늘날 그들은 서적을 채우기보다는 술잔을 비우는데 탐닉하고 있다"라고 영국의 주교 리차드 드 베리(Richard de Bury)가 자신의 (1344년 제작된) 『문헌 애호가』(Philobiblion)에서 수도승을 비판하고 있다. 수많은 수도원에서는 쓰기 작업이 심지어는 완전히 중단되기도 했다.

이탈리아에서 새롭게 무르익은 교양과 롬바르디아(이탈리아 북부의 평원지방)에서 왕성하게 태동한 학교가 많은 학습서를 절실히 필요로 했으며, 그에 따라 돈을 받고 문학적 보조도구인 서적의 복제를 조달해주고 이런 서적들을 판매해줄 많은 필경사가 요구되었다. 이탈리아에서 최초의 대학이 12세기에 이미 설립되었지만, 대학에서 필사본 거래를 입증해줄 만한 자료가 13세기 후반기에 비로소 나왔다. 아주 다양한 지역에서 흘러들어온 많은 대학생은 물론 제대로 된 필사본 교재를 필요로 했다. 그 당시 이탈리아에서 가장 중요한 대학이었던 볼로냐대학이 대학 중 선두에 있었다. 여기선 필경사의 활동이 다른 어떤 직종보다 활발히 활동하였으며, 심지어 남성만으로 필요한 것을 충족하지 못했기 때문에 여성도 필사 작업에 종사하였다.

위대한 법률가 폰 새바이니(F.C. von Savigny)는 그의 저서 『중세 로마제국의 역사』 25장에서 필사본 상인의 법률적 그리고 실질적 지위를 아주 명확하게 설정했고, 그 이래로 - 키르히호프의 『중세의 필사본 상인』과 바텐바흐의 『중세의 서적』에서 아주 세세한 부분에 이르기까지 다방면으로 확장했던 - 이 분야에서 신뢰할 만한 선구자가 되었다.

그들의 연구에 따르면 그 당시 필사본은 주문에 의해서만 제작되었다. 필사본을 필요로 하는 사람이 자신의 목적을 위해 직접 필경사와 계약을 맺었다. 한편으로는 교수들이 자신들의 소책자가 자격이 없는 필사본 제작으로부터 보호하기 위해서, 다른 한편으로는 학생들이 감언이설로 속아 넘어가는 것으로부터 방지하기 위해서 도시 볼로냐는 1259년에 이미 필사본, 특히 필사본 거래에 대한 엄격한 규정들을 공포하였다. 시간이 흐르자 이탈리아의 나머지 대학들도 이런 규정에 따랐다. 대학들의 규정은 비교적 일치하는데, 필경사와 필사본 대여자는 대학에 의해 슈타치오나리(Stationarii, 필사본 대여자)로 채용되어 대학의 재판권에 예속되었지만, 자신들의 특권도 향유하였다. 슈타치오나리라는 이름은 슈타치오(Statio), 즉 '타벨리오(카드)와 리브라리우스의 작업장'에서 유래하였다. 그러나 슈타치오나리가 하는 일은 옛날 필경사, 노타리우스, 리브라리우스 등이 하는 일을 포괄하고 있다. 이탈리아에서는 단지 슈타치오나리만이 등장하고 있는 반면, 파리의 대학은 슈타치오나리를 리브라리우스로도 동시에 표기하고 있다.

슈타치오나리는 원래 필사본을 대출해 주는 사람이었다. 그들은 필사할 목적으로 서적을 빌리는 학생들에게 대여료를 받고 서적을 건네주기 위해 여분의 서적을 보유하고 있었다. 그들은 그밖에도 위탁을 받아 옛날 필사본의 판매에도 관여했다. 그러나 슈타치오나리에게는 필사본 거래, 즉 필사본을 이익을 남기고 다시 팔기 위해 하는 일이 허용되지 않았다. 따라서 필사본을 스스로 필요로 하거나 슈타치오나리로서 대출해 주길 원하는 사람 외에는 그 누구도 필사본을 살 수는 없었다. 이런 법률적 규정은 그 당시 학문이라 불렀던 것을 독점할 수 있으리라 잘못 생각하고 있었던 대학의 길드 정신에 기인한 것이었다. 모든 대학이 그 때문에 도시에 존재하는 필사본들도 소장하려고 시도했다. 볼로냐대학의 어떤 규정은 심지어 1334년에 만약 사전에 도시 당국의 문서로 작성된 허가를 받지 못한다면 서적을 지니고 도시 밖으로 나가는 것을 금지하고 있었다. 슈타치오나리는 또한 대학에 의해 아주 사소한 직무 수행까지도 감시받았다. 이미 언급한 도시의 규정과 후에 볼로냐대학의 규정에는 예컨대, 자신들이 정확한 필사본을 지니고 있으며, 이것들을 어떤 다른 학교에도 판매하지 않을 것이며, 여태까지의 대여료를 높이지 않을 것이고, 새로운 주석을 통해 옛 주석을 없애버리기 위해 박사들과 관계를 맺지 않겠다는 내용이 포함되어 있다. 볼로냐대학의 법규는 한층 더 자세한 규정들을 담고 있다. 그들은 슈타치오나리가 보유하고 있으며 열람 가능한 카탈로그에서 - 거기엔 그들이 각각의 필사본에 대한 대여료까지도 정해놓은 규정이 있는데 - 실제로 존재하는 것으로 입증된 117종의 필사본을 언급하였다. 교황에 의해 지정된 6명의 페키아리우스(Peciarii)[4]가 필사본의 정확함과 가치를 평가하였다. 큰 필사본의 경우 대여료의 산정은 오늘날의 가치로 환산하면 5페니에 해당하는 크바테르네(Quaterne)에 4 데나레(Denare)가 기준이었다. 크바테르네는 4번 접힌 전지(Bogen) 혹은 8장(Blätter)의 전지철을 일컬었다. (크빈테르네는 5번, 제스테르네는 6번 접힌 전지를 일컫는다) 처음에 디오클레티아누스(Diocletian)[5] 밑에 오는 단어는 프랑스어로 'Cahier', 영어로 'Quire'로 변화되었다. 크바테르네의 절반, 즉 2번 접힌 전지 혹은 4장의 전지철은 중세후기에는 페키아(Pecia)라 불렸다. 페키아는 그 외에도 예전에는 정확히 정해진 행의 수를 지니고 있어야만 했다. 필사본의 가격은 처음엔 젝스테르네에 따라, 후에는 크바테르네에 따라 산정되었다. 필사본 대여를 주로 하는 영업 외에도 슈타치오나리는 망자의 유산, 졸업한 학생의 서적, 보호 감찰 하에서 필사본 거래가 금지되어 있었던 유대인의 서적을 관리하였다. 그러나 그들은 결국 어느 정도의 형식을 지키는 가운데 아주 값싸게 책정된, - 판매 가격의 1.5에서 2.5% 정도의 - 경우에 따라 60리레(Lire) 정도의 액수에 달하는 위탁 수수료를 받고 필사본의 판매를 주선할 수 있었다. 볼로냐와 신생대학에서도 슈타치오나리의 영업은 규칙적으로 학교 관리인들에 의해 운영되었으며, 그 수는 둘 이상이 드물었다.

---

4 페키아(Pecia, 라틴어로 '부분'이라는 의미): 12세기부터 시작된 서적의 빠른 복제를 위한 시스템. 문서 전체를 필사하지 않고 여러 필경사가 분야별로 나누어 필사하는 것을 의미함.
5 로마제국의 황제, 284-305.

그림 1 : 14세기 말 파리대학의 강의실 모습

　이런 이탈리아 모델을 우선 파리대학이 모방하였다. 파리대학에서 필사본 제작과 필사본 거래에 관한 규정들이 영국으로 건너갔으며 파리의 모델을 본받아 설립된 독일대학들로도 전달되었다.

　14세기에 이미 파리대학은 개별 필사본의 가치 평가와 감독을 위해 슈타치오나리와 필경사(리브라리우스) 출신의 4명의 의원을 선출하였다. 그 어떤 필사본도 대학의 허가 없이 구입 혹은 판매될 수 없었다. 또한 파리의 학자 길드는 학술적 보조 수단 제작을 쉽게 해주지 않고 오히려 어렵게 만들었다. 예컨대 파리의 슈타치오나리와 리브라리는 매 2년 혹은 필요한 경우에는 더 자주 다음과 같은 내용에 서약해야 했다.

- 자신들에게 위임된 필사본을 보관하고 전시하며 판매하는 경우에는 성실하고 정직하게 행동할 것,
- 자신들은 구매자인 동시에 판매자가 아닐 것,
- 필사본을 판매했던 곳에서 한 달 이내에 구매하지 않으며, 그런 서적들을 수중에 넣기 위해 꾸며서 주장하지 않을 것,
- 필사본을 값싸게 얻기 위해 동일한 필사본을 감추지 않고, 판매할 수 있는 상품으로 즉시 전시할 것,
- 서적의 판매자들에게 실제 가격을 요구하며, 이 가격을 판매자의 이름으로서 필사본의 눈에 띄는 위치에 찾을 수 있도록 할 것.

슈타치오나리는 필사본을 저자보다는 필사 작업을 대규모로 영업하는 곳에서 더 많이 구입한 것처럼 보인다. 그들은 필사본 영업을 수행하는 하인들을 데리고 있었다. 서적을 필사시키려 하는 사람은 이런 하인들을 이용하였으며, 자신들의 필사본을 학자들에게 빌려주기도 하였다.

독일의 지역적으로 단절된 대학들의 설립 문서나 정관에서는 이탈리아와 파리에서처럼 슈타치오나리와 필사본 상인들에게 동일한 지위가 위임되는 반면, 전체 시설은 거기서 결코 동일한 의미를 차지하진 않는다. 하이델베르크, 빈, 쾰른에서만 필사본 거래에 대한 감독이 비교적 확실하게 증명될 수 있다(Wattenbach 1875, 384). 그 외에 비록 에르푸르트와 라이프치히에서 문학적 삶과 활동이 중요하지 않다고는 결코 말할 수 없을지라도, 거기에 대한 어떤 입증할 만한 자료도 없다. 그러나 독일 대학생들은 많은 수가 돈이 없는 부류에 속해 있었고, 심지어 대부분 가난했으며 그 때문에 자신들의 학문적 보조 수단을 스스로 필사해야만 하거나, 프라하나 빈에서처럼 교수의 구술에 따라 받아 써야 했다는 점을 간과해서는 안 된다. 부유한 독일 학생들은 거기에 반해 좀 더 많은

것을 얻기 위해 볼로냐 혹은 파리와 같은 국제적인 대학을 다녔고, 여기서 다양하게 필요한 교재들을 집으로 가져갔다.

따라서 그 당시 독일 대학들은 독일 필사본 거래의 시작과 발전에 아주 미미한 역할만을 담당했다. 여기서 아주 제한된 분야만이 학술적 욕구의 만족을 제공했고, 이것마저도 전공분야의 편협한 길드 정신에 의해 부자연스러울 정도로 제한되었다. 독일 필사본 거래의 형성에 대한 최초의 흔적은 15세기 초에 비로소 입증될 수 있다. 그러나 임금을 받고 일하는 필경사의 활동이 훨씬 이전의 시대로까지 거슬러 올라간다는 것은 결코 허무맹랑한 추측이 아니다. 심지어 필경사의 활동은 십자군 원정이 끝난 후, 그리고 특히 슈타우펜 왕조시대에 서유럽의 민중들이 농부에서 도시, 상업, 도매상 등에 관련된 사람들로 탈바꿈했던 극심한 경제적 변혁의 결과 중 하나이다. 화폐경제와 신용경제가 여태까지의 자연경제를 제압해 나가면 나갈수록, 도시의 기술과 영업 활동 또한 점점 더 개선되어 갔고, 시민계층은 점점 더 많은 교양과 영향력을 획득하게 되었다. 시민계층은 문자를 영업에 사용하였을 뿐만 아니라 교재를 필요로 하는 학교도 설립하기 시작했다. 읽기와 쓰기는 특히 중류층에서 통용되었는데, 그들은 곧 민중 문학의 영역까지도 주도하게 되었다. 헌 넝마로 만든 종이의 확산이 값싼 쓰기 재료를 제공해 주었으며 필사본 복제를 장려하기에 이르렀다. 성직자 출신의 필경사들은 증가한 정신활동의 욕구를 더 이상 충족시킬 수 없었다. 물론 그들은 평범한 생활욕구들을 풍족하게 조달받을 수 있었고 그럼으로써 실제적인 독점을 누리고 있었기 때문에 그렇게 필사본 제작에 전력을 다하진 않았다. 그 때문에 그들은 흥미가 있을 만큼만 일했고, 결국 자신의 노동을 통해 생필품을 조달하는 세속의 경쟁자에게 패배하게 되었고, 그들이 몰락하지 않으려고 한다면 승리할 때까지 투쟁해야만 했다. 이런 투쟁은 쉽지 않았는데, 왜냐하면 중세 말기에는 개별 수도원들이 쓰기 영업과 서예를 다시 열정적으로 수용하였고 아주 훌륭한 작품들을 제작했기 때문이었다. 예컨대 15세기 후반기에는 에르푸르트에 있는 성 페트루스 수도원과 아우크스부르크에 있는 성 울리히와 아프라 수도원은 서예적인 예술 작품으로 인해 널리 알려졌다. 성 울리히와 아프라 수도원에는 달필가 레온하르트와 콘라트 바그너가 아주 뛰어난 작품을 남겼으나, 일상의 필수품과는 관련이 없었다.

성직자 출신의 필경사와 세속의 필경사 간에 일종의 중재 위치를 '공동사회 형제단'[6]이 수행하였다. 비록 수도원 규정에 따라 함께 생활할지라도 그들은 수도승 필경사는 아니었고, 그렇다고 해서 세속의 필경사로도 볼 수 없었다. 그 이유는 첫째, 그들은 세속적 삶을 멀리하는 대신에 자신들의 활동을 통해 교양 목표를 추구하였고, 둘째, 훌륭한 교재와 기도서의 제작이라는 정해진 분야로 필사 영역을 제한하였기 때문에 일반적으로 보수를 받으며 일하는 필경사가 아니었다. 게르하르트 그로테(Gerhard Grote)가 1383년 네덜란드의 데벤터에서 설립했던 '공동생활 형제단'은 특히 명망 있는 학자와 교사, 윤리적으로 완벽하며 성실하게 노력하는 남성들을 회원으로 가입시켰다. 그들은 금욕적 경건성에서 출발하여 스콜라철학과 중세의 모든 학문을 삶의 신성화를 위해선 무익한 것으로 비난했으며, 인문주의가 전개했던 대학개혁을 준비해주는 역할을 담당했다. 지속적인 영향력을 행사하기 위해 그들은 민중들의 자국어로 청소년과 대중의 수업에 전념하였다. 거기에 반해 그들은 수업에 들어가는 비용을 교재와 기도서의 상업적 제작으로 마련하였다. 사제의 집에는 어디나 리브라리가 있었으며, 그들은 서적 조달은 물론이거니와

---

[6] 그들은 모자 모양에 따라 코겔형제('Kogel' 어깨를 덮는 모자) 혹은 프라터형제('Frater': 사제 서품 이전의 수사), 반 데어 페네형제('Penne': 집 없는 사람)라 불렸다.

쓰기 자료, 쓰기 소재, 서적 제본 등을 조달하고 필사의 정확성을 감독하며 동시에 필사본의 가격을 정하기도 하였다. 형제단은 특히 독일의 북부와 북서부에서 활동하였고, 예컨대 15세기 중엽 힐데스하임에 있는 마리에-로이히텐호프에서는 표지를 포함하여 1천 굴덴 이상 돈을 벌 정도로 그렇게 많은 미사용 서적을 필사하였다(Kirchhoff 1853, 110-123).

그림 2 : 코겔모자를 쓴 공동생활 형제단 회원

중세 후기 '클레리키'(Clerici)라고 불렸던 필경사들은 필사본 거래를 하지 않았으며 성직자의 품위도 지니지 않았다. 중세 초기 성직자들은 유일하게 문자 교육을 받았던 남성으로서 거의 독점적으로 글을 썼으며, 필경사의 보수로 자신들의 생계비를 스스로 충당했다. 문자 사용이 급증하자 지시에 따라 글을 쓰거나 베끼는 필경사를 '클레리쿠스'라 표시했다. 중세 말기에는 도시와 법정 서기, 그리고 공증인도 클레리쿠스로 언급된다. 그 당시 문서에는 '클레리키 욱수라티'(Clerici uxurati) 혹은 '콘유가티'(conjugati), 즉 기혼 남성이라는 표현들이 자주 등장하는데, 이런 사람들은 성직자의 의무와는 전혀 관련이 없었다. 그들의 결혼 생활에 대한 정보는 공증인이 작성한 문서가 실마리를 제공해 주곤 하는 상투적 증명서에서 여러 가지 방법으로 표현되고 있다. 예컨대 1330년 5월 11일 자 증명서에는 "알베르투스 드 라일레, 오펜하임에 남아 있는 클레리쿠스 콘유가투스, 제국의 권위 있는 필경사"(Albertus de Ryle, dictus de Colonia, in Oppenheim commorans, clericus conjugatus, publicus imperiali auctoritate clericus)와 같은 문구가 있다. 1403년 11월 11일에는 그레일스 폰 드리도르프라고 명명된 하일마누스는 "트리어 주교구의 열성적인 필경사, 황제가 임명한 최고의 필경사"(elig clerig Trierer Bischtoms, von des Keisers gewalt, eyn offenbar schreiber)라고 자신을 소개하고 있다. 신분이 높고 부유한 남성들은 자신들의 편지를 읽고 써줄 '클레리쿠스', '클레르크'(Clerk, Clerc: 서기), '파페'(Pfaffe: 세속적인 성직자) 혹은 '파게'(Page: 시동)를 데리고 있었다. 파페라는 표현은 원래 성직자가 독점적인 필경사였고, 후에 그 일이 차츰 비성직자에게 넘어갔다는 사실을 말해준다. 다음에 언급될 마인츠의 콘라트 후머리박사는 그 당시 문서에 '도시의 파페이며 법률가', '칸첼로'(Cancellor)라고도 불린다. 필경사로서 초창기 직업과 연결하여 쾰른 최초의 인쇄업자였던 울리히 첼(Ulrich Zell, ?-1507)은 자신의 여러 작품에서 마인츠 교구 주민으로 하나우 출신의 클레리쿠스를 언급한다. 비록 15세기 교회의 교구가 일반적으로 고향과 가까운 표시를 사용했다고 할지라도, 앞 문장의 마인츠 교구 주민이란 수식어는 잘못된 상상으로 유도한다. 마치 오늘날의 하나우 사람이 자신의 고향 도시에 '행정구역 카셀'이란 단어들을 첨가해 놓은 것 같은 의미가 된다. 프랑스에서는 오늘날에도 변호사와 공증인의 서기를 '클레르크'(Clerc)라 부른다. 영국에서 '클레르크'(Clerk)라는 표현은 법률가의 서기뿐만 아니라, 모든 종류의 점원과 수습 사원의 의미하는 어휘로 확장되었다. 도시의 서기는 어느 정도 로마법과 교회법을 전공하고 소송 보조인으로 시의회에서 일하는 남성이었다. 그들은 대학 졸업에 실패한 대학생이나 도시행정이나 법원에서 판사나 고위직을 차지할 수 없었던 시험에 낙방한 수험생들이었다.

필사본 거래는 두 가지 상이한 중심지에서부터 발전되었다. 즉, 한편으로는 이탈리아 대학과 파리라는 비교적 제한된 범위에서 특별한 필경사 길드, 서적대여자 길드, 서적판매자 길드 등을 통해 발전되었으며, 다른 한편으로는 도시에서 임금을 받고 일하는 필경사 영업이나 그와 유사한 직업의 자유로운 활동을 통해 발전되었다. 문서상으로 독일의 전문 필경사는 이미 14세기 초에 대도시나 매세가 열리는 광장에서 독립적인 영업 분야를 이루었거나, 교회, 성전, 매세 등을 통해 대중을 끌어들이며 현장에서 생계를 이어갔다. 금세공업자, 전단지 화가, 삽화가, 서적 제본가 등이 많이 활동하는 곳에는 달필가나 평범한 필경사도 빠지지 않았다. 황금색과 여러 색으로 채색된 두문자, 하얀색이나 푸른색, 혹은 보라색 양피지로 제작된 값비싼 성무일과서, 미사용 서적, 기도서, 공관 복음서 등은 길드에 소속되어 있지 않은 필경사에 의해, 예전에 수도승이나 교구 성직자에 의해서 독점적으로 제작된 것보다는 더 잘 만들지 못한 경우도 있었지만, 마찬가지로 아름답게 제작되었으며, 유사한 직종의 도움으로 화려하게 제본되고 보석으로 장식되었다. 특정 의도를 지니고 주문된 예술품의 제작이 브뤼게, 겐트, 안트베르펜, 아헨, 쾰른, 슈트라스부르크, 울름, 빈 등과 같은 도시에서 15세기 내내 중요한 거래 분야를 형성하였다. 특히 예술 애호가인 부르군트의 대공들이 그들을 후원했다. 겐트와 브뤼게에 있는 리브라리어 길드는 필사본 제작에 협력하는 전 분야의 영업을 총괄하고 있었다. 베니스에 있는 성 마르쿠스 도서관에 보존된 성무일과서 『그리마니』(*Grimani*)는 약 1478년에 네덜란드 예술가 요한 멤링(Johann Memmling)으로부터 1489년 그리마니(Domenico Grimani, 1461-1523) 추기경이 500두카텐이란 가격으로 구입하였다. 원래 필립 폰 부르군트의 아들을 위해 필사되어 현재 브레스라우 대학도서관에 소장된 『프로사르드[7] 연대기』도 동시대(1468년 혹은 1469년)의 학교에서 제작되었다. 헤르만슈타트에 있는 브루켄탈 박물관에 소장된 기도서는 네덜란드 미세화의 탁월한 산물이며, 최소한 기도서의 절반에서 광택 없는 황금 바탕의 화려함과 색채의 빛남을 통해 『그리마니』

---

7   Jean Froissard, 1337-1405.

성무일과서와 견줄 만하다.[8]

그러나 개별 예술가들에 의해 제작되었던 것은 화려한 필사본만이 아니었다. 오히려 14세기 말에 이미 만개한 필사본 상인들의 영업은 일상의 욕구, 예컨대 교재, 기도서, 대중적이거나 심지어 정치적인 전단지 문학 등을 충족해주었다는 데 있었다. 이미 그 당시에 쾰른, 프랑크푸르트 암 마인, 빈, 뇌르트링겐 등지에서는 필사본 거래상이 존재한다. 길드에 속한 대학 필경사나 주문으로만 필사본을 제작해주는 필경사는 독점이나 특권을 통해 보호받았기 때문에 자신들의 주거지를 떠나서 낯선 곳에서 영업을 재개한다는 생각은 전혀 하지 않았다. 이에 반해 길드에 속하지 않은, 일찍부터 이미 불안정한 상황에서 일하는 필경사들은 필사할 서적을 지니고서 매세를 배회하였고, 필사본 거래상으로서 비록 제한적이나마 문학적 교류를 중재했다. 그들은 공공장소, 예컨대 시장, 시청, 중요한 교회로 가는 가파른 길, 교회의 현관, 부속 예배당, 심지어는 교회 내부에서조차 자신들의 판매소를 차려놓고 있었다. 그 당시 덴마크에서 자주 볼 수 있었듯이, 통행인들이 필사본을 바로 볼 수 있다고 확실하게 판단되는 장소에 필사본 판매소를 차렸다. 1408년 슈트라스부르크의 문서에는 '우리 대성당으로 가는 길목에 서적을 팔고 있는 필경사 페터 폰 하젤로'라는 표현이 나온다. 쾰른에서는 예부터 필사본 거래상들은 페텐헤넨 맞은편 성당 앞에 자신들의 노점을 보유하고 있었으며, 대성당에서는 성당의 내부에서도 필사본이 판매되었다. 대도시에서 상인들은 자신의 상품뿐만 아니라, 옛날 작품들도 거래하였다. 그 때문에 '고서점 주인'을 의미하는 '안티크바'(Antiquar)라는 용어가 이미 존재하고 있었다.

---

8 베니스와 헤르만슈타트에 있는 2종의 성무일과서를 저자는 1881년 4월과 1883년 8월에 직접 살펴보았다. 또한 후자에 대해선 Bergner(1884, 295), 전자에 대해선 *Un coup d'oeil au Bréviaire du Cardinal Grimani à Venise*. Venedig 1881. 31쪽을 참조할 수 있다.

이런 거래에 대한 문서상의 자료들은 독일에서보다 다른 나라들에서는 훨씬 일찍 나타난다. 예컨대 리차드 드 베리는 이미 14세기 전반기에 먼 거리도 마다하지 않고 폭풍우나 궂은 날씨에도 프랑스, 독일, 이탈리아 방문을 그만두게 하지 않은 필사본 거래상을 언급하고 있다. 그들은 현금을 받으면 원하는 서적을 직접 가져가거나 다른 사람을 시켜 보냈다. 베니스, 밀라노, 플로렌스 등이 이미 초기, 즉 15세기 초에 필사본 거래의 선호 지역으로 언급되고 있고, 파리는 더 이른 시기에 필사본 거래에서 유럽의 주 시장을 형성하고 있고 런던에서도 1493년 서적상과 필경사가 하나의 길드로 통합되었던 반면, 독일에서는 필사본 거래에 대한 긍정적 자료들이 상당히 빈약한 실정이었다. 필사본 거래는 아주 드물게 언급되고 있다. 예컨대 1439년 지벤뷔르겐[9] 상인이 바젤의 매세에서 구입한 여러 가지 정치적 전단지와 교회 전단지를 - 그것들이 바젤 공의회에 대해 다루고 있었기 때문에 - 교회의 검열을 피해 헤르만슈타트로 가져갔다. 뇌르트링겐의 도시 서기들은 15세기 중엽 필사본을 구입하고 판매하였다. 아우크스부르크 시민 울리히 프리제는 1450년 양피지로 된 고문서와 필사본을 지니고 뇌르트링겐 매세를 방문하였다.

거기에 반해 키르히호프는 독일에서 고도로 발전된 필사본 거래에 명확한 해명을 던져줄 자료를 남긴다. 키르히호프는 조그만 알자스 지방의 제국 도시 하게나우에서 1440-50년에 필사 공방들이 있었고, 여기서 다양한 종류의 필사본, 예컨대 라틴어 작품, 중세의 시, 민담서, 기도서, 예언서 그리고 인기 있는 법률서까지도 제작되었다는 사실을 확신을 가지고 설명하였다. 교사, 혹은 필경사로 표시된 디볼트 라우버는 수공업으로 제작된 필사본을 판매하였다. 라우버가 1447년에 이미 주문을 받았거나 자신에 의해, 혹은 자신의 주도로 제작된 종교적 내용을 담은

---

9 루마니아의 북부지방.

필사본과 세속적 내용을 담은 필사본, 라틴어와 독일어 필사본 등을 편찬하였다. 여러 필사본에는 물론 동일한 목록들이 부착되어 있다. 선택은 각 취향의 만족에 따라 정해지며, 동시에 광범위하고 교양 있는 고객층을 목표로 하고 있다.

그러나 키르히호프가 가정하고 있는 것처럼, 루돌프 아그리콜라가 팔츠 선제후의 도서관 사서로서 1485년 3월 27일에 프랑크푸르트에 있는 친구 아돌프(슈미트는 슈트라스부르크의 서적거래상 아돌프 루쉬로 추정하고 있다)에게 썼던 다양하게 인용된 편지가 필사본과 관련되는지는 회의적일 수도 있을 것이다. 물론 아그리콜라는 다음과 같은 작품의 제작을 요구한다.

1) 『색다른 특색을 갖춘 시골 여자 콜루멜라』(L. Columella de re rustica cum aliis, illi adjunctis),
2) 『코르넬리우스 켈수스의 의학에 대하여』(Cornelius Celsus de medicina),
3) 『사투르날리아 축제』(Macrobii Saturnalia)
4) 『주해가 있는 스타투스 작품집』(Statii Opera cum commentario),
5) 『이탈리아 실리우스』(Silius Italicus).

위 작품 모두 그 당시 독일에선 아직 제작되지 않았지만, 이탈리아 등 다른 곳에서 이미 모두 출간되었다. 1번은 한 권의 책으로 이미 1472년 베니스, 1482년 레기오에서 각각 인쇄되었다. 2번에 인용된 것은 1478년 플로렌스와 1481년 밀라노에서 인쇄되었다. 『사투르날리아 축제』는 1472, 1480년, 1485년에 베니스와 브레스키아에서, 『주해가 있는 스타투스 작품집』은 1476년 로마와 1483년 베니스에서, 마지막으로 『이탈리아 실리우스』는 1471년 로마, 1480년 밀라노와 로마, 1481년 파르마에서 각각 인쇄되었다. 비록 프랑크푸르트 서적매세가 이미 1460년대

중반부터 이탈리아와 접촉하길 원하는 독일의 서적거래상이 방문했다는 사실이 입증된다고 할지라도 과도기의 시기에 거기서 옛 필사본뿐만 아니라 새로운 서적도 판매되었다는 사실이 어쨌든 가능하다. 그러나 아마 그러지 않았을 것이다. 그런 추측이 후자에 대해 더 신빙성이 있다는 사실을 제외하고, 콜루멜라의 주문에 대한 보충 자료는 명백하게 서적을 암시하고 있다.

필사본 거래에서 후기 서적거래로 넘어가는 과도기는 아주 자연스럽고 단순한 방식으로 수행되었다. 외부적으로 모든 것은 옛날 그대로였다. 그러나 내용은 점점 더 풍요로워지고 넓어졌으며 점차 확장될 능력을 갖추게 되었다. 그러면 그때부터 모든 건강한 역사적 진보는 발전되어 나간다. 모든 발명자와 발견자, 멈추지 않고 계속 전진하는 자는 누구나가 자기 선조의 이론에 바탕을 두고 있다. 만약 그들이 주목을 받고 성공을 거두려면, 인간에게 이미 익숙하고 사랑스럽게 되어버린 관행이나 형태에 매달려야만 한다.

그밖에도 필경사라는 직종은 서적인쇄술이 발명되었음에도 불구하고 1510년까지는 계속 남아 있었다. 예컨대 어떤 필경사는 1525년에도 슈트라스부르크 시의회에 교사 임용을 부탁했는데(Schmidt 1882, 41), 왜냐하면 서적의 인쇄로 인해 필경사로서 자신의 생계를 더 이상 꾸려 나갈 수 없었기 때문이었다.

필사본 전집은 중세 마지막 세기에 이르기까지 아주 값비싸고 드물었다. 물론 이탈리아와 프랑스에서는 이미 장서들이 제시될 수 있지만, 이와 비교해서 독일에서는 겨우 아주 적은 수의 전집만이 존재했다. 독일의 경우 항상 10여 권의 전집만이 거론된다. 중세시대 장서의 화려한 보기로 인용되는 귀중본은 제작의 불가능을 입증해주고 있다. 양피지가 은의 가치였던, 경제적으로 그리고 정신적으로 거의 발전하지 못했던

그림 3 : 중세의 필사 공방

시기에는 몇몇 부유한 자들만이 기껏해야 예외적으로 자신의 만족감을 위해 포도밭과 토지를 모두 처분해서 마련한 필사본의 사치를 누릴 수 있었다. 베네딕트 수도원은 8, 9세기에 대략 50부의 필사본을 소장하고 있었기 때문에 바이에른 전체에서 필사본을 가장 많이 소장한 도서관으로 유명했다. 가문이 몰락한 후 코헬 수도원에 은둔했던 메로빙거가의 여성인 기젤라는 21부의 필사본을 가져왔으며, 대수도원장 발트람의 관리하에 있는 가까운 베네딕트 수도원에서 작품의 복제를 위해 5명의 부사제를 두었다. 수도승 울리히는 1054년 수도원장과 수도승 집회의 동의를 받고 매세용 서적을 보첸 근교에 있는 넓은 포도밭과 교환하였다. 이와 유사하게 수녀 디무트 폰 베소브룬(Diemuth von Wessobrunn, 1057-1130)은 자신이 필사한 아름다운 성서를 파이센베르크의 토지와 바꾸었다.

테거른제에 있는 소규모의 책방은 고스베르트, 고트하르트, 베링어 등의 수도원장들의 주도하에 수도원이 황제 하인리히 3세에게 1054년 조그만 도서관을 선물로 줄 수 있게 될 정도로 그 규모가 상당히 커졌다. 거기에는 수많은 필사본이 은과 금으로 제작된 철자로 필사되었고, 표지에 조야한 보석, 진주, 상아 등으로 장식된 호화로운 필사본들이 소장되었다. 프리드리히 바르바로사(1122-1190)는 테거른제에서 상당량 양의 서적들을 주문하였다. 동시에 그는 거기서 귀중한 그림들이 삽입된 필사본 제작을 주문하였다(Sepp 1878, 4). 14세기에도 여전히 필사본은 아주 드물고 값비쌌다. 예컨대 1332년 파리에서 기록된 것처럼, 필사본은 자주 공중인 앞에서 판매되어 넘겨졌다. 그러나 다른 한편으로는 필사본은 오늘날은 거의 상상도 못 할 정도의 과도한 사치품이었으며, 값비싼 보석으로 장식되어 있었다. 중세 후기에 기록된 필사본에 대한 몇 가지 사례를 살펴보자.

에티앙느 드 콩티(Etienne de Conty)는 사치스러운 필사와 1345년 작성된 앙리 보익(Henri Bohic)의 주석이 들어있는 호화 표지를 위해 파리에서 통용되는 화폐로 62리브르 11수를 지불했다. 이 액수는 오늘날의 가치로 환산하면 대략 825프랑에 해당한다. 특히 그중에서 필경사에게 31리브르 5수, 양피지에 18리브르 18수, 금을 입힌 6개의 두문자에 1리브르 10수, 나머지 빨강, 검정, 푸른색의 삽화에 3리브르 6수, 파리대학 관리인에게 준 집세 4리브르, 표지에 1리브르 12수를 지불하였다.

『법률 전서』(Corpus juris) 필사본은 1,000굴덴을 호가하였다. 그래서 유명한 법률학자 아쿠르시우스는 이 필사본을 구입할 수 없었다. 아이히슈타트의 주교좌성당의 참사회원 한스 프락셀은 1427년 리비우스(기원전 254-200)의 작품에 120굴덴을 지불하였다. 플루타르크(Plutarch, 45-125)의 유사한 작품들에 대해선 1470년에 800굴덴이 지불되었다. 츠볼레 출신의 수도사 얀 폰 엥크후이젠은 색인이 첨부된 화려한 장식의 성서를 500 굴덴에 판매하였다. 거기에 반해 단순히 필사된 성서의 가격은 100크로네였다. 앙주의 백작부인은 할버슈타트의 주교인 하이몬의 『설교』(*Homilien*) 1부에 대해 200마리의 양, 5 말터[10]의 밀, 그리고 비슷한 양의 쌀과 기장을 주었다. 1474년 루드비히 9세는 자신의 은그릇을 담보로 하여 파리의 의학부에서 아랍 의사 라제의 원고를 빌렸고, 추가로 귀족 한 명을 반환의 보증인으로 설정하였다. 카스텔라네 남작의 부인인 블로이스 백작부인은 1392년 자신의 유언장에서 딸에게 양피지로 제작된 필사본 『법률 전서』를, 값비싼 보물인 필사본이 제대로 사용되기 위해 딸이 법률가와 결혼해야 하는 조건으로 물려줬다. 근대에서 학식이 가장 출중했고 실무에도 경험이 많았던 서지학자인 파리의 서적거래상인 피르맹 디도(Firmin Didot)는 파리 국립도서관에 소장된 두 권의 라틴어-프랑스어 필사본 성서의 제작비를 거의 82,000프랑, 오늘날의 화폐 가치로 50,000프랑으로 산출했고, 이 액수는 심지어 양피지 가격, 일반 필경사의 임금, 표지 비용 등이 제외된 금액이었다. 그러나 언급한 성서 중 가장 비싼 성서에는 황금색으로 장식된 5,122점의 삽화가 들어 있었다. 디도는 이런 그림 하나의 가격을 겨우 16프랑으로 계산하였고, 그 결과 전체 가격을 81,952 프랑으로 추정하였다.

그러나 언급된 호화 필사본과 언급되지 않은 그 밖의 호화 필사본으로부터 평범한 필사본의 장식이나 가격을 추론해서는 안 된다. 왜냐하면 그 당시 필사본은 예외적 상품에 속했고, 이것이 규정을 만들었기 때문이었다. 그러나 다른 한편으로는 중세 필사본의 가격을 입증하는 것은 말할 것도 없고, 정확하게 계산하는 것도 불가능하다. 게다가 거기에 필요한 정보도 거의 없다. 정확한 그림을 거의 줄 수 없는 윤곽만을 간간이 찾을

---

[10] 옛 독일에서 사용된 곡물의 용량, 150-700리터.

수 있을 따름이다. 사비니와 키르히호프는 12세기에서 15세기에 이르는 수백 권의 필사본에 대한 가격을 열거했지만, 이런 목록에서 그 어떤 일반적 결론도 끄집어낼 수 없는데, 왜냐하면 재료(양피지, 종이 등)와 필사본의 종류, 제작 장소, 제작 시기 등이 개별 필사본의 가격에 큰 영향을 미치고 있기 때문이다. 초급단계의 수업을 위해 정해진 문헌에서 비교적 값비싼 가격이 가장 확실하게 입증될 수 있다. 이런 문헌들은 실제로 평범한 사람들에겐 감당할 수 없을 정도의 가격이었다. 예컨대 바우첸의 교칙에 따르면 1418년 주기도문이 포함된 입문서가 1그로셴, 도나투스 문법서가 10그로셴, 교훈서가 0.5마르크였다. 1514년 암탉 1마리에 1페니, 소고기 혹은 송아지 고기 1파운드에 2페니, 매일 3명이 먹을 양의 빵이 3페니, 치즈 1파운드에 3페니, 최고급 포도주 1L가 1크로이쳐[11]였다. 따라서 대량 생산 시기의 서적들의 가격이 훨씬 쌌다는 것은 명백한 사실이지만, 중세시대와 동일하게 추정하거나 혹은 그 당시와 현재를 비교한다는 것 자체가 불가능하다. 서적거래의 형성, 중세 말기에 이르기까지 매일 증가하는 경쟁, 그리고 신간 서적을 통한 시장의 풍부한 공급 등은 물론 최우선적으로 서적 가격의 하락을 가져왔다. 1279년 볼로냐에서 필사된 성서가 80리라였다면, 1493년 319장의 양피지에 필사된 『라틴어 성서』(Biblia latina)는 브레슬라우에서 4굴덴에 판매되었다. 14세기 이탈리아에서는 『법률 전서』의 평균 가격이 480마르크에 달했다. 1451년 이 가격은 플로렌스에서 14.5 두카텐(1464년의 화폐가치로 보면 대략 90마르크 정도)이었다. 1400년 115장의 2절판 양피지에 필사된 유스틴, 살루스트, 수에톤 판본은 16 플로렌스 두카텐(100마르크에 해당)에 달했다. 그에 반해 1467년 2절판 198장(물론 종이)에 필사된 테렌티우스(Terenz, 기원전 195-159)의 『희극』은 하이델베르크에서 3굴덴이었고, 서적인쇄술이 번성했던 1499년에

---

11 독일의 옛 화폐 단위.

오이리피데스의 『헤쿠바』와 테오크리츠의 『전원시』 필사본(종이 134장, 4절판)은 2굴덴에 팔렸다. 이런 사례들만으로도 가격이 점차 하락하고 있었다는 사실을 입증하는데 충분할 것이다.

따라서 이미 느꼈겠지만, 동일한 전제조건하에서는 수도원이나 교단에서 필사본을 겨우 10여 권만 소장하고 있는 것도 드물었다. 도서관이 있는 곳에서는 대부분 예술을 사랑하는 고위 성직자나 후원자들의 선물이나 유산을 통해, 혹은 경건한 사람들의 기부를 통해 장서가 마련되었다. 필사본 구입을 위한 예산이 전혀 존재하지 않았거나 최소한 할당받지 않았다. 수도원과 주교좌성당 참사회 예산 보고에는 필사본 구매를 관장하는 개별 부서가 거의 없었다. 시간이 흐름에 따라 문학에 대한 의미가 점차 사라졌다. 주교 베른헤어 폰 슈트라스부르크(Wernher von Straßburg, 1002-27)는 자기 지역에 있는 대성당 도서관에 대부분 10세기에 제작된 약 50권의 코덱스 귀중본을 선물했는데, 거기에는 키케로, 퀸틸리아누스, 보에티우스, 그레고르 폰 투르 등의 작품이 있었다. 그러나 이 숫자는 1372년에 91권으로 증가하였다. 그 결과 100년에 대략 평균적으로 12권의 새로운 필사본이 도서관에 들어오게 되었다.

비록 성직자들이 부유한 귀족 가문 출신이라고 할지라도 그들은 서적을 전혀 구입하지 않거나 아주 적은 양의 서적만을 구입하였고, 기껏해야 몇 권의 법률서나 예배용 서적만을 소유하였다. 이 서적들도 그들이 죽으면 아마 교단 혹은 수도원에 기증되었다. 그들이 두세 권 이상의 서적을 남기는 일은 아주 드물었다. 평신도들은 필사본을 전혀 구매하지 않았다. 그들은 필사본을 전혀 필요로 하지 않았다. 기사의 연애소설 혹은 성담집의 소유는 기사들 간에도 예외에 속했다.

수도원 생활이 타락되면 될수록, 그리고 학문적인 정신이 수도승 사이에 지배하지 않으면 않을수록, 여전히 불충분한 도서관은 그 설립조차

드물었고 철저히 외면당했다. 위에서 암시한 대로 과도기는 13세기에 이미 이루어졌다. 14세기 만연한 일반적 황폐화와 야만의 결과 수도승은 거의 필사본을 읽을 수 없었으며, 자신들의 방에 대부분 여기저기 어질러 놓고 썩히거나 저렴한 영리 목적으로 오용되었다. 보카치오가 베네딕트 수도원 몬테카시노를 방문했을 때 도서관에서 몇 권의 코덱스를 시험 삼아 펼쳐보니, 코덱스의 가장자리가 잘려나가거나 훼손되어 많은 부분이 없어진 것을 발견하였다. 왜 이런 고귀한 보물을 이렇게 처참하게 다루느냐고 그가 물으니, 한 수도승이 다음과 같이 대답하였다.

> "저의 형제 중 몇 명이 2~5솔리디를 벌기 위해 양피지로 제작된 시편이나 성무일과서를 찢거나 잘라내어 팔았습니다. 이런 양피지 조각은 부인들이나 아이들에게 판매됩니다. 이런 일들이 학식 있는 이런 성모의 집에서 일어났다면, 다른 수도원에서 무엇을 기대할 수 있겠습니까?"

노난을 방지하기 위해 서석을 쇠사슬로 묶었음에도 불구하고 수많은 필사본이 도난당했다. 예컨대 니콜라우스 폰 트리어는 1429년 로마에 있는 주교 지오르다노 오르시니에게 플라우투스의 희극 40편이 수록된 책을 판매하였다. 그런데 40편의 희극 중 모두 찢겨 없어지고 4편만이 남아 있었다. 이 책이 마지막으로 보관된 곳은 지키는 이가 없는 수도원 혹은 성당 도서관이었을 것이라고 포이크트(G. Voigt)는 『고전주의 고대의 부활』(I, 259)에서 추정하였다. 이탈리아의 유명한 인문주의자인 프란츠 포지오(Franz Poggio)는 교황의 사절로서 콘스탄츠 공의회에 참석하였고, 잃어버린 라틴어 고전주의 작가들의 작품을 찾기 위해 장크트갈렌 수도원을 방문하였다. 그는 여기서 어둡고 축축한 탑의 깊은 곳에 있는 도서관을 발견했다. 이 탑은 사형을 선고받은 죄인들을 가두어 두는 장소였다. 먼지와 오물을 뒤집어쓴 책들 사이에서 그때까지 알려지지 않았던 키케로의 담화 6편과 그때까지 소실된 것으로 간주되었던 퀸틸리아누스 작품이 전혀 손상되지 않은 상태로 발견되었다. 이 작품은 주교 베른헤어에 의해 슈트라스부르크의 대성당에 선물로 보내졌었는데, 어떻게 스위스로 들어오게 되었는지 알 수 없었다. 포지오는 이 책을 콘스탄츠로 가져왔고, 1415년 5월 24일에서 1417년 11월 11일 사이에 자신의 손으로 53일을 일해서 이 책을 필사했지만, 원본도 가져왔다. 이 책은 이제 플로렌스에 있는 라우렌티아나 도서관에 소장되어 있다. 학식 있는 이탈리아의 필사본 수집가이기도 했던 그는 베네딕트 수도원인 라이헤나우, 바인가르텐, 풀다 등에서 유사한 발굴들을 체험했다. 로마는 이런 종류의 노획물을 심지어 공식적인 시스템으로 가져왔으며, 종교개혁 때까지 수백 년 동안 약탈을 감행했다. 1464년 북부독일, 덴마크, 스칸디나비아반도 등에서 터키 면벌부를 판매했던 학식 있는 신학 박사 마리노 드 프리제노(Marino de Frigeno)는 연구를 핑계로 도서관으로 잠입하여 창피스럽게 필사본을 훔쳤다는 혐의로 체포되었다. 뤼벡에서는 그에 의해 도난당한 서적들을 그의 위협과 광란에도 불구하고 무력을 동원해서 회수하였다. 추기경 사돌레투스가 1517년 12월 1일 교황 레오 10세의 위임을 받아 성직자 요한 하이트머스를 위해 선제후 알브레히트 폰 마인츠에게 보냈던 추천서에는 로마 교황청이 독일, 북방 제국, 다키아 등지의 도서관에서 고전주의 필사본을 찾고 교황의 서적 수집을 보장하기 위해 그곳으로 특사를 보냈다는 사실을 강조하고 있다. 이 경우 언급된 하이트머스는 리비우스[12]의 분실된 서적을 추적하라는 임무를 띠고 파견되었다. 타키투스의 초기 다섯 권의 책은 베저강변의 코르베이에서 레오 10세의 임기 초창기에 이미 도난당했으며, 그 내용이 언제 그리고 어떻게 알프스산맥을 넘어가 로마에서 1515년 출간된 타키투스의 '초판 정

---

12 고대 로마의 역사가, 기원전 59년-기원후 17년.

본'으로 수용되었는지 정확히 알지 못했다. 위에 언급된 편지에는 교황이 베스트팔렌 수도원의 도서관에 심각한 손실에 대한 보상으로서 타키투스의 인쇄본을 하사했으며, 이것을 아주 값비싼 필사본으로 평가하게 했다. 1522년에, 어떻게 해서 일어났는지 재차 알 수는 없지만, 코르베이의 필사본이 플로렌스에 다시 나타났다. 이 필사본은 오늘날까지 라우렌치아 도서관에 소장되어 있다.[13]

아주 먼 나라까지 포괄하며 다방면으로 범죄까지 불사한 수집의 열기는 최소한 고대의 수많은 보물을 후대로 전달하는 동시에, 후의 대규모 도서관 건립을 위한 초석이 되는 좋은 결과를 가져왔다. 이탈리아의 학자들이 13세기에 이미 법학연구의 부흥을 통해 쓰기 직업의 활동을 상당히 고양한 것처럼, 거기서 출발한 예술과 학문의 르네상스 또한 부유한 귀족층에 드높은 정신적 목표를 설정하게 했으며, 동시에 필사본에 대한 욕구의 일반화를 통해 서적거래를 촉진했다. 이미 페트라르카는 고전주의 작품에 대한 자신의 정선된 수집을 통해 후기 인문주의자들의 유행을 선도했고, 그가 죽은 후에 희귀 필사본들이 그가 소망한 것과는 달리 베니스로 가지는 못했을지라도 그의 사상은 다른 학자나 훗날 베사리온 추기경 같은 부유한 서적 수집가에게, 특히 플로렌스에서 귀감이 되게 실행되었다. 여기서 단테, 페트라르카, 보카치오 등의 정신이 계속 살아 움직였다. 여기서 새롭게 깨어난 최초의 정신적 삶의 중요한 핵심이 형성되었다. 귀족과 동맹을 맺은 학자들이 학술과 예술 성취의 장려를 위한 메디치가의 패트론으로 등장했다. 이러한 노력은 모든 학자에게 자유롭게 사용될 수 있는 대규모 공공 도서관의 설립을 통해 가장 구체적이고 명백하게 나타났다. 이런 사고는 그때까지 여전히 수행될 수 없었

---

13 Potthast(1863, 358-360). 여기서 포타스트는 베를린도서관에서 자신에 의해 처음으로 발견된 시돌레투스의 편지에 대해 보고하였다(Voigt 1880, I, 236, 241, 300, 403, 410 u. II, 314).

던 혁명적 개혁으로 간주되었다. 사립 도서관 중에서는 니콜리(Niccoli, 1364-1437)에 의해 설립된 도서관이 플로렌스에서는 가장 중요한 도서관이었다. 그가 죽었을 때, 도서관은 8백여 권의 장서를 소장하였고 그 가치는 4,000체키넨으로 평가되었다. 이 도서관은 후에 플로렌스 최초의 공공 도서관인 마르치아나 도서관의 시작이 되었다. 코지모 폰 메디치가 거기서 라우렌치아 도서관을 설립했을 때, 그는 도서관을 위해 특정한 작품을 구입할 수 없었고, 작품을 빌려서 필사시켜야만 했다. 그래서 그로부터 위임받은 서적거래상 베스파시아노 드 비스티치가 즉시 45명의 필경사를 고용했고 22개월 이내에 고대 로마와 교회 문학의 중요 작품들을 망라하고 있는 200권의 책을 필사하였다. 그밖에도 메디치가의 가족 도서관과 사립 도서관을 위해 수집된 책도 있었다. 이런 책들은 메디치 재단을 중요성이나 가치 측면에서 독보적으로 만들었다.

  그 이래로 플로렌스는 지식 세계를 위한 필사본 시장을 형성했다. 로마에는 필경사들이 거의 없었다. 그래도 필경사들이 로마에 있었다면 그들은 대부분 독일인이나 프랑스인들이었다. 후에 교황 니콜라우스 5세에 의해 확장되어 처음으로 건설된 바티칸 교황청조차도 이런 상황을 거의 변화시킬 수 없었다. 로마에는 서적거래상들이 있었다. 그 시기에 그들은 특히 시편, 교재, 수도원에서 가장 필요로 하는 서적 등을 판매하였다. 플로렌스에서만 오래된 필사본 혹은 학자에 의해 교정된 고전주의 필사본들이 가게에서 판매되었다. 여기서만 큰 의미에서 최초의 서적거래상인 - 근대가 잘 알고 있고 포이크트가 잘 서술했던 - 베스파시아노 디 비스티치(Vespasiano de Bisticci, 1421-1498)가 성장할 수 있었다. 그의 점포는 곧 문학을 좋아하는 남성들의 회합 장소가 되었는데, 그들은 여기서 자신들의 거래소를 열고, 시간을 정해놓고 자신들의 쟁점들을 토의했다. 그는 무엇이 귀하고 보통인지, 필사본을 어디서 빌리거나 판매할 수 있는지, 어떤 책이 어느 정도 분량이며 몇 부분으로 나누어져 있는지, 가격이 얼마인지 등을 항상 알고 있어야 했다. 이런 질문들에 그는 문화 세계의 모든 나라에서 온 사람들이 조회하는 신탁소(神託所)였다. 그는 이곳에서 교황, 왕비, 학자들에게 길을 가르쳐 주었다. 필사본이 주문될 경우 니콜리와 코지모의 서적 소장본에서 최상의 책을 그는 사용할 수 있었다. 그의 사업은 점점 크게 성장하였다. 그는 수많은 필경사를 데리고 있었으며 대규모 주문을 짧은 시간에 처리할 수 있었다. 그는 15세기 중반에 이미 이탈리아나 다른 민족에게 서적거래상의 제왕이었다. "이탈리아에서는 사람들이 원하는 대로 책을 가질 수 있다. 돈을 플로렌스에 보내주기만 하면 베스파시아노 혼자서 그 이후에 일을 모두 처리할 것이다"라고 그 당시 시인이었던 야누스 판노니우스가 말했다. 특히 헝가리 왕이었던 마티아스 코르비누스는 그에게 도서관을 만들 수 있을 정도의 총서를 주문했고 그의 감독하에 책을 필사하게 했다.

15세기 후반기에 비로소 이탈리아 인문주의자들에 의해 주어진 사례가 독일에도 영향력을 행사하기 시작했다. 보다 큰 사립 도서관의 건설은 여기서 서적인쇄술의 발명과 확산에 관련되었다. 예컨대 볼로냐에서 대학을 마친 슈트라스부르크 출신의 페터 쇼트(Peter Schott, 1460-1490)와 같은 젊은 법학자들은 고전주의, 법학, 신학 등의 값비싼 필사본을 독일로 가져왔다. 뉘른베르크, 아우크스부르크, 슈트라스부르크 등지의 도시 귀족 혹은 크리스토프 쇼이를, 빌리발트 피르크하이머, 콘라트 포이팅어, 가일러 폰 케이저스베르크, 세바스티안 브란트 등과 같은 학자들은 훌륭한 도서관을 소유하고 있었으며, 귀족도 이런 도서관을 설립하기 시작했다. 브란트는 자신의 『바보들이 탄 배』(Narrenschiff)에서 이미 서적 바보들을 조롱하였다.

2. 구텐베르크 서적인쇄술의 발명

이탈리아를 중심으로 유럽에 새로운 정신적 삶이 기지개를 켜기 시작했던 대략 15세기 중기에 독일의 구텐베르크가 인쇄술을 발명하게 되며 자신의 조국뿐만 아니라 전 유럽의 문화를 한 단계 높은 발전으로 나아가게 했다. 적합한 인물이 적합한 시기에 나타난 것이다. 유감스럽게도 위대한 마인츠 시민 구텐베르크는 자신의 신화적인 베일을 벗기고, 확실하며 사실적인 형상으로 후세에 보여주는 데 연구자들이 실패할 정도로 너무나 흐리고 인식하기 힘든 윤곽으로 나타난다. 그에 대해서는 단지 몇 가지 단편 사실만이 알려져 있고, 그의 이름도 그가 인쇄한 서적에서 조차 한 번도 언급되고 있지 않다. 슈트라스부르크나 마인츠에서 구텐베르크에 대한 두 묶음의 오래된 소송 기록이 발견되지 않았더라면, 그의 발전에 대한 내외적 진행 과정의 올바른 그림을 그리는 일이 거의 불가능했을 것이다. 최근의 비판과 연구, 특히 폰 데어 린데의 이정표적인 탁월한 저술 덕택에 이제는 최소한 위대한 발명가 구텐베르크의 삶에서 주요 순간들이 증명될 수 있게 되었다(Linde 1878).

요한 구텐베르크는 주화를 제조하는 도시의 주화 조합원에 속한 오래된 마인츠의 도시귀족 겐스플라이쉬 가문 출신이었다. 마인츠는 귀족을 지배층으로 하여 100년 이상 시민과 길드가 끊임없이 전쟁을 하는 상황이었다. 마인츠는 1462년 10월 28일에 있었던 정복과 파괴에 이르기까지 라인강 중류 지역에서 가장 중요한 자유제국도시였으며, 명성과 힘에서 라인강 상류 지역의 슈트라스부르크와 라인강 하류 지역의 쾰른과 경쟁관계에 있었다. 마인츠의 시민은 자신들의 힘을 과신하여, 다른 제국도시들처럼 중세 말기에 귀족의 지배욕에 대항하였지만, 귀족의 힘은 강력했고 결국 최종적으로 그들에게 패배하게 된다. 귀족은 1420년에도 도시귀족이 새로 선출된 선제후 콘라트 3세의 영접 때문에 갑작스럽게 시작했던 전투에서 승리했고, 싸움에 패배한 도시귀족을 추방하였다. 겐스플라이쉬가의 몇몇 사람들이 추방자 명단에 들어있었다. 그들은 전형적인 중세 모습을 하고 있었음이 틀림없다. 그들이 친구에 대해선 용감하고 헌신하는 융커의 모습을 하는 데 반해, 적에 대해선 극악무도하고 신의가 없는 모습이었을 것이다. 이미 구텐베르크의 증조할아버지 프릴로 겐스플라이쉬는 1322년에 궐기한 길드에 대항하여 고향 도시의 가문을 이끌었다. 그 이전에도 그는 교회와 수도원을 잿더미로 만들었기 때문에 루드비히 황제에 의해서 한 번 추방을 당한 경험이 있었다. 거기에 반해 프릴로의 아들인 페터는 소란을 떨거나 폭력적인 성격이 덜했다. 그는 마인츠시와 다시 화해했고 그 결과 마인츠의 시장으로까지 선출되었다. 이름이 똑같이 프릴로이기도 한 구텐베르크의 아버지는 1410년과 1411년에 도시의 재정 담당관으로서 도시의 금전 출납부에 나타나는데(Heffner 1858, 168-174), 1420년에는 친척들과 함께 패배한 도시귀족을 이끄는 우두머리였으며 그들과 함께 다시 추방당해야만 했다. 이런 사실들 외엔 그에 대해 알려진 것은 없다. 구텐베르크의 어머니 엘제는 처녀 때 성이 레하이머(Leheymer)였다. 동시에 그녀가 이미 1298년 마인츠에 있었던 구텐베르크 가문의 상속인으로서 언급된다면 이런 친척관계는 확실히 모계 혈통에 근거를 두고 있음을 알 수 있다.

요한 구텐베르크의 유년과 청소년 시절에 대해서는 어떤 정보도 없다.

그림 4 : 16세기에 그려진 상상의 요하네스 구텐베르크

심지어 그가 언제 태어났는지도 확실하지 않다. 그가 1397 혹은 1398년에 태어났다는 정보에 대해서는 비록 그것 자체가 가능성이 없는 것은 아니지만 역사적 공증은 없다. 그의 어머니가 1430년 아버지의 유산 일부를 아들 요한을 위해 지정해 두었다면 이 상태에서 그가 그 당시 미성년, 즉 25세 이하였다는 사실이 전혀 맞지 않는다. 엘제 부인은 오히려 권한의 위임을 다루었음이 틀림없다.

왜냐하면 구텐베르크가 그 당시 마인츠에 없었고 정치적 집단에 속해 있는 것으로 언급되어 있기 때문이었다. 1430년 3월 28일에 있었던 대주교 콘라트 폰 마인츠의 유화 조약은 구텐베르크를 '지금 국내에 없는 사람'(ytzund nit inlendig)이라고 언급했으며, 그가 고향으로 돌아오는 것을 허용했다(Linde 1878, VII). 어쨌든 그는 이런 기록을 근거로 1405년 이전에 태어났음이 틀림없다. 게다가 1434년 그에 의해 슈트라스부르크에서 제기된 소송에서 그 자신이 등장하고 있음이 그가 1409년 이전에 태어났다는 사실을 입증하고 있다. 따라서 그의 출생을 세기 전환기로 생각해도 아마 틀리지 않을 것이다(Wyß 1879, 11).

그러나 어쨌든 구텐베르크의 청소년 시절은 그의 고향 도시 마인츠의 내전으로 동요되었고, 심지어 그런 전쟁을 통해 그의 후기 삶에 많은 영향을 미쳤음이 확실하다. 구텐베르크는 물론 1420년 추방당하는 가족을 따라갔다. 이들이 어디로 갔는지는 알 수 없다. 아마 그들은 라인가우

그림 5 : 탄생 500주년을 기념해서 1900년에 설립한
마인츠의 구텐베르크 박물관

지역에 있는 엘트빌레로 갔을 것이다. 거기서 구텐베르크가(家)는 농지와 장원을 운영하였고, 1433년 형인 요한이 거주했다. 1429년 그의 아버지 프릴로에 의해 작성된 서류가 입증하고 있듯이 그들은 슈트라스부르크와도 관계를 맺고 있었다. 대주교 콘라트 폰 마인츠가 1430년 3월 28일에 위에서 언급했듯이 가문의 귀향을 성사시켰던 유화 조약을 체결했을 때, 가장 많이 미움을 산 도시귀족 중 한 가문인 게오르크 겐스플라이쉬가는 이 조약에서 제외되었다. 반면에 이미 언급했듯이 그들 중 가장 많이 알려져 있었던 헤네 (요한) 구텐베르크는 귀향이 계획대로 진척될 수 있었다. 그러나 그는 자신에게 주어진 호의를 사용하지 않았던 것처럼 보인다. 왜냐하면 1434년 그는 슈트라스부르크에서 힘든 소송에 등장하고 있기 때문이다. 구텐베르크는 마인츠시(市)로부터 자신에게 한동안 지불되지 않았던 연금(약간의 이자와 토지세)을 받아야만 했다. 그는 연금을 못 받을 경우 시장과 시의회의 재산을 압류할 수 있었다. 구텐베르크

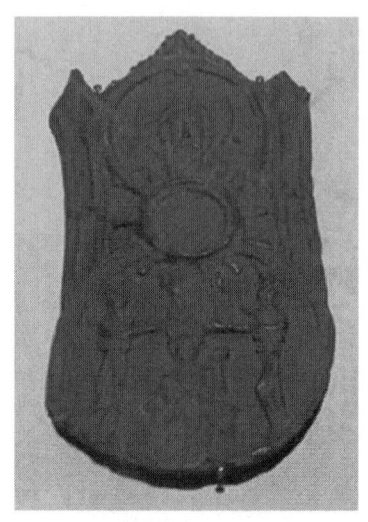

그림 6 : 구텐베르크의 성(聖)유물
경배용 반사경

는 그 당시 오늘날의 그뤼네베르크인 일(Ill)강변의 아르보가스트 수도원에 거주했다. 수도원은 대략 15분 거리에 있는 바이센투름토어 앞에 위치하였다. 그는 돈을 받기 위해, 슈트라스부르크에 우연히 방문했던 도시 서기인 마인츠 출신의 니콜라우스를 그곳 시의회 관할 관리로 하여금 체포하게 했다. 구텐베르크 자신이 1434년 3월 12일에 작성한 서류에서 강조하여 설명하고 있듯이, 슈트라스부르크시의 시의회와 시장이 "당신에게 존경과 사랑을 표합니다"라는 문구를 사용하여 사과한 끝에, - 구텐베르크가 서기를 체포해서 확보하려 했던 310굴덴의 채무도 '니콜라우스 씨에게' 면제해 주었다고 적었던 것처럼 - 그 서기는 다시 자유를 찾았다. 마인츠 시의회는 슈트라스부르크시의 호의적인 항변을 통해 구텐베르크에게 지고 있는 시의 채무를 차후 이행할 것으로 유도한 것처럼 보인다. 최소한 1436년에 마인츠시의 금전출납부에 "(그의 삼촌인) 레하이머의 사망으로 구텐베르크라 불리는 헤네 겐스플라이쉬에게 수태고지일(3월 25일)까지" 금화 10굴덴이 지불될 것으로 기재되어 있다(Heffner 1858, 171).

몇 달 후 구텐베르크는 14굴덴에 대한 연이자로 2굴덴을 지불하기까지 했는데, 엘트빌에 있는 그의 형 프릴로가 아버지 유산으로 이 돈을 구텐베르크에게 주었다. 아마 프릴로가 예전에 자신의 기계적 실험을 위해 구텐베르크에게 빌렸던 가불금을 변제했을 것으로 추정된다. 왜냐하면 프릴로가 그 당시 이미 그런 작업에 몰두하고 있었음이 5년 후에 열린 소송이 증명하고 있기 때문이다. 이 소송은 슈트라스부르크에서 있었던 구텐베르크의 작업을 최초로 문서로 입증해주며 서적인쇄술의 역사에서 아주 중요한 자료로 남아 있다.

수백 년 동안 묻혀 있었던 이 소송 서류들은 1740년에 처음으로 슈트라스부르크의 문서관리자인 야콥 벤커, 그리고 1745년 문서관리자 하인리히 바르트와 쇠플린(J. D. Schöpflin, 1694-1771)교수에 의해 슈트라스부르크의 시청과 헬러투름에서 발견되었고 1760년 쇠플린교수에 의해 처음 공개되었다(Linde 1878, 514). 이 서류들의 내용은 게오르크 드리첸과 클라우스 드리첸 형제와 구텐베르크 사이의 법정 다툼이며, 구텐베르크를 이미 아주 많이 존경받는 예술가와 발명가로 표시하고 있다. 구텐베르크는 그 당시 발명의 실행을 위해 요구되는 자본과 제자들을 자신이 구할 필요가 없고, 그들 편에서 자신에게 찾아오게 만드는 인물이었다. 그래서 1436년 혹은 1437년에 슈트라스부르크의 시민인 안드레아스 드리첸이 '몇 가지 기술'에 대해 사례를 하며 가르침을 받기 위해 구텐베르크에게 왔다. 구텐베르크는 드리첸의 소망을 들어주었고, 그가 많은 돈을 벌수도 있는 돌 세공 방법을 그에게 가르쳐 주었다. 곧이어 구텐베르크는 리히테나우에 있는 영주의 관리인인 한스 리페와 또 다른 계약을 체결했고, 그에게 반사경 제작법을 가르쳐 주었다. 구텐베르크가 3분의 2, 리페가 3분의 1을 투자했던 반사경은 대규모 매세로 오래된 제국도시 아헨에서 7년에 한 번씩 열리는 성지순례와 성유물 경배의 기회를 보다 효율적으로 관람하는 데 이용되었다고 한다.

드리첸이 구텐베르크의 계획을 알게 되었을 때, 그는 공동 투자자로 참여하길 원했다. 구텐베르크는 그의 요구를 들어주었고 동업자 누구나가 사업 이익 혹은 손실의 3분의 1을 가질 수 있도록 그에게 자기 몫의 절반을 주었다. 드리첸은 이 계약의 중요한 내용을 길드 동료인 안드레아스 하일만에게 알려주었다. 예상되는 이익에 혹하여 안드레아스 하일만은 자기 형인 성직자 안톤 하일만에게 자신이 이 투자자 그룹에 들어가는 것을 도와주길 부탁했다. 구텐베르크는 처음에는 이 제안을 수용하지 않았으나, 얼마 되지 않아 안드레아스 하일만이 가입하는 것을 허용했다. 왜냐하면 구텐베르크는 안드레아스가 빚이 있는 드리첸을 위해 사업에 투자한 사실도 그사이 알게 되었고, 또한 리페도 안드레아스가 가입하는 데 반대하지 않았기 때문이었다. 따라서 새로운 계약이 체결되었다. 이 계약에 따르면 구텐베르크가 절반, 리페가 4분의 1, 드리첸과 하일만이 각각 8분의 1씩 분배하기로 되어있었다. 드리첸과 하일만은 기술을 가르치는 비용으로 둘이 합쳐 160굴덴을 구텐베르크에게 지불해야만 했다. 두 번째 계약의 유일한 목적은 유리로 만든 반사경의 제작이었다. 유리로 만든 반사경은 더 이상 비밀이 아니었다. 그 당시 반사경은 여전히 아주 드문 물건이었으며, 사람들이 많이 찾는 사치품에 속했다.

4명의 사업가가 아헨으로 가는 성지순례를 위해 부지런히 일했고, 원래 정해진 기간 내에 자신들의 물건들을 내놓을 수 있었다. 그러나 발견된 소송 서류에 따르면 아헨의 성지순례는 1440년에는 연기되었다고 한다. 이 서류의 정보는 오류가 확실한데, 왜냐하면 성지순례가 처음부터 1440년으로 결정되어 있었고 실제로 그해에 개최되었기 때문이다. 그래서 아헨 성지순례에 맞추어 계획된 사업은 실패한 것으로 보인다. 판매하지 못한 반사경을 구텐베르크가 처리했는지, 아니면 사업 파트너 중 한 명이 가졌는지 서류상으로 명확히 나와 있지는 않다.

새로운 계약, 즉 구텐베르크와의 세 번째 계약이 1438년 여름에 안드레아스 드리첸에 의해 체결되었다. 드리첸은 임종을 앞둔 자리에서 입회인 미데하르트 슈토커(Mydehart Stocker)에게 안드레아스 하일만과 함께 구텐베르크의 집이 있는 성 아르보가스트(St. Arbogast)로 갔다고 이야기했다. 구텐베르크가 거기서 자신들에게 보여줄 의무가 없는 '몇 가지 (인쇄) 기술'을 자신들에게 보여주지 않고 숨겼다는 것이다. 드리첸과 하일만은 그런 사실이 마음에 들지 않았고, 계약을 해지하고 새로운 계약을 맺으려 했다. 새로운 계약에 따르면 구텐베르크는 앞으로 기술에 대해 자신들에게 숨기지 말아야 한다는 내용이 강조되어 있다. 여기에 반해 안톤 하일만의 진술에 따르면 구텐베르크가 자신의 두 동료에게 처음에는 그런 기술을 자청해서 알려주었다. 새로운 계약은 구텐베르크에게 각각 125굴덴의 수업료를 기간 내에 지불해야만 한다는 내용이다. 계약은 5년, 따라서 1443년 여름까지로 정해졌다. 계약 기간에 동료 중 한 명이 사망하면 구텐베르크는 상속자에게 '그 기술을 가르치고 공개할' 필요가 없고, 100굴덴만 청구할 수 있었던 반면에 '모든 기술, 설비 시설, 완제품'이 어떤 추가 부담금 없이 상속자의 소유로 넘어갔다. 그러나 안드레아스 드리첸은 1438년 12월 말경 이미 사망하였고, 그가 죽기 전에 그 125굴덴에서 40굴덴만을 지불했기에 수업료로 아직 85굴덴이 채무로 남아 있었다. 그러나 그의 동생이며 법정 상속인인 게오르크 드리첸과 클라우스 드리첸은 구텐베르크를 고발했고 그에게 사망한 형 대신에 공동 출자자로 자신들을 받아들이거나, 아니면 자신들이 유산으로 받아야 하는 100굴덴을 달라고 요구했다. 구텐베르크는 응소에서 첫 번째 요구를 전혀 근거 없는 것이라 주장했고 100굴덴만 돌려줄 용의가 있다고 말했지만, 그에게 빚진 85굴덴을 거기서 제하기를 요구했다. 재판관 쿠노 노페스(Cuno Nopes)는 1439년 12월 12일의 판결에서 구텐베르크의 주장에 손을 들어 주었고, 생존해 있는 동업자들에게는 서면 계약서가 아주 면밀하게 이행될 수 있도록 서약하게 했지만, 구텐베르크에게는 안드레아스 드리첸이 사망하면서 아직 85굴덴의 빚이 남아 있음을 확인해 주었고, 피고인들에게 위 서약에 따라 그에 의해 이의가 제기되지 않았던 15굴덴을 원고에게 지불할 것을 선고했다.

따라서 드리첸은 구텐베르크와 세 가지 계약을 체결했다. 드리첸은 구텐베르크로부터 첫 번째 계약은 보석 연마기술 - 이것은 장인과 도제 사이의 관계를 설명하기 위한 내용으로 알 수 있다 - 두 번째 계약은 소송 서류에 상세히 언급된 반사경 제작, 그리고 세 번째 계약은 그 밖의 '기술과 사업'(Künste und Afentur)에 - 이것들의 존재에 대해서 법정 재판은 언급하고 있지 않다 - 관련된 것이었다. 첫째와 둘째 계약은 그 목적이 분명히 표시되어 있듯이 어떤 설명도 필요하지 않지만, 세 번째 계약에 언급된 '기술과 사업'이 무엇을 말하고 있는지 분명하지 않다.

자료의 부족으로 이 질문에 대한 대답은 단지 추측할 수 있을 따름이다. 이런 추측은 해석하는 사람의 입장에 따라 각각 다를 수도 있지만, 대부분 적대적으로 대립하고 있다. 독일 서적거래의 역사에서 서적인쇄술이 차지하는 역할이 상당히 중요하기에 위에 언급된 논쟁을 상세하게 조사하고 분석하는 일은 중요하다. 최초의 활판 인쇄라는 명예에 대한 슈트라스부르크와 마인츠의 주장이 역사를 해석하는 사람들의 판결에 의해 좌우되기 때문에 학계는 그렇게 오랫동안 이 일에 매달렸고, 서로에게 격분하기도 했던 논쟁이었다. 두 도시 사이에 벌어진 불쾌하고 사소한 논쟁은 실제 상황을 선입견 없이 분석하여, 상대방을 인정하는 데 오랜 시일이 걸리게끔 했다.

마인츠와 슈트라스부르크의 주장에 대해 여기서는 편견 없는 역사가의 실증적 조사만이 고려될 수 있을 것이다. 이런 역사가 중 가장 유명한 학자 폰 데어 린데(von der Linde)는 구텐베르크가 슈트라스부르크에서 활판 인쇄 발명에 아직 열중하지 않았으며, 따라서 1438년 여름에 체결된 계약서를 두 번째 계약서의 확장으로 간주하고, 구텐베르크의 슈트라스부르크 활동을 반사경 제작으로 제한하고 있다. 그러나 이런 견해가 맞는 것 같지는 않아 보인다. 오히려 구텐베르크가 이미 슈트라스부르크에서 서적인쇄술을 위한 사전 작업과 실험에 열중했다고 추정할 수 있다. 부연하자면 그가 반사경 제작에만 열중했었다면 드리첸과 하일만이 구텐베르크와 새로운 계약을 체결할 필요가 전혀 없었을 것이다. 어쨌든 구텐베르크는 계약상 사업 파트너에게 비밀로 간주되지 않는 기능을 상세히 알려줄 의무가 있기 때문이었다. 다른 한편으로는 목격자의 증언으로부터 '기술과 사업'은 - 이것의 메시지에 대해 구텐베르크는 세 번째 계약에서 새로운 교습비의 지불에 대한 언급에서 언질을 주었는데 - 비밀이었고 이 비밀이 반드시 지켜져야 한다고 주장했다. 움브라이트(A. E. Umbreit)와 같은 노학자, 혹은 비스(A. Wyß)와 같은 젊은 학자는 목격자의 진술에서 등장하는 기술적 표현, 예컨대 납, 압력, 프레스, 틀과 같은 표현에서 활자 작업이 이미 언급되고 있으며, 이것을 근거로 구텐베르크가 슈트라스부르크에서 이미 활판 인쇄에 대한 준비 작업을 시작했을 것으로 추정하고 있다.

여기서 납, 압력, 프레스, 틀 등과 같은 어휘들이 무엇을 의미하고 있느냐는 질문이 우선 제기된다. 금세공사 뒤네(Dünne)는 약 3년 전, 따라서 1436년에 인쇄와 관련된 일을 해서 구텐베르크에게서 100굴덴을 받았다고 밝혔다. 여기서 폰 데어 린데는 납이 활자 주조에서와 마찬가지로 반사경 제작에서도 필요하며, 구텐베르크가 반사경과 틀의 제작에 납을 사용했으며, 반사경과 거푸집 제작에 대해서는 분명 한 번에 그치는 것이 아니라 여러 번 용해해서 사용했다고 설명하고 있다. 뒤네는 구텐베르크가 반사경을 제작하기 위한 개별 틀과 그림을 한동안 '찍어낼'(drucken) 수 있었고, 거기서 그림, 편지, 카드 등을 찍을 사람들이 금세공사에게 도움을 요청했고, 그리고 거기서는 이 사람들이 동시에 조각가이며 거푸집 제작자이기도 했다고 말한다. 게다가 'drucken'('누르다', '찍어내대의 의미)이란 어휘는 14, 15세기에 오랫동안 사용됐지만, 인쇄술 발명 이후에 서적의 '인쇄'라는 의미로 제한되어 사용되었다. 그리고 뒤네가 1436년, 즉 세 번째이며 마지막인 1438년 여름에 체결된 계약서보다 앞서며 반사경 제작 기간에 좀 더 가까이 있었던 시기에 구텐베르크와의 사업 관계를 강조했다는 사실이 간과될 수 없을 것이다.

선반공 콘라트 사스파흐(Konrad Saspach)에 의해 소상인(小商人) 골목에서 제작된 프레스와 그에 부속된 틀이 다루어지는 부분에 대한 설명이 아주 큰 어려움을 야기한다. 안드레아스 드리첸은 자신의 집에서 작업을 했는데, 거기서 그가 사망할 때까지도 이 프레스는 있었다. 크리스마스 직전에 이미 구텐베르크는 하인 로렌츠 바일덱(Lorenz Beildeck)을 안드레아스 하일만에게 보냈는데, 하인의 임무는 구텐베르크 자신이 안톤 하일만의 입회하에서 녹였던 모든 틀을 가져오라는 것이었다. 안드레아스 드리첸이 죽고 얼마 되지 않아서 하인 바일텍은 이 프레스를 아무에게도 보여주지 말라는 주인 구텐베르크의 명령을 받고 니콜라우스 드리첸의 집에 나타났다. 프레스에 있는 두 개의 나사를 돌려 풀어서 그것을 네 부분으로 나누어지게 하고, 이것을 프레스 안에 혹은 위에 두어서 아무도 그것이 무엇인지 볼 수 없도록 하라는 구텐베르크의 명령이었다. 그러나 니콜라우스가 그 부분들을 찾았을 때 그는 기록된 것에 따르면 아무것도 발견하지 못했다. 폰 데어 린데는 이런 암시를 반사경 생산과 연관시켰으며 네 조각으로 각인된 - 약간 자유롭고 그 당시 유행하는 취향에 따라 심지어는 천박하기까지 한 그림들이 있는 - 작은 반사경 상자의 금속 표면으로 생각했다. 그러나 이것이 활자를 제작하는 거푸집이 아니라는 주장에 동의해야만 한다. 난으로 나누어진 거푸집이라면 그것을 결합해주는 연결 수단도 없이 흩어졌을 것이고, 그러면 구텐베르크는 드리첸으로 하여금 이 부분을 한 번 더 그것의 구성 요소로 해체하지만, 결국 그 당시 문질러서 그것을 찍어내기 위해 그림을 조각하여 새겨 넣는 고정된 판으로 틀을 이해했다고 말하게 하지는 않았을 것이다. 구텐베르크가 죽었을 때 콘라트 후메리(Konrad Humery)에 의해 거푸집과 활자들은 서로 분리되었다. 연구자들이 여러 가지 방면으로 전제했던 것처럼 활자들은 그 당시 언급되지 않았고, 따라서 그렇게 생각될 수도 없다. 그러나 마찬가지로 소위 반사경 표면의 해체라는 린데(Linde)의 전제도 자의적인 해석이다. 환상의 반사경에 대한 부족한 증인 진술에 직면하여 사람들은 단지 그 사업의 원래 본질에 대해 아무것도 모르며 또한 그 어떤 것도 예상하지 못할 것임을 한탄할 수 있을 따름이다. 마찬가지로 프레스가 무슨 목적으로 사용되었는지에 대해서도 소송 서류로는 밝혀진 것이 거의 없다. 그 때문에 거기에 대한 다툼은 불필요하며, 프레스가 금속을 새길 정도로 아주 강했는지, 혹은 어떤 목적으로 사용되었는지 불분명하다. 드리첸 소송에서 수많은 증인 진술 중 그 어느 것에도 인쇄술이 구텐베르크의 그 당시 작업과 관련되었다고 입증될 수 있는 것이 없을지라도, 구텐베르크가 그 당시 이미 자신의 발명품에 대해 열중하고 있었거나 혹은 자신의 작업에 대한 목적과 정보가 점점 더 분명해 가고 있었을 것이다.

드리첸 소송, 즉 1440년의 판결을 끝으로 이제 슈트라스부르크에서의 구텐베르크 활동에 대한 모든 정보는 사라진다. 구텐베르크가 그 당시 누구와 함께 사업을 진행했는지 여전히 밝혀지지 않았지만, 그가 늦어도 1444년까지 슈트라스부르크에 거주했다는 사실은 확실하다. 그곳에서 발견된 1441년 1월 15일 자 문서(Linde 1878, 35)에 따르면 일명 겐스플라이쉬, 또한 구텐베르크 폰 마인츠라고도 불린 요하네스와 기사 로이톨트 폰 람슈타인(Leuthold von Ramstein)은 하인 요한 카를레(Johann Karle)가 동일한 금액으로 성 토마스 교회의 참사회에 넘겼던 5파운드 은화의 연금에 대한 공동 채무자로서 연대책임을 지기로 보증했다. 1442년 12월 15일에 구텐베르크는 슈트라스부르크의 시민 마르틴 브레히터와 함께, 이미 언급한 바 있듯이, 외삼촌 요한 레하이머(Johann Leheymer)로부터 매년 들어오는 10굴덴의 연금을 담보로 하여 성 토마스교회로부터 80파운드를 5% 이자를 주기로 하고 빌렸다. 위의 금액은 구텐베르크에게만 지불되었고, 그에 의해 결코 상환되지 않았다. 그러나 결국 1443년 9월 1일과 1444년 3월 12일 자 슈트라스부르크의 헬러(은화) 세관 장부에 따르면 구텐베르크는 자신의 포도주 세금을 납부했다. 그는 여기서 보통의 수공업자와는 달리 '콘스타블러'(Konstabler)[1]로 표시되고 있으며, 따라서 수공업자 길드에 속해 있지 않은 부유하고 고귀한 시민이거나, 아니면 그 직업에 길드가 없는 수공업자에 속했을 것이다(Linde 1878, 35).

구텐베르크는 4년 후에나 비로소 다시 문서에 등장하지만, 슈트라스부르크가 아니라 마인츠의 기록에 등장한다. 그는 1448년 10월 6일에 아르놀트 겔후에스 춤 에흐트첼러(Arnold Gellhues zum Echtzeller)라는 친척의 소개로 라인하르크 폰 브룀저(Reinhard von Brömser)와 헤네 폰 로덴슈타인(Henne von Rodenstein)이라는 두 명의 기사에게서 다시 150굴덴을 5%의 이자로 빌린다. 겔후에스는 마인츠의 집 다섯 채에서 나오는 집세를 대출의 담보로 설정했다(Linde 1878, 35). 따라서 아주 사소한 흔적조차도 남아 있지 않은 휴지 기간에 시행된 발명자 구텐베르크의 실험이 비록 겉으로는 여전히 성공하지 못했을지라도 진지하게 진행되고 있었음을 추정할 수 있다.

구텐베르크의 계획은 결국 실행되었다. 법정 서류들과 그 밖에 신뢰할 만한 진술들이 1450년을 행복한 발명의 해로 암시하고 있다. 그렇지 않다면 그 발명이 이미 이전에 확정된 모습을 갖추고 있었고, 구체화된

---

[1] 라틴어 'constabilio'에서 유래한 용어로 '설립자'를 의미함.

결과만을 전달해 주었을까? 중요하지 않은 사실이나 진술, 오래된 시기의 보고나 주위에서 나온 아주 형편없는 것조차도 이런 위대한 사건을 고려해보면 가치가 있다. 예컨대, 여태까지 공개되지 않은, 적어도 바젤의 법학자 페터 멩거린(Peter Mengerlin) 박사의 "또 다른 증거들이 첨부될 수 없다면, 인쇄 발명의 해는 1446년일 것이다"라는 단언적인 진술조차도 거론될 수 있을 것이다.[2]

표지 혹은 맺음말 부분에 구텐베르크라는 이름이 나와 있는 서류는 없다. 그렇지만 그가 인쇄술의 발명자라는 사실은 그와 동시대인인 페터 쇠퍼(Peter Schöffer), 울리히 첼(Ulrich Zell), 압트 트리트하임(Abt Tritheim), 야콥 빔펠링(Jakob Wimpheling) 등이 한목소리로 증언해 주고 있다. 이런 문서들의 증언을 아주 상세하게 검증하는 것이 이 책의 주제는 아니며, 폰 데어 린데의 저술에 자세히 나와 있다. 여기서는 두 가지 여태까지 알려지지 않은 혹은 거의 알려지지 않은 기록을 언급할 수 있을 것이다. 첫 번째 기록은 오늘날까지도 여전히 인쇄되지 않은 『침머른 연대기』(*Zimmern Chronik*), 즉 1555년까지의 마인츠 대주교들에 관한 연대기에 나온다. 연대기 저자는 베르너 빌헬름 폰 침머른(1485-1575) 백작이다. 텍스트를 인용해보면, "본 대주교의 통치하에서 고귀한 기술인 서적인쇄술이 하네스 구덴베르거(Hannes Gudenberger)라는 부유한 시민을 통해 마인츠에서 최초로 발명되었는데, 그는 이 기술을 상용화하기까지 자신의 전 재산을 모두 투자했던 인물이었다." 마인츠의 쉰한 번째 대주교이며 서른세 번째 선제후는 테오도리히 그라프 운트 헤어 추 에르바흐(Theodorich Graf und Herr zu Erbach)였는데, 그는 1435년부터 1459년까지 마인츠를 통치하였다.[3] 최근에 바젤의 사서 지버(L. Sieber)가 1470년 말에

---

2   바젤의 국가문서보관소, 논쟁서 106-118쪽,
3   1555년까지 마인츠 대주교의 『침머른 연대기』는 마인츠, 바이마르, 폼머스펠데, 밀텐베르크, 볼펜뷔텔 등에서 모두 여섯 가지 버전의 필사본이 존재한다.

이미 인쇄된 박식한 파리의 편집인이며 대학 총장 사보야르덴 빌헬름 피세(Savoyarden Wilhelm Fichet)의 편지 한 통을 발견했다. 이것은 피세가 역사가인 로베르트 가구인(Robert Gaguin)에게 쓴 편지였다. 이 편지는 파리에서 인쇄되었고 바젤에 소장되어 있었던 서적 『카스파리누스의 철자법』(Casparini Pergamensis Orthographiae Liber)의 두 번째 쪽 뒷면에서 발견되는데, 독일에서 발명된 서적인쇄술과 그 발명자인 요한 구텐베르크에 대한 열정적인 예찬을 담고 있다. 거기에는 다음과 같이 기록되어 있다.

> "서적의 새로운 제작 방법은 독일에서 발명되었다. 서적의 제작자들은 옛날 전사들이 트로이 목마의 뱃속에서 쏟아져 나오듯이 독일에서부터 나와 세계로 흩어졌다. 그들은 독일에서 전 세계로 빛을 가져다준다. 크란츠(Kranz), 프라이부르거(Freiburger), 게링(Gering) 등과 같은 이방인들은, 이를테면 구텐베르크가 이미 오래전에 도시 마인츠에서 멀지 않은 곳에서 서적을 철필이나 깃펜으로 쓰지 않고 청동 철자로 인쇄하는 기술을 발명하였다고 말한다."

피세는 여신인 케레스와 그녀가 인간에게 전해준 혜택, 즉 현실적인 빵을 가져다주었던 혜택보다 구텐베르크를 더 높이 평가하고 있으며, 동시에 그를 모든 신과 여신들처럼 높이 추켜세우고 있다. 그러나 이런 숭배보다도 피세가 아주 명백한 어휘로 구텐베르크를 서적인쇄술의 발명자로 찬양하고 있으며, 그가 이 사실을 주지하다시피 위에 언급된 세 명으로부터, 그리고 자신과 요하네스 아 라피드(Johannes a Lapied)를 통해 파리로 소환된 인쇄업자들을 통해 들었다는 것과 같은 사실이 훨씬 더 중요하다. 구텐베르크가 죽은 지 2년도 채 안되었기 때문이었다. 그러나 이런 것들 자체가 인쇄술이 이미 하나우어 베르톨트 루펠(Hanauer Berthold Ruppel) 이래로 이미 번성 일로에 있었던 곳이며 후에 파리의 장인이 되는 그들이 인쇄술을 배웠던 바젤에서 나왔다. 그 당시 학계는 구텐베르크가 인쇄술의 발명가였다는 사실을 아주 분명히 알고 있었음이 틀림없었다.

그러나 서적인쇄술이 발명된 역사적 날짜는 1450년 8월 22일이다. 구텐베르크는 이날에 마인츠의 부유한 시민이며 금세공사인 요한 푸스트(Johann Fust)에게 800굴덴을 6%의 이자로 빌리는 계약을 체결했다. 구텐베르크는 이 돈으로 필요한 도구를 마련했다. 이 도구는 채무가 해소될 때까지 푸스트의 담보물로 적시되었다. 푸스트는 그 외에도 집세와 직공들의 보수를 결제하고, 양피지, 종이, 잉크 그리고 그밖에 인쇄를 위해 필요한 물건을 살 수 있도록 구텐베르크에게 매년 300굴덴을 지급해야만 했다. 구텐베르크와 푸스트가 종국에 가서 사이가 나빠졌다면, 구텐베르크는 푸스트의 돈을 이자를 포함해서 돌려주어야만 했고, 그가 제작한 인쇄기가 구텐베르크가 자산으로 소유하고 있다면, 대출금이 상환되지 않는 경우 인쇄기는 푸스트의 소유가 된다. 그들이 서적인쇄술 즉, 구텐베르크가 항소에서 의미심장하게 표현하고 있는 '서적의 제작'(das Werk der Bücher)에 사용했고, 인쇄기의 설치에는 사용하지 못했던 돈은 공동의 사업에 투자되어야 하며 두 사람 모두에게 이익이 되는 것을 전제로 했다. 처음에 빌려준 800굴덴이 발명의 완성을 위해 충분하지 못했기 때문에 푸스트는 1452년 말에 그 사업을 위해 800굴덴을 다시 투자한다. 이것에 대해서는 구텐베르크는 나중에 해명해야만 했다. 물론 푸스트가 사전에 새로운 발명의 실현 가능성에 대해 확신하고 있지 않았더라면 이런 돈을 빌려주지 않았을 것이다. 반면에 구텐베르크가 자신의 아이디어를 실현하기 위해 자기 재산의 마지막 한 푼까지 투입한 연후에 부유한 자산가에게 아주 불리한 조건하에서 도움을 요청했다는 사실도 생각해야 한다.

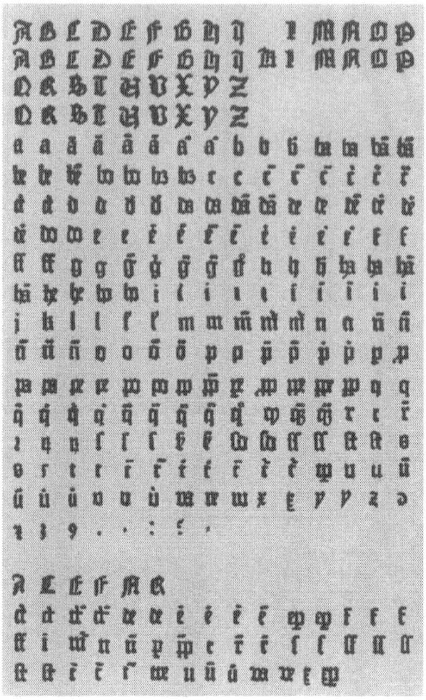

그림 7 : 최초의 인쇄물
'42행성서'에 사용된 292개의 활자

그렇다면 그가 이룬 발명의 본질과 의미는 어디 있는가? 어느 정도의 큰 업적이 구텐베르크에게 불멸의 명성을 남기게 했는가? 역사에 관한 무지, 무비판적 방법, 지엽적 시샘, 옹색하고 쉽게 믿어버리는 태도, 위조와 왜곡 등이 구두로 한 약속처럼 원래 분명하고 단순한 사항을 모호하게 만드는 데 일조했다. 모든 시대에 걸쳐 본래의 상황을 논박할 수 없게 분명하게 했고 구텐베르크를 역사에 걸맞은 위치에 확고히 올려놓은 것은 폰 데어 린데의 위대한 업적이다. 린데 이전에는 양적으로는 풍부하지만 질적인 면에서는 빈약한 구텐베르크 연구 문헌이 아주 모험적인 전제조건이나 근거가 아주 희박한 주장으로 점철되어 왔다. 일반적으로 이런 문헌들은 사람들이 최초의 시작으로서 나무로 만든 판을 도구로 사용한 인쇄를 생각했고, 거기서 더 나아간 발전으로서 나무로 된 활자의 제작을 구텐베르크의 업적으로 칭송하고, 그에 반해 원래 발명의 핵심인 주조 문자 제작이 페터 쇠퍼의 업적이라는 결과를 초래하게 했다. 그래서 인쇄술이 구텐베르크의 발명 이전에 이미 존재하고 있었기에 그는 인쇄라는 기술도 전혀 발명한 사실이 없게 되었다.

이미 12세기에 날염(Zeugdruck), 제본용 새김(Buchbinderpresse), 목수용 새김(Tischlerpresse) 등이 사용되었고, 14세기에 이미 인쇄업자('Prenter') -

오늘날에도 서적인쇄업자를 영어로 '프린트'(Printer)라 부르고 있다 -, 편지 인쇄업자('Briefdrucker'), 카드 인쇄업자('Kartendrucker') 등이 존재하고 있었다. 현존하는 가장 오래된 목판화 「성 크리스토프」는 1423년에 제작되었다. 이르지도 않은 이 시기에 성화를 목판에 새기고 인쇄하기 시작했다. 비록 제목이라든지 부제로 대부분 쓰인 단 몇 줄이 목판에 새겨졌을지라도 구텐베르크 훨씬 이전에 이미 텍스트가 인쇄되었다고 볼 수 있다. 그러나 목판으로는 거대한 2절판 크기는 말할 것도 없고, 한 면 전체를 인쇄하지 못했다. 게다가 목판에 새겨진 텍스트는 너무 부서지기 쉽고 문자의 굵기도 거의 동일하지 않았다. 따라서 문자의 가동성과 독립성이 아니라, 마덴(Madden)과 폰 데어 린데가 확실하게 그 근거를 주장하고 있듯이, 올바른 방식의 철자 모양이 구텐베르크 발명의 핵심이다(Linde 1878, 15; Madden 1878, 10). 활자 제작의 경우 폰 데어 린데가 상술하고 있듯이 활자 조각가는 주지하다시피 아주 중요한 위치에 있는 인물이다. 그는 스케치 된 원판에 따라 철을 이용하여 활자를 좌우 반대이며 요철이 분명하게 제작하였다. 이런 방식으로 제작된 강철 활자가 돋을새김(Patrize)이다. 활자 주형은 활자를 올바르고 오목하게 보여주는 작은 구리 막대에 끼워지게 된다. 이렇게 해서 거푸집에 부어 넣은 활자 형태를 만들게 되는 오목새김(Matrize)이 생성된다. 올바른 활자 모양을 만들기 위해 오목새김은 주물 도구의 바닥에 끼워 넣어진다. 그러면 주물을 통해 제작된 활자들이 서로 조금씩 다를 수 있다. 금속 혼합으로 - 처음에는 철과 주석이 동일한 비율로 - 생성된 주물 인쇄 활자들은 돋을새김의 형상을 보여준다. 즉 이런 활자는 거푸집의 파손, 활자 틀(Kegel)의 높이까지 매끄럽게 다듬음 등을 통해 문장으로 사용할 수 있게 최종적으로 만들어진다. 금속으로 나란히 동일한 크기의 활자 틀로 정렬되어 자리를 잡은 활자들의 눌러 찍음, 2절판을 비롯해 모든 크기의 인쇄용지에 수 천부 이상 제작하게 되는 '서적 작업'(das Werk der Bücher), 즉 무제한 복제 가능성이라는 평가할 수 없을 정도의 성과는 오로지 구텐베르크의 업적이다. 활자가 기하학적으로 정확하게 일치하는 상황에서 활자 틀의 측면에서 서로 긴밀하게 맞물릴 경우에만 비로소 서적들이 인쇄될 수 있다. 만약 활자가 잘못 고정되어 있거나, 아니면 단 하나의 특정 문자 종류의 철자만이라도 잘못되어 있다면, 예를 들어 'a'가 다른 여타의 주조보다 약간이라도 크다면 활자 전체가 결합 과정에서 연속으로 실수가 드러날 것이다. 첫 번째 줄에서는 거의 인지할 수 없는 선의 불규칙성이 두 번째 줄에서 이미 분명하게 나타날 것이다. 실수는 활자들이 대소동으로 번질 때까지 모든 줄에서 나타나게 되고 식자공은 더 이상 제정신이 아니게 될 것이다. 다른 소재의 경우 완전히 무시될 수도 있는 아주 미미한 부정확조차도 인쇄 작업에서는 활자의 완전한 장점을 없애버린다. 린데는 아주 다른 틀로 제작된 두 활자를 예로 들어 설명하고 있다. 이 두 활자는 나머지 활자들보다 1촐(2,5cm 정도)당 1000분의 13만 크다면 그 결과는 15줄마다 최대 4cm 넓은 작은 8포인트 활자 조판이 생기게 되는데, 사람들이 텍스트를 읽을 경우 이런 사실을 거의 인지할 수 없다.

따라서 구텐베르크가 주조 활자를 가지고 서적을 인쇄하는 기술을 발명했으며, 이 기술은 1450년경 사용되기 시작했다. 검증된 역사는 이 정도까지로 충분하다. 여기에 이어 제기되는 의문들은 다음과 같다. 구텐베르크가 무엇을 인쇄했는가? 그가 최초로 제작한 작품은 무엇인가? 현재 이런 질문에 대한 확실한 대답은 아직 없다. 1499년 출간된 유명한 쾰호프의 『쾰른연대기』에는 최초의 쾰른 인쇄업자 울리히 첼(Ulrich Zell)의 언급이 인용되어 있다.

"1450년이라 쓰인 주님의 연도에 인쇄술이 시작되었다. 인쇄된 최초의 서적은 라틴어로 쓰인 성서였다. 성서는 미사용 서적을 제작할 때 사용하는 큰 활자로 인쇄되었다."

그러나 구전에 따라 기록된 이런 보도를 또 다른 증빙 없이 신뢰한다면 여기서 고려될 수 있는 두 성서 중 어떤 것을 연대기 작가는 지적하고 있었냐는 새로운 의문이 제기된다. 말하자면 두 가지 판본이 존재하는데, 두 성서 모두 미사용 문자로 인쇄되었고, 페이지 당 36행이 기록되었는데, 그 때문에 36행 성서라 불리기도 하고, 이것을 발견한 사람의 이름을 따서 『쉘호른 성서』(*Schelhornsche Bibel*)라고도 한다. 그리고 동일한 근거로 작명된 '42행성서'는 또한 추기경 마차린(Mazarin) 도서관에서 이 성서가 처음으로 발견되었기 때문에 『마차린 성서』라고도 불렸다. 이 두 가지 성서 모두 인쇄술의 발명자 구텐베르크의 작품이라고 주장하는 서지학자가 있는데, 예컨대 마덴, 폰 데어 린데, 드 빈네(de Vinne) 등을 들 수 있다. 또한 이런 엄청난 작업이 한 명의 인쇄업자가 감당하기에는 불가능하다고 생각하고 구텐베르크가 '42행성서'만 제작했다고 주장하는 학자도 있다. 그러나 이 두 성서를 인쇄한 활자가 다른 인쇄업자에 의해 제작된 인쇄물에도 등장하고 있는 것은 사실이다. 예컨대 밤베르크의 알베레히트 피스터(Albrecht Pfister)가 인쇄한 '36행성서'와 마인츠의 페터 쇠퍼(Peter Schöffer)에 의해 인쇄된 '42행성서'의 활자체는 모두 같은 것이다. 마찬가지로 구텐베르크에 의해 1460년 제작된 『카톨릭콘』(*Catholicon*)의 활자도 베흐터뮌체(Bechtermünze)가 엘트빌에서 인쇄했던 1467년의 『보카불라리움 엑스 크보』(*Vocabularium ex quo*)에서 사용되었다. 서지학자들이 관련 활자체가 원래 구텐베르크의 활자였지만, 후에 위에 언급된 다른 인쇄업자의 소유로 넘어가 계속 사용되었다는 설명으로 이 부인될 수 없는 사실을 뒷받침하고 있다고 해도 이런 추정은 잘못일 수도 있다. 어쨌든 이 추정은 어떤 증거도 제시하지 못한다. 역사는 발명한 남자의 이름은 알며, 발명이 이루어진 대략의 시간과 장소

또한 알고 있다. 단지 위대한 행위가 되어버린 발명자의 사고만이 의심의 여지 없는 업적에서 확실히 파악될 수 있는 인물로 후대에 전해지지는 않았다. 여기서 이런 역사 서술은 지금까지 수많은 의심에 직면해 있고, 유명한 인쇄업자 가문을 기리는 최초의 기념비들을 검증하고 비교하지만, 구텐베르크의 경우는 예외로 둔다.

  구텐베르크의 다가올 운명에 대해서는 두 가지 문서가 정보를 주고 있는데, 그 하나는 1455년 11월 6일 자로 작성된 소위 헬마스페르거(Helmasperger) 공증문서이다. 이 문서는 요한 푸스트가 구텐베르크를 상대로 그에게 준, 위에 언급된 바 있는 대부금의 반환을 요구하는 소송에 관한 것이다. 또 하나의 다른 문서는 콘라트 후메리 박사(Dr. Konrad Humery)의 문서로 1468년 2월 24일 기록된 것으로 후메리에 의해 전시된 문서 중 하나인데, 여기에서 그는 대주교 아돌프 폰 마인츠(Adolf von Mainz)에게 사망한 요한 구텐베르크가 유산으로 남긴 인쇄기가 가능한 한 마인츠에서만 매각이 되도록 해야 한다고 주장한다. 최초의 인쇄소 설립을 위한 요한 푸스트와 구텐베르크의 동업 관계, 그리고 후메리 박사의 자본을 바탕으로 한 구텐베르크의 두 번째 인쇄소 설립에 통해서도 퍼졌던 모든 보고는 이 두 개의 문서를 근거로 내세운다. 이 두 문서의 진위 여부는 최근 많은 근거, 특히 그 당시 일반적으로 문서에 통용되었던 이름 '구덴베르크'(Gudenberg) 대신에 잘 쓰이지 않는 '구텐베르크'(Gutenberg)와 '구템베르크'(Guttemberg)로 표기되어 있었기에 많은 의구심을 자아내었다. 이런 의구심이 설득력 있는 증거를 통해 해소되었다면 현재 진행 중인 서적인쇄업자 구텐베르크에 관한 논쟁이 실제로 없어졌을 것이다. 그럼에도 불구하고 역사적으로 증명된 발명자 구텐베르크는 확실하게 비판을 이겨낼 것이다.

  그러나 누군가는 이 이야기에 대해 여전히 의문을 품을 수도 있지만,

거짓으로 판명된 문서로 부인될 수는 없는 일이다. 그렇다면 구텐베르크의 그 이후의 운명도 반드시 이런 문서들과 관련되어 서술되어야만 한다. 우선 울리히 헬마스페르거(Ulrich Helmasperger)의 공증문서는 판결 주문과 더불어 짧은 이야기를 담고 있다. 이 공증문서에 기록된 내용은 다음과 같다. 문서상의 합의를 근거로 하여 푸스트는 요한 구텐베르크를 상대로 각 800굴덴에 대한 투자금, 390굴

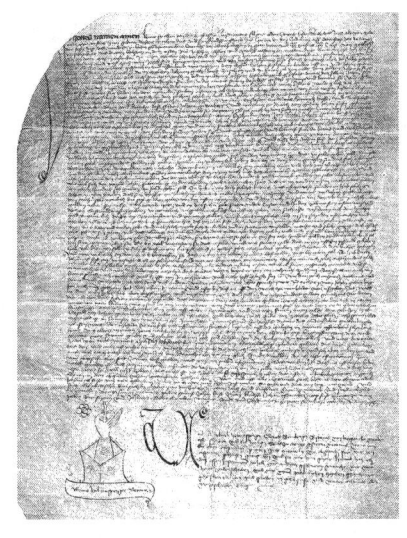

그림 8 : 헬마스페르거의 공증문서

덴에 대한 이자, 36굴덴에 대한 복리 이자 등 총 2,020굴덴(원래는 2,026굴덴)의 지불을 요구하는 소송을 제기했다. 위에 언급한 바 있는 최초의 800굴덴은 인쇄소의 설립을 위해, 또 다른 800굴덴은 후에 착수한 작품의 완성을 위해 빌려주었다. 구텐베르크는 최초의 800굴덴도 전부 받은 것은 아니며, 또한 그에 대한 이자도 지불할 필요가 없으며 푸스트가 이런 내용을 구두로 확약해 주었다고 주장했다. 더 나아가서 구텐베르크는 고발자 푸스트가 자신에게 집세와 임금, 그리고 인쇄에 필요한 도구, 종이, 양피지, 잉크 등의 구입을 위해 매년 300굴덴을 지불할 의무가 있다고 항변했다. 그는 후에 빌린 800굴덴도 해명할 수 있다고 했다. 청구된 이자의 일부와 복리 이자 전부를 기각한 법정은 구텐베르크가 그의 신청에 의거해서 양쪽에서 이익을 위해 시도된 '서적 작품'의 경우 수입과 지출이 고려되어야만 한다는 주장을 받아들였다. 거기서 더 나아가 그가 받아들인 것은 (분할금으로 적용하여) 800굴덴에 포함되어야 한다. 그러

나 그는 계산에 따르면 800굴덴 이상 지불해야 하며 동일한 금액을 서적 인쇄 작업에 사용하지 않는다면 이 돈을 돌려주어야만 한다. 결국 구텐베르크가 이자 관련 금액을 받았다는 사실을 서약이나 정보로 입증한다면 구텐베르크는 푸스트에게 '쪽지에 기록된 대로' 이런 이자를 지불해야 한다. 아니면 다른 말로 표현해서, 구텐베르크가 인쇄소 설립을 위해 받았던 그 800굴덴의 사용에 대해서가 아니라, 그가 공동의, 인쇄 작업에서는 독자적인 사업 운영에서 관리했던 재정 상황에 대해 해명해야만 한다는 것이다. 이 해명을 통해 구텐베르크가 공동의 사업을 위해 수령한 돈을 동일한 목적으로 사용하지 않았다는 사실이 입증된다면 구텐베르크는 푸스트가 입은 손실을 변제해야만 하며, 원금 800굴덴까지 푸스트가 담보로 잡은 인쇄소를 처분할 수 있다. 푸스트는 1455년 11월 6일에 자신에게 부과된 선서 내용을 수행했고, 구텐베르크는 기한 내에 나타나지 않았다. 후에 이 논쟁에서 누가 성공했는지, 논쟁이 어떻게 그리고 언제 계속되었는지, 혹은 이 소송 자체도 어떻게 끝났는지 등에 관해서는 헬마스페르거 문서가 말해주지 않는다. 그러나 구텐베르크가 담보로 설정한 인쇄소를 푸스트에게 넘겨 줄 수밖에 없었다고 추정된다.

푸스트는 이 소송으로 인해 일반적으로 양심도 없는 고리대금업자로 공격받았지만, 구텐베르크는 자신의 선량함이나 사업적 미숙함으로 인해 발생한 순진무구한 희생자로 동정의 대상이 되었다. 어쨌든 이런 비난과 불평은 과장되어 있다. 우선 푸스트는 채무자 구텐베르크에게 그 어떤 감당할 수 없는 조건들을 결코 제시하지 않았다. 6% 이자는 그 당시 상황으로 보면 결코 높지 않았으며, 손실도 볼 수 있는 상황에서는 심지어 너무 적은 이율이었다. 재정적 관점에서 보면 이런 위험이 얼마나 현실성이 있는지, 그리고 많은 수익을 가져다주는 발명의 수가 얼마나 적은지 그 당시, 오늘날도 마찬가지지만, 부자라면 모두 알고 있었다.

그 외에도 푸스트는 인쇄술이 수익을 가져다주지 못했을 때에도 자신의 권리를 즉시 사용하지 않았다. 계약서에 한정된 조항과 결부되는 것 없이 푸스트는 자신의 요구 사항을 주장하지 않고 오히려 1455년까지 기다렸다. 푸스트는 많은 채권자가 언제나 행했고, 현재도 행하고 있는 것처럼 그렇게 행동했다. 발명가가 천재이면 천재일수록 그만큼 더 발명가는 시대에 적응하지 못하고 자기 발명이 물질적으로 이용당하게 된다. 원래의 관점이 변했고 명백한 성공이 확인된 연후에 사람들은 종종 이런 일반적인 경험에 따른 원칙을 고려하지 않는다. 돈을 빌려주는 자가 자신에게는 이해관계가 전혀 없는 호평을 후대에 확실하게 하기 위해 자신의 돈을 사용하라고 요구할 수 있을까? 사람들은 단지 그 사실만을 생생하게 표현한다. 푸스트는 신중한 자본가로서 발명을 위해서가 아니라, 이미 완성된 발명을 사업적으로 이용하기 위해 구텐베르크와 동업했었다. 그가 1450년 8월 구텐베르크에게 돈을 빌려주었을 때 인쇄술의 사업적 활용 가능성도 이미 입증되었다. 그러나 오랫동안 수익을 가져다주지 못했던 결과물이 언급할 만한 수익을 낼 때까지는 5년이 걸린다. 이런 상황에서 푸스트는 1455년 11월 구텐베르크를 고소한다. 구텐베르크가 이 기간에 자신의 채권자에게 얼마나 자주 신뢰를 심어 주고, 그에게 돈을 갚겠다고 약속했지만, 결국 이행하지 못했다! 금전상의 성공을 믿지 못한 푸스트가 자신의 돈을 회수할 기회를 처음 맞이하여 자신에게 돈을 우선 달라고 요구하는 것이 그렇게 잘못된 일이었는가? 인쇄술 사업과 같이 초창기 회의적인 사업에서는 신중한 채권자라면 최악의 경우에만 고소했을 것이다. 다른 한편으로 보면 누가 구텐베르크, 다시 말해 그가 푸스트의 돈으로 완성시켰던 발명을 너무 값싼 가격으로 3자에게 넘기는 혹은 이 발명으로 돈을 버는 것을 방해했는가? 비록 여기서 채무자가 그와 같은 가능성을 배제했을지라도 채권자는 항상 안전하다고 생각하는 순간을 고려해야만 한다. 푸스트는 약정된 선수금을 받을 수 있기 위해 구텐베르크에 산정된 이자를 받았노라고 법정에서 서약한다. 따라서 그는 주지하다시피 이자로부터는 허용되지 않은 그 어떤 이득도 보지 못했다. 결국 푸스트가 전부가 아닌 일부라도 자신의 돈으로 제작된 활자, 거푸집, 인쇄 도구 등을 자신의 요구를 위해 저당 잡히게 했다는 사실은 아주 합법적인 행동이다. 만약 구텐베르크가 자기 발명으로 가져온 재정적인 수익에 관해 - 그 수익이 기껏해야 로트(30분의 1파운드) 단위로 다시 환수되고 이것을 제작비와 사업 운영에 파운드 단위로 다시 투자하기 때문에 - 속였다면, 사업적인 관점에서 이런 잘못된 회계로 피해를 보라고 푸스트에게 요구할 수는 없을 것이다.

그 밖에도 구텐베르크가 다른 자본가에게 돈을 구하기는 쉽지 않은 일이었는데, 왜냐하면 위에 언급된 두 번째 문서에 따르면 구텐베르크가 발명의 성공 가능성을 확실히 입증한 연후에도 콘라트 후메리 박사라는 인물에게 돈을 빌리는데, 구텐베르크는 그에게 푸스트와 마찬가지로 자신의 인쇄기를 담보로 설정해 주어야만 했기 때문이다. 사람들은 여기서 더 나아가 구텐베르크가 완전히 새로운 활자를 주조했고 마테우스 드 크라코비아(Matthäus de Cracovia)와 토마스 폰 아퀴나스(Thomas von Aquino, 1224~1275)의 두 가지 날짜가 적히지 않은 조그만 책 이외에도 몇 년 후인 1460년에 세 번째 대작이 제작되었다고 추정한다. 이 책이 그 유명한 『카톨리콘』(Cathilicon)의 초판이었다. 『카톨리콘』은 제노바 출신의 도미니카 수도회 수도승인 요하네스 발부스(Johannes Balbus)가 저술한 문법과 어휘 등을 편집한 책이며 그 당시 인기 있고 많이 사용되었다. 2단으로 구성되어 있고 줄 간격이 좁게 인쇄된 373장 분량의 2절판 대형 서적이었다. 그 밖에도 이 책은 활자의 단면, 조판의 규칙성, 장식의 우아함에서 '42행성서'와 견줄 수 있다. 인큐내뷸러 인쇄에서 많이 알려진 이 책의 라틴어 맺음말은 다음과 같다.

"지존이신 하느님의 도움으로 그리고 그분의 신호로 아이들의 말이 잘 다듬어지고, 현자들 가운데 숨겨 놓은 것을 미미한 자들에게 공포하시었습니다. 이 훌륭한 책 카톨리콘은 주께서 사람의 형상으로 나신 지 1460년 지난 뒤 마인츠에서 출간되었습니다. 신의 은총이 높으신 성령의 빛과 자유로운 은총의 선물을 통해 다른 나라들보다 앞섰으며 품위 있고 고명한 독일 민족의 소유인 이 책은 갈대, 철필, 펜 등이 아니라 거푸집과 오목새김을 통해 놀라울 정도의 조화, 관계, 돋을새김의 균형으로 인쇄되고 완성되었습니다. 그 때문에 삼위일치의 신이신 성부, 성자, 성령께 찬양과 영광을 드리옵니다. 이 책을 통해 결코 중단된 적이 없는 공동체의 경건한 찬송과 마리아를 칭송하는 찬송도 울려 퍼질 것입니다. 신이여, 감사합니다."

구텐베르크가 언급되어 있지 않을지라도 그가 이 책을 인쇄했음은 의심의 여지가 없다. 왜냐하면 1460년에는 푸스트와 쇠퍼를 제외하고 존재했던 인쇄업자는 없었기 때문이다. 쇠퍼는 『카톨리콘』을 인쇄할 때 사용했던 활자를 가지고 있지 않았고, 『카톨리콘』은 이미 밝혔듯이 맺음말에 따르면 하인리히와 니콜라우스 베흐터뮌체(Heinrich und Nikolaus Bechtermünze) 형제가 1467년 엘트빌에서 인쇄했던 『독일어 사전』(*Vocabularium teutonicum*)의 활자와 정확히 일치하고 있다. 물론 구텐베르크가 자신의 친척들에게 1465년 엘트빌로 옮긴 인쇄소를 넘겨주었지만, 그 자신이 여전히 채무가 있었고 인쇄물의 압류를 원치 않았기에 자신의 이름을 사용하지 않았다고 한다.

초창기 인쇄물은 표준이 되는 마무리 작업을 끝내고 완성 단계로 접어든다. 활자, 프레스, 검정 잉크 등 이차적인 세부 사항에 관한 추후의 실험과 경험이 어떻게 진행되어 갔는지, 이런 모든 개선이 전체 상황에서 보면 그렇게 중요하지는 않다. 납으로 제작된 구텐베르크의 활자는 400년이 흐른 뒤에도 동일하다. 최초의 인쇄에서 활자의 정렬은 고르지 못하고 깔끔하게 보이지 않을 정도로 만족한 상태는 아니었다. 그렇지만 이런 실수는 수년 뒤 말끔히 사라진다. 인쇄술이 발명된 후 10년 이내에, 정말이지 처음부터 목활자가 아니라 납활자로 인쇄되었다는 사실에 대한 증거 자료도 발견된다. 1476년에서 1482년 사이에 홈베르크 출신의 콘라트 빈터(Konrad Winter)에 의해 쾰른에서 인쇄된 요한 니더(Johann Nider)의 『도덕적 나병에 관한 설교』(Tractatus de morali lepra)에 나오는 중요한 발견은 납활자 인쇄를 입증해준다. 자세히 말하자면 서지학자 마덴은 이 책 속에서 식자공의 식별용으로, (거푸집 앞부분의 단면) 서명이 있는 누락된 금속활자의 각인을 발견하였는데, 이것은 일상에서 오늘날에도 사용하고 있는 것과 같은 것이었다(Madden 1878, 231).

1457년에 인쇄된 『시편』은 우아한 품위와 아름다움으로 현재의 그 어떤 우수한 인쇄본보다 더 뛰어나다. 오늘날의 인쇄기가 발명 당시 제작된 인쇄기보다 더 빠르고 저렴할지라도, 인쇄기 사용의 본질은 그 당시와 동일하다. 그러나 종이와 잉크는 오늘날 인큐내뷸러 시기보다 훨씬 더 개량되었고 내구성도 강하다. 현재 마인츠 인쇄기의 최초 기념비적 인쇄물들은 아주 귀하다. '42행성서'의 양피지본은 메를렝 드 티옹빌(Merlin de Thionville)이 1793년 마인츠에 주둔하는 프랑스 경감의 직위로 마인츠에 체류했을 때, 그곳의 대학도서관에서 훔쳐서 런던의 서적거래상 니콜에게 판매하였던 책이었다. 이 양피지본은 권당 504파운드에 그곳의 유명한 맥주양조업자 페르킨스에게 넘겨졌다가, 1868년 그의 도서관을 통해 재매각되었는데, 양피지본은 권당 3,400파운드 혹은 68,000마르크였던 반면에 위 도서관 소장품이었던 '42행성서' 종이본은 권당 2,648파운 혹은 52,960마르크로 판매되었다. 드레스덴의 부유한 클렘

(Klemm) 가문의 인큐내뷸러 인쇄본 소장목록에 있었던 양피지본은 66,000마르크의 가치로 평가되었다. 50년 전에만 해도 이런 귀중한 책의 가치 평가는 미미했다. '42행성서'의 또 다른 종이본에 기재된 야콥 그림(Jakob Grimm)의 평가가 이것을 입증하고 있다. 이 성서는 괴팅겐 대학도서관에 소장되어 있으며 그 가치는 그림에 의해 불과 500탈러로 평가되었다.

『카톨리콘』 인쇄 후 얼마 되지 않아 사이가 좋지 않은 두 선제후가 복잡하게 얽힌 음모 뒤에 결국 무기를 잡게 됨으로써 마인츠에서 전쟁(1462년)이 발발하였다. 전쟁의 결과 아돌프 폰 나사우(Adolf von Nasau)가 대주교 디터 폰 이젠부르크(Diether von Isenburg)를 물리쳐서 도시 마인츠를 정복했고, 도시를 약탈했을 뿐만 아니라 도시의 자유도 강탈하였다. 구텐베르크는 마인츠 대참사가 끝난 후에 이웃하고 있는 엘트빌로 갔을 것으로 추정되는데, 그곳에서 그는 1465년 1월 17일에 '종교 재단에서 수행한 봉사로' 대주교 아돌프에 의해 종신 궁정 봉직에 임명되었다. 그는 이 직위로 매년 다른 일반 궁정 신하와 동일한 수준으로 한 벌의 새로운 옷, 20말터[4]의 곡물, 2푸더[5]의 포도주를 받았고, 이로써 최소한 생활고로부터는 벗어났다. 그러나 임명장의 내용은 단지 대주교와의 개인적인 관계로 봉직을 받은 것이지, 자신의 위대한 발명에 대한 보잘것없는 사례로 받은 것은 결코 아니었다. 구텐베르크는 1468년 1월 말경 사망하였기에 그는 이런 편안한 생활을 그리 오래 누리지는 못했다. 1월 말경 구텐베르크가 사망했을 것이라는 추정은 콘라트 후메리가 1468년 2월 24일 자로 대주교가 사망한 요한 구텐베르크의 인쇄기를 자신에게 팔았다는 사실을 밝히고 있는 기록에 근거하고 있다.

---

4 옛 독일에서 사용된 곡물의 용량 단위.
5 술의 용량 단위.

외부적으로 알려진 발명자의 생애와 내적 발전에 대한 자료가 너무 빈약해서 후대로 전해진 미미한 파편들이 구텐베르크의 특징적 모습을 그리는데 가장 중요한 특징이 되었다. 구텐베르크는 동시대인의 최초 기록물에서 탁월한 기술자, 다방면에 능숙한 예술가, 그리고 교양 면에서는 이미 완벽한 인간으로 서술된다. 구텐베르크의 염세적인 산만함 혹은 사기를 당한 것에 대한 아량 등을 보여주는 그 어떤 흔적도 없다. 감상적인 아마추어 역사학자와 소설 작가들이 의지가 굳고 강철 같고 그 어떤 장애도 뛰어넘은 천재인 구텐베르크를 시로 찬양했다. 그러나 그는 처음부터 오늘날의 표현에 따르면 그 어떤 단순한 프로젝트 기획자가 아니었고, 자신이 무엇을 원하는지 그리고 무엇을 할 수 있는지 정확히 알고 있는 자의식이 강한 성격의 소유자였다. 그는 위대한 정신력으로 기술적 세부 사항들을 완벽하게 숙지했다. 자유 제국도시의 전통 있고 부유한 도시귀족 출신으로 구텐베르크는 보다 높고 공평무사한 관점에서 보면 출생과 시민적 입지를 통해 미래의 장인(匠人)이며 당대의 수공업자라는 명성을 얻는다. 그 당시 대학들은 대학 강의실 바깥에서 싹튼 새로운 생명을 여지없이 차단해 버림으로써 대학들도 구텐베르크에겐 마찬가지로 머나먼 존재가 되었다. 그 때문에 인쇄술은 대학에서 나온 것이 아니라 일개 자유도시에서 처음 계획되고 발명되었다. 그 후 인쇄술은 주민들이 상업, 거래, 예술 활동을 활발히 하는 도시에서 만개하기에 이르렀다.

만약 구텐베르크가 채무로 인해 그의 운명이 이리저리 흔들렸다면 그는 생활 전선에서 승리자보다는 패배자로 표시되었을 것이다. 용감하기 짝이 없는 구텐베르크는 수십 년 동안 자신을 추방하게 했던 자신의 새로운 아이디어를 결코 포기하지 않았다. 아주 힘든 상황에서도 아이디어의 실현 가능성에 대한 확신을 지니는 낙관적 용기가 그를 지탱해 주었다. 그가 바위와 같이 견고하게 믿고 있는 가슴속 별은 승리의 찬사가 흘러넘칠 때까지 그를 가만두지 않았다. 운명의 조그만 개인적 불행에 비해 천재의 이런 성공에 어떤 의미를 부여할 것인가? 근심과 궁핍으로 보낸 단 몇 해에 비해 인쇄술의 발명이라는 이 불멸성에 무슨 말을 할 것인가? 구텐베르크는 돈을 벌 시간을 가지지 못했다. 유복하고, 정말이지 부유하기까지 했던 가문 출신이었음에도 불구하고 그는 언제나 궁핍했고, 자신이 예상해서 투자했던 것보다 항상 더 많은 돈이 필요했다. 모든 발명가가 그랬던 것처럼 그는 자신의 견적서를 너무 낮게 책정했으며, 계약 내용과는 다른 요구로 인해 당연히 사업가들의 불신을 일깨웠음에 틀림없었다. 그의 제자들은 그의 정신적 우월성으로 압도당할 수밖에 없었으며, 그의 계획이 반드시 성공할 것으로 생각하였다. 안드레아스 드리첸은 이웃의 이의제기에 "(구텐베르크와 함께라면) 우리는 성공하지 않을 수 없다"라고 대답했다. 한스 리페(Hans Riffe)는 구텐베르크에 대해 자신이 아주 신뢰하고 있음을 밝히고 있다. 상속인인 드리첸 형제는 계약서를 근거로 인쇄소를 인수하려고 강압적으로 시도한다. 드리첸 소송에서 증인들이 구텐베르크를 향해 언급한 존경은 그가 그 당시 이미 존경받는 성격의 소유자이며 타고난 지도자임을 입증하고 있다. 구텐베르크는 자신의 작업과 성공을 통해 중요한 개인적 입지를 획득했으며, 달변의 힘으로 자기 계획의 실행 과정에서 제 3자의 지지를 확실히 해두려고 시도했다. 그가 자신의 자산 혹은 최소한 자신이 준비한 돈을 남김없이 소모하고 난 연후에, 상품을 신용으로 구매하였고 현금을 받고 다시 팔아버리는 식의 무모하고 위험하기 짝이 없는 자금 조달 방식에 의존할 수밖에 없었을 것이다. 그는 부유한 친척에게 손해를 입히거나, 혹은 몇몇 부자들에게 발명의 완성을 위해 필요한 자본을 조달할 때까지 결국 담보를 맡기고 돈을 빌렸다. 이런 일련의 과정에서 그는 결코 경솔하지 않았다. 현금 재판매를 통해 즉시 돈을 조달하고 그가 신용으로 물건을 구매하기 이전에 이런 거래 과정이 손실을 가져올 수도 있는 항목들에 대해 그는 정확히 파악하고 있었다. 그는 모험적인 인물로서 아헨의 성지순례용 반사경 제작이 증명하고 있듯이, 수익을 가져오는 사업을 잘 알고 있었다. 그러나 그는 진정한 발명 천재로서 이 단계에서 제작비용으로 수백 굴덴을 소요했으며, 작업 과정을 필요 이상으로 많은 도제로 채웠을 정도로 자신만의 물질적 수익에 관심을 두지 않았다. 구텐베르크가 리페, 드리첸, 하일만 등과 맺은 사업계약 도중에 사망했더라면 그들은 구텐베르크의 상속인에게 100굴덴을 지불하고, 전체 사업자산을 인수하여 구텐베르크의 발명을 자신들의 발명으로 가로챌 수 있었을 것이다. 구텐베르크는 푸스트에 대해서도 언제까지 빌린 돈을 갚아야 하는지 기간을 지정하지 않았을 정도로 안전하다고 느꼈다. 구텐베르크는 계획을 실행하기 위해 한층 더 어려운 장애를 극복해야 했던 반면에, 정신적인 측면에서 위대한 발명자가 그런 것처럼 자신의 계획을 이미 실현시켰고 세부적인 것에 이르기까지 완성시켰다.

　이런 과정에서 보면 구텐베르크는 신선하고 마음 편한 기질임은 분명해 보인다. 그는 마인츠 도시귀족의 자제였고 젊어서 이미 추방으로 여러 지역을 유랑했지만, 항상 자랑스럽고 대담한 구상을 머릿속에 담고 있었으며, 스스로 자신의 일에 신뢰를 가지고 자기 신념을 냉정한 사업가들에게 주입하는 방법을 알기에 다른 이들의 신뢰를 획득했다. 그가 포도주를 경멸하지 않고 친목 도모를 위해 마시는 것을 좋아했다는 사실은 그의 정서적 측면을 보여주고 있다. 그의 새로운 두 동업자 안드레아스 드리첸과 안드레아스 하일만은 그에게 몇 통의 포도주를 선물했고, 구텐베르크는 이 포도주를 그들과 함께 수도원 아르보가스트에 있는 자신의 집에서 모두 마셨다. 그들은 구텐베르크와 우호적으로 교류했고,

식사에도 초대되었으며 일이 끝난 후에는 그와 함께 휴식을 취하며 항상 상관인 장인(匠人) 구텐베르크를 존경했다. 예컨대 충복 로렌츠 바일덱(Lorenz Beildeck)이 구텐베르크가 경제적으로 아주 어려울 때에도 주인집에 거주했다는 사실에서 추정할 수 있듯이 구텐베르크의 성격은 온순하고 친절했다. 구텐베르크의 발명은 옛날 불완전한 시설의 개량이 아니라 완전히 새로운 기술이다. 이 기술로부터 다시 아주 다양한 이해관계가 있는 무수히 많은, 지금까지 알려지지 않은 직업과 사업이 등장하게 되었다. 양적인 차이보다 질적인 차이가 훨씬 더 중요했다. 책을 복제하기 위해서는 거래상을 통해 필사본을 구입하여 노예나 성직자가 많은 노력을 기울여 동일한 책을 수천 번 동일하게 일일이 필사해야 했다. 대여섯 개의 세계도시와 상업도시, 새로운 기술인 인쇄술은 수도원과 대학 등에서 수천 명의 필경사가 해야 하는 일을 간단하게 해결했으며, 지엽적인 것에 그친 수공업적 결합을 세계의 구석구석까지 미치게 했다. 중세 말기에 이르기까지 서적의 제작과 확산이 기분과 우연에 더 의존했다면, 서적인쇄술과 서적거래는 비교적 짧은 시간 내에 약속이라도 한 것처럼 정신적 작업의 방법론적 배분과 연대감을 유발해 내었고, 교양의 기반이 매일 성장하는 결과를 낳았다. 서적인쇄술은 점차 정신적 교류 그룹에서 지식의 모든 영역에 스며들었다. 발명의 단순함은 바로 발명의 크기를 입증하고 있는데, 왜냐하면 가장 단순한 것이 항상 가장 크고 어려운 것이기 때문이다. 그 때문에 구텐베르크의 발명은 책의 대량 제작과 판매를 통해 인류 발전사에서 노로 젖는 배, 혹은 호메로스의 마차 혹은 기사의 가장 빠른 준마와 비교해서 오늘날의 증기선 혹은 현대의 기관차보다 훨씬 더 큰 영향을 미친 혁명으로 표현되었다.

3. 필사본에서 인쇄본으로

구텐베르크와 그의 제자들은 자신들의 인쇄본을 필사본처럼 보이게 모방함으로써 그 당시 지배적인 취향에 맞추려고 노력했다. 거기에는 고딕체 대문자인 소위 미사용(Missal) 활자가 주로 사용되었는데, 왜냐하면 모든 지역의 사제와 신도들이 수백 년 이래 이 서체로 쓰인 성서, 주해서, 설교집, 미사경본에 익숙해져 있었기 때문이었다. 서적의 외형에서도 저자의 위대함이 암시되기를 추구했기에 성서, 교부가 쓴 서한집, 신학 서적 등의 경우 대부분 큰 판형인 2절판이었다. 인쇄술은 이런 사례들을 해낼 수 있었을 뿐만 아니라, 필사본과 비교하면 더 나아진 것은 없지만 깔끔한 제작 과정을 통해 필사본과 동일한 판형을 제작했으며 가격 측면에서도 훨씬 저렴하였다. 초창기 인쇄된 서적에 반대하는 주요 이유는 물론 필사본이 더 아름답고 호화롭다는 것이었다. 서적인쇄술이 성공하려면 필사본의 아름다움과 경쟁해야만 했다. 따라서 한편으로는 선입관을 지니고 있고 고상한 애서가들에게 인쇄술이 탁월하며 필사본에 필적함을 입증해야 하며, 다른 한편으로는 가난한 구매자에게 필사본에 비해 우월하면서도 훨씬 저렴함을 설명하는 것에 인쇄술의 성패가 달려있었다. 필사본과의 이런 경쟁이 가능했던 것은 오늘날에도 여전히 전문가의 감탄을 자아내게 만드는 초창기의 우수한 활자 덕택이었다.

예들 들어 32행성서와 시편을 인쇄할 때 사용했던 활자는 크기와 서체 종류에서 그 당시 미사용 서적과도 일치하고 있다. 좀 더 이목을 끌어 잘 팔리기 위해 황금색이나 컬러로 제작된 독특하고 화려한 두문자와 화려본의 줄마다 진홍색으로 그은 선은 필사본을 모방한 것이었지만, 필사본 채식사가 알아볼 수 있도록 특정 위치에 작은 인쇄나 문자를 통해 두문자가 삽입될 장소를 표시하기도 했다. 그 때문에 아주 많은 인큐내뷸러 서적에는 여전히 그려지지 않은 두문자를 위한 빈칸이 있다. 필경사가 자신의 힘든 노동을 완성한 후에 종종 간기에서 자신의 이름과 몇 마디 만족의 표현 혹은 감사 표시를 첨가하는 것처럼 초창기 서적에서도 그와 같은 종류의 맺음말 메모가 기록되었다. 여기에는 인쇄업자, 장소, 시간, 그리고 대부분 제 자랑을 하는 표현이 나왔는데, 쇠퍼의 경우처럼 거짓 정보도 있었다. 판형은 대부분 4절판이나 2절판이었다. 그러나 종이 그 자체는 전지를 3번, 4번, 혹은 그 이상으로 접은 것이었다. 중세에 필사된 많은 코덱스에는 이미 쿠스토스(Custos 혹은 Custoden), 일련 부호(Signitur), 제목, 페이지 수 등이 기록되어 있었지만, 초창기 인쇄물에는 이 중 그 어떤 것도 표시되어 있지 않았다. 쿠스토스[1]는 페이지 끝 하단에 있는 문자로 다음 페이지 첫 단어를 의미한다. 쿠스토스는 페이지가 어떻게 정렬되는지 그 순서를 보여주며, 일련 부호를 사용하지 않는 경우 거의 필수불가결한 요소이다. 일련 부호는 1472년 이래 요한 쾰호프에 의해 처음 사용되었고, 숫자화된 문자이며 후에 접힌 전지의 첫 장 인쇄면 아래에 있는 숫자이다. 일련 부호는 2절판 크바테르나 A가 A1-5로 매겨질 수 있도록 전지 후반의 첫 장까지 표시되는 반면에 마지막 3장에는 일련 부호가 없다. 따라서 일련 부호는 전지가 순서대로 이

---

1 필사본이나 인쇄본에서 페이지 위치를 표시하기 위해 오른쪽 하단에 적어 놓은 숫자나 문자. 레크라메(Reklame)라고도 불리며 영어는 'Catch-word'이다.

어지는 배열을 표시한다. 이런 일련 부호는 목판 그림서적과 필사본에서도 나타나지만, 아주 오래된 인쇄물에는 없는 경우도 있고, 절반 정도 등장하기도 하는데, 대부분 페이지 가장 아랫부분에 필사로 첨가되었다. 서적 제본업자의 칼이 군더더기를 제거하는 과정에서 이런 일련 부호를 대부분 제거해 버렸다. 그 후 여러 가지 방법으로 다르게 나타났는데, 16세기 중엽까지 서적의 끝맺음 부분에 서적의 교정을 가능하게 해준 구입자 내지는 제본공, 일련 부호가 크바테르나[2]인지 아니면 크빈테르나[3]인지를 알려주는 정보 등과 함께 '문서 색인'(Registrum chartarum)이 나온다. 장의 제목이나 두문자를 '루브릭'(Rubrik)[4]이라 칭하는데, 왜냐하면 이런 제목이나 두문자가 필사본이나 초기 인쇄본에서 붉은색으로 삽입되어 사용되었기 때문이다. 벤델린 폰 슈파이어(Wendelin von Speier)는 1470년 베니스에서 '쿠스토덴'을, 아르놀트 테어 회르넨(Arnold Ter Hoernen)은 1471년 쾰른에서 (그 후 안톤 조르크가 아우크스부르크에서) '쪽수'(Blattzahlen)를 각각 처음 사용하였다. 그에 반해 초기 인쇄업자들은 일반적으로 이미 '루브릭'을 사용하였고, 구두점에서도 필사본의 사례와 선례를 참고하였다. 빈 도서관에 소장된 '36행성서'에는 구두점들이 부분적으로는 1487년과 1589년에 추후로 삽입되었다.

만약 오늘날 인쇄물을 필사본처럼 비싼 가격으로 판매하기 위해 달필가의 서체를 모방하여 서적 구매자를 눈속임한다면 그것은 이 모든 근거에서 보면 잘못이다. 어쨌든 이런 속임수는 오랫동안 발견되지 않을 수는 없을 것이다. 왜냐하면 구매자가 예술품을 그렇게 어설프게 잘못 평가할 정도로 어리숙하지는 않기 때문이다. 개별 수도원이 이미 쇠퍼와

---

2 4개가 한 조
3 5개가 한 조
4 '루브릭'(Rubrik)에서 유래한 '루브리카토어'(Rubrikator)는 두문자에 붉은 색을 칠하는 사람을 의미한다.

후의 인쇄업자들에게 화려 미사본과 성무일과서를 제작해달라고 했던 주문들에서 서적구매자가 처음부터 화려 인쇄본 제작을 아주 세밀한 부분에 이르기까지 이미 알고 있었다는 것을 쉽게 추정할 수 있다.

그러나 그 당시 특권을 가진 계급, 성직자, 귀족, 학자, 부자 등은 새로운 발명인 인쇄술에 대해 어떻게 대처했던가? 우선 애서가들은 자신들이 현재 지닌 소유물에 해를 입히거나 위협적인 직업, 특히 필경사, 거푸집 제작자(Formschneider), 장식화가(Kartenmaler) 등이 자신들과 인쇄업자의 이해가 공통점을 지닌다는 사실을 확신할 수 없는 한 인쇄술을 불신과 악의로 대했다. 부유한 애서가들은 이미 언급한 대로 서적인쇄술이 처음 등장하는 시기부터 15세기 말에 이르기까지 값비싼 장서 수집과 달필가의 대작을 특히 선호했다. 예컨대 대주교 베사리온(Bessarion)의 사신(使臣)들이 콘스탄틴 라스카리스(Konstantin Laskaris)의 집에서 인쇄된 서적을 처음 보았을 때 '독일 도시의 야만인들'에 의한 발명을 조롱했다. 베스파시아노 드 비스티치(Vespasiano de Bisticci)는 1482년 노(老) 필사본 거래상이라는 자신의 직업적 자부심을 지니고 이탈리아 우르비노 도서관의 보물에 대해 다음과 같이 말하고 있다.

> "우르비노 도서관에 소장된 모든 장서는 화려한 미세화가 삽입되어 있고, 흠잡을 데가 없이 아름답게 모두 양피지 위에 직접 손으로 필사되었다. 그 어떤 인쇄된 서적도 이 도서관에는 없다. 만약 있었더라면 페데리고 대공께서 그런 책에 대해 부끄럽게 여겼을 것이다."(Burckhardt 1877, 239)

일부 사람들은 인쇄술을 장식도 없이 책만 제공할 수 있는 저속한 수공업으로 경멸했다. 필사본이 더 비싸고 구입하기 어렵기 때문이기도 했다. 최초의 인쇄본이 나온 이래 수십 년 동안 여전히 화려하게 장식된 필사본, 특히 이탈리아와 프랑스의 기도서와 종교서(성무일과서, 시도서)가 제작되고 있었다. 바젤 도서관에는 특히 양피지에 화려하게 필사하고 호화로운 미세화와 두문자로 장식된 베르길리우스의 필사본이 있는데, 이 책은 슈바인하임(Schweinheim)과 판아르츠(Pannartz)에 의해 양피지에 인쇄된 베르길리우스의 인쇄본이 이미 절판되었을 때 요한 하인라인 드 라피데(Johann Heynlein de Lapide)가 주문하여 제작된 필사본이었다. 독일에서도 로스비타(Roswitha)의 작품 『우르스페르겐 연대기』(*Chronicon Urspergense*)와 같은 인쇄본은 여전히 여러 번에 걸쳐 필사본으로 나왔다. 특히 큰 판형으로 제작된 합창서적들이 필사본으로 다시 제작되었는데, 이런 필사본은 18세기에 이르기까지 제작되었다. 예를 들면 1489년과 1490년에 제작된 것으로 아우크스부르크 도서관에 있는 유명한 필사본 『합창을 위한 미사 성가집』(*Graduale pro choro*)은 이미 언급된 바 있는 모든 시대를 통해 최고의 달필가 중 한 사람인 레온하르트 바그너(Leonhard Wagner)에 의해 제작되었고, 인스부르크 암브라스성(城)의 장서에 속해 있는 화려한 『미사 성가집』은 1499년과 1500년에 야콥 폰 올뮈츠(Jakob von Olmütz)에 의해 제작되었다(Wattenbach 1875, 380). 슈폰하임 수도원장 요한 트리테미우스(Johann Trithemius)가 1494년 마인츠에서 게르라흐 폰 도이츠(Gerlach von Deutz) 수도원장에게 보낸 편지를 인쇄한『필사 예찬에 대해』(*De laude scriptorum manualium*)에서는 다음과 같은 내용이 나온다.

"양피지에 필사된 문자는 1000년을 견딜 수 있는 데 반해, 종이에 인쇄된 문자는 200년 버티면 오래 가는 것입니다. 서적이라고 모두 인쇄되는 것은 아닙니다. 인쇄되지 않은 서적은 필사되어야 합니다. 단지 현재만을 주시하는 애서가는 후손의 구원을 준비하고 있지 않습니다. 서적인쇄술 때문에 필사하는 것을 그만둔 사람은 진정한 애서가가 결코 될 수 없습니다. 인쇄본은 일반적으로 문자는 아주 세심하게 사용하는 반면에 서적의 아름다움과 화려한 장식을 소홀히 합니다."(Schneegans 1882, 142)

이런 관점에서 올 수 있는 인쇄술에 대한 반대가 인쇄술의 훌륭한 성과로 인해 침묵할 때까지는 그리 오래 지속되지는 않았다. 로마는 반대로 처음부터 인쇄술을 호의로 반응하며 장려하였고 인쇄술이 확산되는 데 많이 기여했다. 가톨릭교회는 그 당시 정신세계를 지배하고 세계를 통치하는 데 인쇄술이 여전히 안전하다고 생각하고 있었으며, 위험에 대한 어떤 사고라도 자신들과는 동떨어져 있다고 생각했다. 르네상스 시대의 교황들은 향락과 자유사상을 누렸으며 예술과 학문 육성을 후원했고 고전적인 고대 유물의 부활에 열광하였다. 교황과 그들의 주교들은 인쇄기를 통한 고대 작품 제작을 장려하였다. 헤겔은 『역사 철학』 495쪽에서 다음과 같이 썼다.

"새로운 소개(고대의 연구)는 최근에 발명된 서적인쇄술로 널리 퍼지게 되었다. 서적인쇄술은 화약처럼 현대의 특성에 딱 맞아 떨어졌으며, 이상적인 방식으로 서로 관련 있게 만드는 욕구를 충족해 주었다. 고대의 연구에서 인간의 행위와 덕성에 대한 사랑이 널리 알려지자 교회는 고대에 대해 어떤 악의도 품을 수 없었으며, 이런 고대의 낯선 작품으로 유발되는 아주 이질적인 원칙이 자신들과 맞서게 되었다는 사실을 알지 못했다."

따라서 서적인쇄술이 열정적인 서적 수집가였으며 학문을 장려하는 학식 있고 사려 깊은 교황 니콜라우스 5세 치하(Nikolaus V., 1447~1455)에서 발명되었고 처음으로 실행되었다는 사실은 대단히 큰 행운이었다. 그의 뒤를 이은 교황들, 예컨대 피우스 2세(Pius II, 1458~1464), 식스투스 4세

(Sixtus IV, 1471~1484), 알렉산더 6세 (Alexander VI, 1492~1503), 율리우스 2세 (Julius II, 1503~1513), 레오 10세 (Leo X, 1513~1522) 등은 대부분 사치를 좋아하고 자유분방하며 정말이지 도덕적으로 방탕하고 비난받을 만하지만, 언제나 영리하게 자신들의 장점을 냉정하게 계산하는 성직자였으며, 그리스도교의 지도자라기보다는 로마제국의 지배자라는 생각을 지니고 통치하고 있었다. 그들은 자신들의 통치권을 주장하고 퍼뜨리는 최고의 수단으로 인쇄술을 평가하고 있었다. 그들은 특히 그 당시 부패한 수도원 안에 갇혀 있었던 인쇄물이 좁은 수도원과 교회의 담장을 넘어 불붙듯이 확산되었고, 구어로 전달될 수 있는 것보다 훨씬 많은 정보가 평신도들에게 전달될 수도 있었다는 사실을 직접 눈으로 보았다.

고대를 통해 고상하게 된 취향이 교회의 전통에 결코 호의를 보이지 않고, 고대에 관한 연구를 통해 영웅과 신화가 정신적으로 한층 더 승화되고 고상하게 되었다는 사실을 르네상스의 조형예술이 이미 보여주었고, 매일 더 많은 것을 보여주었다면 서적인쇄술 또한 피상적이며 경솔하게 생각하는 고위 성직자들에게 그만큼 더 진지하게 생각하는 계기를 줄 수 있었다. 서적인쇄술은 1450년대 초 구텐베르크에 의해 처음 등장했으며, 성과물로 면벌부를 교회에 공급해 주어 사고를 획일화하고 교회의 교의(敎義)를 확실하게 설명해줌으로써 이단적 견해를 차단해 주는 역할, 즉 교회가 추구하는 목적을 장려하기 위해 사용되었다. 그러나 세상은 교회가 원하는 것과는 다르게 흘러갔다!

교황과 추기경을 비롯하여 그 당시 이탈리아의 고위 성직자들은 서적인쇄술을 열광적으로 받아들이고 장려했다. 그들이 바로 초창기 독일의 인쇄업자들을 이탈리아로 부른 사람들이었다. 독일의 고위 성직자들도 인쇄술을 인정하고 장려하는 데 있어서 로마의 추기경들에 결코 못 미치지 않았다. 마인츠의 선제후 베르톨트 폰 헤네베르크(Berthold von

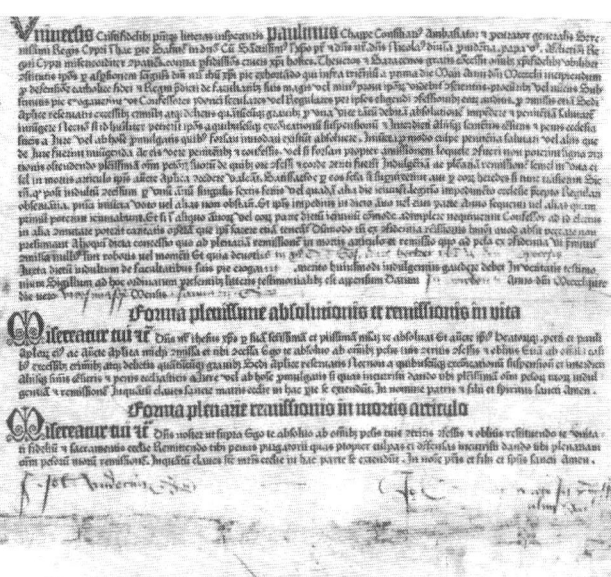

그림 9 : 1455년에 인쇄된 면벌부

Henneberg)는 '인쇄술은 신의 예술'(divina ars imprimendi)이라 치켜세웠다. 그의 후계자 알브레히트 폰 브란덴부르크(Albrecht von Brandenburg)는 특히 종교개혁 직전에 서적인쇄술을 적극적으로 장려했다. 설교의 수단으로 인쇄술을 바라보았던 중하급직 성직자들도 고위 성직자 못지않게 한결같이 인쇄술을 찬양했다. 카르투시오 교단의 수도사인 베르너 롤레빈크는 자신의 『세계사 스케치』(Fasciculus temporum)에서 다음과 같이 기록하고 있다.

"마인츠에서 발명되었던 서적인쇄술은 예술 중의 예술이며 학문 중의 학문입니다. 서적인쇄술이 급속히 확산됨으로써 세상은 여태까지 숨겨져 있었던 찬란한 학문이라는 보화로 풍요로워지고 계몽되었습니다."

튀빙겐대학 초대 총장이었던 요한 나우클러(Johann Naucler)는 다음과 같이 인쇄술을 찬양했다.

"이제 수많은 작가가 세 가지 언어(라틴어, 그리스어, 히브리어)로 그리스도의 믿음에 대한 많은 증거를 남깁니다. 저는 이런 선물이 신에 의해 세상에 주어졌다고 믿고 있으며, 아주 많은 새로운 작품을 직접 지닐 수 있게 되었기에 인쇄술을 찬양합니다."

울름에 있는 도미니크 수도회 소속의 수도사인 펠릭스 파브리(Felix Fabri)는 1459년 제작된 자신의 저서 『수에비[5]의 역사』(Historia Suevorum)에서 마인츠에서 발명되었던 서적인쇄술보다도 더 가치 있고, 더 인정받을 만하고, 더 유용하며, 정말이지 더 신적이며 성스러운 것일 수 있는 예술은 세상에 존재하지 않을 것이라고 기록하고 있다(Falk 1879). 카르투시오 교단과 프란체스코 교단의 수도사들은 바젤의 초기 인쇄업들의 학문적 동료이거나 교정자였다. 공동생활 형제단은 1468년에 이미 필사나 채식하는 작업이 필사본에서 서적인쇄로 넘어갔다고 확신했다. 그들에게 인쇄술은 최상의 교회를 만들기 위한 모든 기술의 스승이었다. 자신들의 목적을 위해 서적인쇄술을 효과적으로 이용하기 위해 수도사들은 조판 기술을 배우고 베네딕트 수도원처럼 수도원에 인쇄소를 설립하였다. 그래서 독일의 수도원 인쇄소는 카르투시오 교단의 경우 슈트라스부르크에 있었으며, 아우크스부르크에는 성 울리히와 아프라, 에르푸르트에는 성 페터, 막데부르크, 라인가우에는 마리엔탈, 뉘른베르크와 로스톡 등, 따라서 필사 기술이 특히 많이 사용되고 완성도가 높은 수준에

---

5 수에비(라틴어: Suevi, Suebi, Suavi)는 게르마니아에 살던 게르만인들의 연맹 국가이다. 기원전 58년경인 율리우스 카이사르의 갈리아 전쟁기에서 그 존재가 처음 언급되었다.

이르렀던 지역에 인쇄소가 설립되었다. 15세기 인쇄업자들이 오직 성직자의 문학적 욕구를 만족시키는 것으로 준비했기 때문에, 그리고 그들이 특히 성서, 교리문답서, 미사경본, 교과서 등을 인쇄했고 항상 새롭게 출판했기 때문에, 교수직의 성직자와 그 제자들, 대학생, 학자 등이 텍스트와 개론서를 더 이상 힘들게 손으로 필사할 수고를 덜어 줄 인쇄업자의 성공을 보장해주었다. 만약 호화로운 미세화가 삽입된 필사본과 동일한 인쇄물을 인쇄술 초기에 다섯 배, 1475년경에 여덟 배 값싸게 제작했다면, 보통 서적은 20~30배 정도 값싸게 제작될 수 있었다. 특히 그 이익은 교양과 학문의 확산에 엄청난 도움을 주었다.

그러나 종교개혁 이전 인문주의, 교회의 권위, 교황의 무오류성 등이 공격을 받는 순간에서는 서적인쇄술과 교회라는 두 분야에서의 우호적인 관계가 변화되었다. 로마교회는 서적인쇄술에 대한 확실한 입장을 취하지 못했다. 그러나 성직자들은 곧 서적인쇄술로 인해 갑자기 모든 잘못된 가르침이 성서의 틀린 해석 때문에 생겼다는 사실을 발견했다. 그들은 먼 곳으로 성서가 확산되는 것을 금지했는데, 왜냐하면 미숙한 민족들이 잘못된 성서의 해석을 읽으면 잘못된 길로 들어설 수도 있었기 때문이었다.[6] 요약하자면 통치하는 위치에 놓여 있던 교회는 자기 자신들의 특성에 대해 심사숙고하였고, 이제 자신으로부터 독립해 나갈 위험성이 있는 출판물을 박해하였다.

그러나 때는 이미 늦었다. 로마가 눈에 띄지 않게 슬며시 생활 속으로 스며든 인쇄술의 거대한 힘의 진가를 알기 시작했을 때 인쇄술의 개선행진을 더 이상 멈추게 할 수 없었다. 바티칸의 섬광은 더 이상 점화될 수 없었다.

---

[6] 서적인쇄술을 신의 발명품이라 찬양했던 마인츠의 대주교 베르톨트 폰 헤네베르크가 1486년 1월 4일 자로 발표한 검열 지시에 위와 같은 내용이 나온다.

이런 고상하고 외관으로 보면 심지어 강력하기까지 한 적과는 반대로 정신의 급변은 외부적으로 필사본 거래상이 일반적으로 느낀 욕구를 더 이상 만족시켜 줄 수 없을 정도로, 그리고 작은 이익에는 위협적이지 않은 모든 민중 계층이 구텐베르크의 발명에 환호성을 내지를 정도로 그렇게 활기차게 문학적 참고서를 요구하게 되었고, 로마와 그리스에서 유래한 고대 작품의 개발 결과로 엄청난 배움과 교양 충동이 일어났다. 엄청난 정신의 변혁이 더 이상 외면될 수 없었다. 인류는 다시 자기 자신에 대해 심각하게 생각하고 자신을 재발견하기 시작했다. 이런 발전 과정에서 서적인쇄술이 중요하며 결정적인 역할을 담당하게 되었다. 서적인쇄술은 처음 등장할 때부터 인류 문명의 가장 중요한 전달자 역할을 맡았으며 지구상의 여러 나라 사이를 정신적으로 교류해 주는 역할을 넘겨받았고, 교양 세계의 정신적 산물들을 포괄적이고 다양하게 받아들이는 행위를 발전시켰다.

서적인쇄술은 자유인의 무제한적 행위, 즉 여러 작업에 얽매인 수공업과는 반대로 발명되자마자 그날로부터 항상 자유롭고 찬양할 만한 것으로 표시되었던 예술의 실행에 그 근거를 두고 있다. 그 때문에 길드의 시대에 이미 서적인쇄술에 미래적 성격을 부여했던 것이 바로 자유로운 작업인 서적인쇄술의 명예와 위엄이다. 서적인쇄술은 평민의 정신적 발전에 기여한 특출한 협력자였으며, 초창기에 이미 강력한 문화 후원자를 통해 발전을 거듭하게 되었다. 서적인쇄술은 또한 다른 종류의 축복 받은 발명과 발견과 결합하여 중세의 유럽을 정신적 그리고 교회적 삶의 자유로운 가치관으로 나아가게 만들었을 뿐만 아니라, 교양의 새로운 단초들을 일깨우고 후원하는 데 많이 기여했다. 인쇄술 성공의 시작은 시간, 날, 연도까지 정확하게 확정될 수 있다. 마인츠의 새로운 대주교 아돌프 폰 나사우(Adolf von Nassau)가 마인츠시의 약탈을 통해 그곳의 조판공과 인쇄업자를 도피하게 만들었던 때가 바로 1462년 10월 28일이었다. 이 사람들이 예전에는 실제로 '신의 고귀한 선물'(서적인쇄술)을 '조심스럽게 비밀을 유지하며 침묵을 일관하는 것으로' 칭찬했었던 반면, 이제 그들은 자신들이 서약을 통해 더 이상 자신이 구속되어 있지 않음을 알게 되었다. 그들은 자신들의 지식과 능력을 세계로 확산시켰으며 많은 민족에게 인쇄술을 가르쳤다.

2부
인쇄술의 확산

1. 마인츠
2. 밤베르크
3. 슈트라스부르크
4. 쾰른
5. 바젤
6. 취리히
7. 아우크스부르크
8. 울름
9. 뉘른베르크
10. 라이프치히
11. 빈
12. 막데부르크
13. 튀빙겐
14. 비텐베르크

서적인쇄술의 발명과 확산은 독일 도시의 번영과도 일치한다. 도시가 자연경제에서 화폐경제로 넘어간 이래 도시의 영업 활동과 상거래는 매일매일 향상되었다. 같은 시기에 귀족은 반복되는 전쟁으로 인해 군사적, 정치적 중요성을 상실하였다. 그러나 반대로 시민계급은 더 강력해지고 만족스럽게 발전되었다. 포르투갈과 스페인이 주도했으며 대상(大商)의 완전한 변화를 유도했던 신대륙 발견의 결과는 독일의 경우 16세기에 와서야 비로소 감지될 수 있었다. 그러나 국가적 관점에서는 접근하기 어렵고, 자신들의 도시 경계와 신분의 한계를 넘어서지 못하는 도시의 정책은 여전히 시험 단계에 있었다. 유용하고 도덕적인 신념으로 무장한 제국도시의 자유인은 자신들의 세계 경험, 세계 교역, 예술 이해, 교양 등을 통해 정신적으로도 소(小)영주, 경박한 융커, 무식한 성직자보다 우위에 있었다. 그 당시 독일의 예술과 학문 분야에서 아름다움과 활기찬 것이 드러난 것은 모두 시민계급에서 시작되었으며 시민계급이 거점 역할을 담당했다. 물론 이런 상황에 맞추어 제국도시를 중심으로 신기술인 인쇄술을 받아들이기 위한 기반이 이미 유리하게 마련되어 있었다. 그 당시 독일 민족의 경제적, 정치적, 종교적 삶은 라인강 상류와 하류의 저지대, 다시 말해 바젤과 마인츠 사이에 위치한 신성로마제국의 남서쪽 모퉁이에 뿌리를 내리고 있었고, 이런 도시들로부터 좌우로 갈라져 나갔다. 반면에 엘베강은 상당히 오른쪽 국경지대에 놓여 있었고, 빈을 비롯한 오스트리아는 엄밀한 의미의 독일과는 느슨한 관계로 있었다. 종교개혁의 결과로 파급된 인쇄술의 발전은 작센과 브란덴부르크가 있는 북동쪽으로도 점차 나아갔다. 베를린은 '30년 전쟁'(1618~1648)이 끝난 후에도 여전히 보잘것없는 작은 도시에 불과했고, 오늘날의 동부 독일인 프로이센 왕국 대부분의 주민이 자연 그대로의 상태에서 근근이 살아가고 있었다.

　서적인쇄술은 라인강의 오래된 상업지역이나 문화지역에서 독일의 다양한 지역으로 확산되었다. 서적인쇄술은 마인츠에서 시작되어 라인강을 따라 우선 상류로는 슈트라스부르크, 하류로는 쾰른으로, 몇 년 지나지 않아 바젤, 아우크스부르크, 울름, 뉘른베르크로 전해졌다. 거의 동일한 시기에 구텐베르크의 제자들은 서적인쇄술을 외국으로도 가져갔다.

　다음 서술에서 도시 혹은 시골의 인쇄업자와 출판업자 전체의 이름을 세세히 기록하는 것은 가능하지도 않을뿐더러 필요하지도 않다. 그들 중에 아주 유명한 사람을 가려내어 인쇄술 발전에 미친 그들의 영향과 그 시대를 소개하는 것으로 충분할 것이다. 특정 사실과 논거가 제시되고 있는 곳만 소개될 것이며, 인쇄물의 양이나 수뿐만 아니라 한 시대의 특성을 규정하는 인쇄물의 품질, 특징 등이 소개될 것이다.

1. 마인츠

　마인츠는 서적인쇄술이 발명된 도시이며, 15세기 내내 푸스트와 쇠퍼가 서적인쇄술을 영리 목적으로 사용하였다. 부유하고 수완 있는 푸스트는 만약 신기술인 서적인쇄술의 실제 운영에 돈이 투자되었다는 사실을 알지 못했더라면 구텐베르크와의 소송을 결코 감행하지 않았을 것이다. 따라서 그는 1455년 11월 6일의 판결을 통해 인쇄기를 소유하게 된 이후에 인쇄기를 작동했다. 푸스트는 구텐베르크의 유능한 조수이며 동료였던 페터 쇠퍼를 채용했다. 쇠퍼는 1420년에서 1430년 사이에 라인 강변에 위치한 게른스하임에서 태어나 파리에서 달필가, 필사본 채식사, 필사본 상인 등이 되기 위한 교육을 받았고 1455년 직전 마인츠에 거주하고 있었다. 구텐베르크가 푸스트와 별문제 없이 일할 때도 쇠퍼는 조판공, 필경사, 도안가 등으로 그들 밑에서 일했던 것처럼 보인다(Lange 1864, 20). 푸스트가 홀로 인쇄소를 운영하기 시작했을 때, 그는 재능 있는 점원이었던 쇠퍼를 자신의 사위로 받아들였을 뿐만 아니라 새로 사들인 크벤틴스가세(Quentinsgasse)의 집 '춤 홈브레히트'(Zum Humbrecht)로 옮겼던 자신의 인쇄소에 동업자로 받아들였다. 두 남자는 물론 사업가로서 구텐베르크보다 수완이 있었고, 그렇게 양심적이지는 않았지만 활동적인 경영으로 정말 잘 어울리는 파트너였다. 1457년 그들의 인쇄기에서 제작된 최초의 출판물은 양피지에 큰 미사용 활자로 인쇄된 화려한 『시

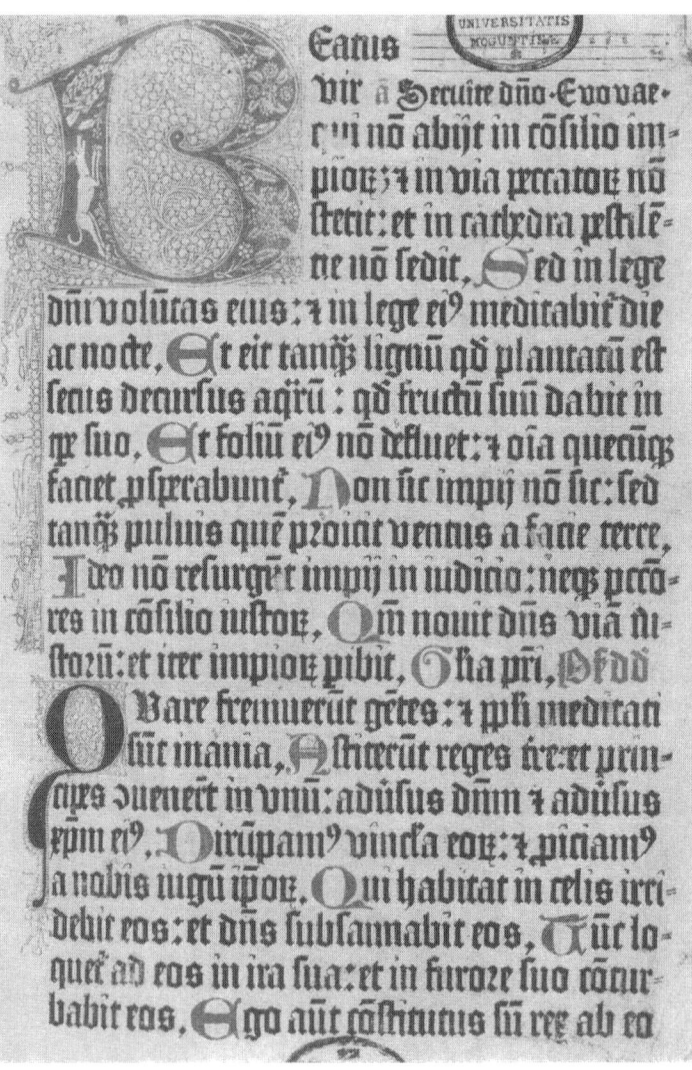

그림 11 : 1457년 제작된 『마인츠 시편』

편」이었다. 이 책은 필사된 미사곡집의 활자판 복제이며, 마인츠의 두 수도원이 미리 주문했기에 인쇄업자에게는 어떤 위험도 감수하지 않으며 제작할 수 있었던, 영리를 추구하는 기업가에 적합한 인쇄물이었다. 이 인쇄물은 2년 후에 이미 2판이 제작되어야 할 정도로 사업적으로도 성공이었다. 발명가 구텐베르크가 가난에 허덕인 반면 푸스트와 쇠퍼는 다른 사람이 심은 나무의 열매를 따 먹는 수혜를 누렸다. 그밖에도 『시편』은 출판된 날, 연도, 인쇄업자의 이름 등의 정보가 기록된 최초의 인쇄물이다. 푸스트가 죽은 후에도 『시편』은 쇠퍼에 의해 1490년과 1502년 두 번에 걸쳐 출판되었으며 후에 쇠퍼의 아들 요한에 의해 1515년과 1516년에 마찬가지로 두 번에 걸쳐 출판되었다. 1462년 마인츠의 대재앙이 닥칠 때까지 푸스트와 쇠퍼는 도미니카 수도원 소속 수도승 길리엘무스 두란두스(Guillielmus Durandus)의 『하느님의 이성적 직분』(*Rationale Divinorum Officiorum*, 1459), 『클레멘스 교황의 교서』(*Codex Constitutionum Clementis Papae*, 1460), 디터 폰 이젠부르크(Diether von Isenburg)에 대한 프리드리히 3세 칙서 (1461년 8월 10일), 아돌프 폰 나사우(Adolf von Nassau)에 대한 최후의 선전포고 (1462) 등을 출판하였다. 이 시기에 그들이 제작한 가장 아름답고 중요한 출판물은 1462년에 완성된 2절판 크기의 2권짜리 라틴어 성서로 '48행성서'라고도 일컬어진다.

  이 성서가 출간된 후 인쇄소는 거의 2년 동안 활동을 하지 않았다. 마인츠 출신의 승리한 새로운 선제후의 지시로 푸스트와 쇠퍼는 이웃하고 있는 프랑크푸르트로 갔다. 터키에 대항하는 1463년 11월 11일 자 피우스 2세의 면벌부가 1464년에 이미 출판되었기에 그들이 1463년 말에 다시 마인츠로 소환되었음이 분명하다. 1465년 12월 17일에 교황 보니파키우스 8세의 여섯 번째 교령집이 2절판으로 출판되었고, 같은 해 라틴어 고전인 『키케로의 의무에 관하여』(*Cicero de Officiis*)가 2절판으로 출판되었는데, 이 책은 1466년 2월 2일에 이미 재판이 나왔고 푸스트와 쇠퍼 인쇄소에서 출간된 마지막 인쇄물이 되었다.

　1455년 '42행성서'가 출판된 후 푸스트는 성서를 판매하기 위해 파리로 갔다고 한다. 이 이야기는 입증되지는 않았지만 개연성이 충분히 있다. 쇠퍼는 예전에 필경사로 파리대학에서 일한 적이 있었다. 이런 관계로 그는 아마 이 여행을 권고받았을 것으로 추정되는데, 특히 그는 필사본의 높은 가격을 자신의 경험에서 정확히 알고 있었다. 그 당시 서구에서 가장 유명했던 대학이 있었던 파리는 영향력 있는 사람들의 경향이나 서적의 수요를 규정하기도 했다. 외국 수도원 출신의 학자 혹은 애서가는 파리에서 크고 작은 문학 수요를 충당할 수 있었다. 그러나 파리는 1470년이 되어서야 비로소 인쇄업자가 등장했다. 인쇄업자들이 도착하기 전의 기간은 문학 부흥의 시기였고 서적판매에 특히 우호적이었다. 인쇄소의 이익을 위해 이 좋은 시장을 방문하여 거기서 라틴어 성서와 같이 일반적으로 인기 있는 인쇄물을 판매하는 근거가 푸스트로서는 충분했다. 이런 욕구는 동시에 최초 인쇄물의 호기심과도 연결되었다.

　거기에 반해 푸스트가 1466년 전반기에 『키케로의 의무에 관하여』 2판이 출판된 직후에 몇 가지 인쇄물을 가지고 파리로 가서 그곳에서 인쇄물을 팔려고 했다는 사실은 문헌으로도 입증된다. 제네바 시립도서관에 소장된 『키케로의 의무에 관하여』 2판에는 루드비히 드 라 베르나데가 이 책을 1466년 7월에 파리에서 푸스트로부터 구입했다는 사실이 기록되어 있다(Wetter 1836, 36).

　푸스트의 인쇄소는 이미 이른 시기에 파리와 같이 자신들의 영업권역을 마인츠 이외 다른 지역으로 넓혔다. 프랑크푸르트 참사회가 1469년 6월 3일에 뤼벡 참사회에 보냈던 공증서가 이런 사실에 대한 증거로 제시될 수 있다. 거기에는 프랑크푸르트 참사회가 푸스트의 상속자인 콘라드 헨키스(Konrad Henckis)의 위임자에게 푸스트와 쇠퍼가 뤼벡 상인 쿠르드 호르레만(Kurd Horlemann)에게 배송했던 인쇄본에 대한 미수금을 회수하는데 뤼벡 참사회가 도와주기를 부탁하고 있다. 이런 미수금이 1469년에도 법적으로 유효하다면 미수금이 이미 약간 이른 시기에, 자세히 말하면 푸스트의 고향인 마인츠가 아니라 그를 위해 나섰던 프랑크푸르트 암 마인에서 성립되었음이 틀림없다.

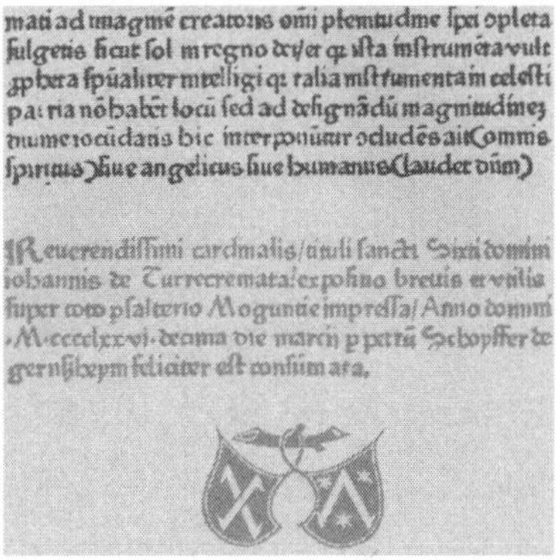
mati ad imaginē creatoris omi plenitudine spūs repleta fulgens sicut sol in regno dei/et q: ista instrumēta vult q: bera spūaliter intelligi q: talia instrumenta in celesti patria nō habēt locū sed ad designādū magnitudinem diuine iocūditatis hic interponūtur cōcludēs ait Omnis spiritus siue angelicus siue humanus laudet dūm)

Reuerendissimi cardinalis/tituli sancti Sixti domini iohannis de Turrecremata/exposicio breuis et vtilis super toto psalterio Moguntie impressa/Anno domini M.cccclxxvi.decima die marcii p petrū Schoyffer de gernßheym feliciter est consūmata.

그림 12 : 페터 쇠퍼의 지그네트

따라서 푸스트와 쇠퍼는 자신들에 의해 인쇄된 서적들을 판매한 최초의 서적거래상임이 입증될 수 있다. 인쇄본의 가격은 신기술의 신제품임에도 불구하고 필사본과 비교해보면 저렴했다(Madden 1878, 60). 마덴은 양피지 인쇄본 '42행성서'가 그 당시 파리에서 2,000 프랑에 팔렸다고 자료를 통해 제시하고 있다. 필사본과 인쇄본의 가격을 비교하기 위한 자료로 요하네스 폰 알레리아(Johannes von Aleria) 주교가 교황 피우스 2세에게 보낸 편지를 들 수 있다. 거기에는 이전에 금화 100굴덴으로 살 수 있었던 서적을 오늘날(1467년) 로마에서 금화 20굴덴 이하로 살 수 있으며, 얼마 전에 거의 금화 20굴덴을 주어야 살 수 있었던 서적들이 이제는 4굴덴이나 아니면 그 보다 훨씬 더 저렴하게 살 수 있다고 기록되어 있다. 편지의 내용에 따르면 그 당시 인쇄본의 가격이 필사본보다 다섯 배나 저렴했다고 한다. 인쇄본과 필사본의 이런 자연스러운 가격 차이에 대한 이유로 인쇄술이 처음 등장함과 동시에 가격을 저렴하게 만드는 복제본이 등장했는데, 이것 또한 푸스트와 쇠퍼에 기인하고 있다. 예컨대, 판처(Panzer)가 입증하고 있듯이, 『키케로의 의무에 관하여』를 1465년에 쾰른의 울리히 첼(Ulrich Zell)의 인쇄본으로 재인쇄 했던 사람도 바로 푸스트와 쇠퍼였다. 심지어 푸스트는 텍스트뿐만 아니라 멘텔에 의해 1465년에 슈트라스부르크에서 인쇄되었던 서한 『찬사의 기술에 관하여』(De Arte Praedicatoria)는 물론이고 거기에 첨부된 서문조차도 똑같이 1466년경 재인쇄 했다. 이 서문의 작가는 자신이 이 책의 필사본을 하이델베르크, 슈파이어, 보름스, 슈트라스부르크 등에서 발견했으며, 요한 멘텔이 인쇄를 통해 이 필사본을 성직자들이 지닐 수 있도록 값싸게 판매할 것이라고 서술하고 있다. 실용적 인간으로서 푸스트는 자기 자신의 이름을 멘텔이라는 이름으로 단순히 바꾸어 버릴 정도로 무성의했다 (Schmidt 1881, 92). 쇠퍼도 푸스트에 못지않게 비양심적인 상인이었으며, 자신의 사업을 가능한 한 일반적으로 선전하기 위해 사용할 수 있었던 모든 수단을 이용했다. 예컨대 그는 자신이 인쇄한 초기 서적 말미를 약간 변화시켜 구텐베르크의 최종 서적을 재인쇄했다. 쇠퍼는 교정자 중 한 명이었던 배우지 못한 수도승 요한 브룬넨이 썼던 장차 출판될 작품에 대한 자화자찬의 광고를 출판했던 최초의 출판업자였다. 1470년 봄에 쇠퍼는 그해 가을 매세에 참석하기 위해 성 히에로니무스의 편지 출간을 공지했고, 이 인쇄물은 실제로 정확하게 1470년 9월 7일에 그에 의해 출판되었다. 최초의 독일 출판업자가 정말 이른 시기에 '광고'를 완벽하게 이해했음이 입증된다.

 1467년 3월에 푸스트와 쇠퍼의 인쇄소는 없어졌으며, 1503년까지 존재했던 페터 쇠퍼의 새로운 인쇄소가 그 자리에 들어섰기 때문에 푸스트는 1466년 후반기, 늦어도 1467년 초에 사망했을 것으로 추정한다. 푸스트에게는 두 아들이 있었는데, 그중 막내인 콘라드는 한퀴스, 헨리히 혹은 헨힌스로도 불렸는데, 페터 쇠퍼 인쇄소에 이름이 없는 공동출자자로 참여하였다. 푸스트에 의해 파리에 설립된 지점은 아주 수입이 좋은 인쇄소임이 입증되었다. 그 때문에 쇠퍼는 1470년 동일명의 프로이센 정부관할 지역의 북서쪽 경계선에 위치해 있는 뮌스터 주교구 출신의 헤르만 폰 슈타트론[1] 혹은 슈타트로에(어떤 작가는 다른 곳에서 슈타트호에로 잘못 썼다, 슈타트론은 '30년 전쟁' 시기에 벌어진 전투(1623년)로 유명해졌다)를 파리와 앙제의 새로운 대표로 서둘러 임명하였다. 이런 상황에서 파리의 지점은 한층 더 비약적인 발전을 거듭했다. 쇠퍼와 그의 동업자 콘라드는 이제 그들만의 인쇄소뿐만 아니라 마인츠의 다른 인쇄소 작품들도 가져오게 했다. 이런 사실은 특히 쇠퍼가 파리 병기창 도서관에 소장되어 있고 1474년 뉘른베르크의 안톤 코베르거(Anton Koberger)에 의해 제작된 요하네스 스코투스(Johannes Scotus)[2]의 인쇄본에 기록하였던 메모에서 알 수 있다.

> "나, 마인츠의 인쇄업자 페터 쇠퍼는 존경하는 피사의 시인 요하네스 헨리치(Johannes Henrici) 선생으로부터 3권의 스코투스 인쇄본을 받았음을 인정하며, 이 사실을 여기서 자필로 증명하고자 한다."

헤르만은 이렇게 받은 서적을 파리와 앙제에서 판매하였으며, 그가 지점으로 설립했던 프랑스의 다른 도시에서도 판매하였다. 그 후 이미 알려져 있듯이, 대학에서도 쇠퍼를 위해 사업을 할 수 있기 위해서 헤르만은 파리에서 대학거래상인 요한 기미에(Johann Guymier) 회사의 직원으로도 일했다. 헤르만은 1470년 4월 5일에 양피지로 인쇄된 마인츠 성서를 앙제의 수석 사제 빌헬름 폰 투르네빌(Wilhelm von Tourneville)에게 40탈

---

1 'Stadtlohn'은 독일의 도시명
2 (810년경~877년경), 아일랜드 출신으로 프랑크 왕국의 카롤루스 2세 칼부스를 섬긴 스콜라 철학의 선구자.

러에 판매하였다. 헤르만이 마인츠의 페터 쇠퍼 회사를 위해 프랑스에 설립했던 인쇄소 지점의 중요성은 그가 죽자 분명히 드러났다. 헤르만이 프랑스에 귀화하지 않았기 때문에 외국인 소유 재산 몰수권에 따라 자신의 전 유산이 국가에 귀속되었다. 쇠퍼와 한크쿠비스는 즉시 신성 로마제국의 황제 프리드리히 3세와 마인츠 선제후 루드비히 11세의 영향력 있는 추천서를 지니고 아직 보관 중인 서적들을 넘겨받고 가게에서 이미 팔린 서적들에 대해서는 그 손실을 회복하기 위해 서둘러 파리로 갔다. 그들의 노력은 아주 성공적이었는데, 왜냐하면 1475년 4월 21일자 우편에서 루드비히 11세는 다음과 같이 명령했기 때문이다.

> "탄원자가 서적인쇄술을 위해 노력했던 세심함, 이 기술로부터 학문의 확산을 통한 공동의 본질을 성장하게 했던 유용함 등을 고려해서 콘라드 한크쿠비스와 페터 쇠퍼에게 (그들은 도시 마인츠의 상인 부르주아로 표시된다) 800 리브르에 대한 연이율로 요구된 금액 2,425 탈러 3솔스 투르느와(오늘날의 가치로 대략 11,000 프랑)를 지불해야 한다."(『발레리에 도서관 카탈로그』, 26)

쇠퍼 자신은 마인츠에서 인쇄소를 계속 운영했다. 그의 동업자 한크쿠비스는 서적판매를 위해 파리로 돌아갔고, 1480년에 비로소 독일에 다시 등장한다. 파리 지점이 언제 폐업했는지는 알려지지 않았다. 어쨌든 파리 지점은 아우구스티누스의 『신국론』(*De Civitate Dei*) 책 안에 기록된 개인의 서명으로부터 알 수 있듯이 1477년까지도 존속하고 있었다. 그러나 1470년 이후 파리에 인쇄소가 들어섰고, 인쇄술이 프랑스에 빠르게 확산되었기에 쇠퍼는 자신의 파리 지점을 그렇게 오랫동안 운영하고 싶지는 않았다. 그는 빠른 속도로 증가하는 경쟁으로 인해 자신의 기업가 정신을 고도로 요구하게 만드는 고향으로 자신의 활동을 제한하길 원했다.

쇠퍼는 1476년 아내의 상속분으로 이미 그의 소유가 된 집 '춤 홈브레히트' 외에도 그 집과 경계에 있는 보다 큰 건물 '호프 춤 코르프'를 구입하였다. 유감스럽게도 산발적으로만 발견되고 있는 쇠퍼에 대한 기록 중에 그가 1477년 7월 24일에 처남인 요한 푸스트(아버지와 같은 이름)와 맺은 계약서가 미약하나마 그의 서적판매 활동에 대한 정보를 주고 있다. 부친 쪽 인쇄소 상속인으로서 종이로 180부와 양피지로 20부 인쇄된 1473년의 교황 교령집을 소유하게 된 푸스트는 빚 탕감을 위해 이것들을 쇠퍼를 통해 판매하게 했고, 이 중요한 업무에 대한 법정 서류를 작성했다. 그러나 이런 서류에서 푸스트와 쇠퍼 사이의 서적판매망이 해명될 수는 없다. 요한 푸스트는 마인츠 성 슈테판 재단의 의전 사제였고 당연히 자기 소유의 인쇄물을 실무가 능한 처남을 통해 판매될 수 있기를 희망했다. 계약서에는 쇠퍼가 서적판매에 종사하고, 동시에 교령집을 쇠퍼 자신의 서적과 함께 판매해야 한다는 점을 강조하고 있다.

그러나 보다 중요한 사건은 1479년 9월 6일 쇠퍼가 프랑크푸르트 암 마인의 시민권을 획득한 일이었다. 그가 파리를 포기했기에 독일에서 사업이 확산되고 안전을 위한 확고한 거점을 필요로 했고, 그 시점에서 마인츠가 자신에게 사업을 제안했다. 매세를 통해 인쇄물의 이익과 새로운 연결의 교섭을 위해 최상의 기회를 제공해주는 도시로 마인츠만큼 좋은 위치의 지역은 있을 수 없었다. 마인츠에서 그는 자신의 인쇄소를 가지고 있었다. 거기서 그는 마인츠에서, 특히 그 당시 이미 서적판매에 중요했던 프랑크푸르트 매세에서 자신과 동업자 한크쿠비스에게 배당되었던 주문을 받아 서적을 인쇄했다. 한크쿠비스는 1480년 이래 독일에서 사업을 계속할 기회를 다시 얻었다. 1480년에 쇠퍼와 한크쿠비스가 프랑크푸르트에 거주하는 베른하르트 인쿠스라는 인물과 소송을 벌

였기에 사업은 틀림없이 매우 번창했을 것이다. 쇠퍼와 콘라드 헨키(푸스트의 아들이 여기서는 이렇게 불리었다)가 자신들의 소유권을 주장하기 위해 로트바일 고등재판소에서 몇 권의 서적 발행을 근거로 그를 고소했다. 이런 서적들이 피고인 자신에 의해 인쇄되었는지, 혹은 다른 사람이 인쇄한 것인지, 혹은 일부 자신의, 일부 다른 사람의 소유인지 등은 문서로 드러나지 않는다. 이 소송을 항소심으로 넘겨받았던 바젤 정부는 논쟁의 대상을 압류했고 원만한 타협을 권유했다. 1481년 5월 중순에도 압류는 여전히 풀리지 않았다. 그러나 이 소송이 어떻게 끝났는지에 대한 정보는 문서에서 찾을 수 없다. 쇠퍼와 한크쿠비스가 뤼벡 시민 한스 비츠, 내지는 그의 미망인을 대상으로 행했던 요구는 1480년 4월 1일에 프랑크푸르트 시의회가, 이미 1469년에 그랬던 것처럼, 뤼벡 시의회에 쇠퍼를 효과적으로 보호해 달라고 청원하게끔 만들었다(Lange 1864, 18).

초안이 프랑크푸르트 기록보관소에 여전히 소장된 이 문서 외에는 이 사건에 대한 정보를 그 어디에도 찾을 수 없다. 납품 서적에 대한 채권에서 드러나고 있듯이 쇠퍼의 회사는 울름에도 거래망이 있었는데, 이것은 그 지역 시민 한스 하르쉬, 에르하르트 뤼빙어, 베르흐톨드 오페너에 대항하려 만들어졌다. 쇠퍼의 회사는 심지어 선제후 디터 폰 마인츠의 후원 서류를 지닌 전령을 보냈는데, 그는 돈을 수금해야 하는 임무도 부여받았다. 전령이 전권을 위임받지 않기에, 채무자는 그에게 돈을 주지 않으려 했으나, "전령이 약간의 폭력을 보이자, 바로 울름의 도시법에 따라 돈을 받게 되었다."(Haßler 1840, 139)

독일의 북쪽 끝과 남부에서 있었던 이 소송과 고소는 활발한 매세 활동과 프랑크푸르트에서 계약한 판매가 독일 전체로 확산되었음을 보여주고 있다. 쇠퍼는 심지어 자신의 금전 거래를 프랑크푸르트에서만 처리했던 것처럼 보인다. 1485년 마리아 막달레나 축일(7월 22일)에 쇠퍼는 마인츠에 있는 비(非)성직자 재판관 겐스플라이쉬(Gensfleisch)에게 자신의 채무를 다음 푸랑크푸르트 매세에서 갚을 수 있도록 청원했다. 그 당시 쇠퍼가 마인츠 주민이었다면 그는 그곳에서 훨씬 더 편안하게 자신의 요구를 언급했을 것이다. 1480년대 말에 쇠퍼는 자신의 사업 활동을 비교적 소홀히 하면서 마인츠에 다시 돌아온 것처럼 보이는데, 왜냐하면 그가 여기서 1489년 비성직자 재판관으로 임명되었기 때문이다. 그 당시 땅에서 버섯이 나오듯 수도 없이 설립되었던 인쇄소에서 수많은 인쇄물이 쏟아져 나왔다. 이런 비상한 활동과 경쟁에서 살아남아 그동안 나이가 들고 부유하게 된 서적거래상 쇠퍼는 인쇄물 콘텐츠가 제한되어 있고, 자신의 인쇄물이 충분했기 때문에 인쇄업이 더 이상 성장하지 못할 것이라 생각했다.

쇠퍼는 36년 동안, 즉 1466년 푸스트의 사망에서 시작하여 자신이 59세에 죽을 때까지 지금까지 알려진 인쇄물을 출간했다. 그가 출간한 대부분의 인쇄물은 2절판 크기이고 2단에 50에서 60행으로 페이지가 구성되어 있으며, 매 인쇄물은 평균 150장 이상이었다. 그중에는 푸스트와 쇠퍼가 함께 경영할 때 이미 출판되었던 인쇄물이 재판된 경우도 있었다. 『요한 안드레아의 서문이 있는 클레멘스 5세의 교령집』(*Clementis V. Constitutions cum Apparatu Joannis Andreae*, 1467, 1471, 1476), 『주해가 첨부된 유스티아누스의 제도집』(*Justiniani Institutiones cum Glossa*, 1468, 1472, 1476), 『토마스 아퀴나스의 주석 해설』(*St. Thomae de Aquino Expositio Sententiarum*, 1470), 『히에로니무스 서간집』(*Hieronymi Epistolae*, 1470), 『보니파키우스 8세. 여섯 번째 법령집』(*Bonifacii VIII. Liber sextus Decretalium*, 1470, 1473, 1476), 『그레고리우스 9세의 교령집』(*Gregorii IX. Decretales*, 1473, 1479), 『후안 토르케마다의 시편 해설』(*Joannis Torquemada Expositio Psalterii*, 1474, 1476, 1478), 『유스티니아누스 코덱스』(*Justiniani Codex*, 1475) 등을 그 보기로 들 수 있

다. 앞에서 이미 언급했듯이 『시편』은 여러 번에 걸쳐 출판되었다. 그 외에도 쇠퍼는 주문을 받아 여러 가지 성무일과 기도서, 미사경본을 인쇄했는데, 마인츠에서는 1483년과 1485년, 마이센과 브레슬라우에서는 1485년과 1499년에 각각 인쇄되었다. 따라서 쇠퍼의 주 활동은 1467년에서 1480년까지 이루어졌다. 그는 이 13년 동안 34종의 작품을 출판하였던 반면, 1480년에서 1502년까지, 즉 22년 동안에는 단지 15종의 서적만을 출판하였다. 쇠퍼는 1485년 3월 28일에 그의 작품으로는 최초로 독일어로 인쇄하고 목판화로 장식한 책 『건강의 정원』(*Ein Gart der Gesundheit*)을 출판하였다. 1502년 12월 21일에 그의 마지막 인쇄물 『시편』 4판이 출간되었다.

쇠퍼는 마인츠에서 사망하였는데, 1502년 말경이나 1503년 초일 것이라 추정된다. 1503년 3월 27일 그의 아들에 의해 최초로 인쇄된 책 『헤르메스 트리스메기스투스』(*Mercurius Trismegistus*)[3]가 출판되었다. 따라서 페터 쇠퍼의 죽음은 이 날짜 직전일 것으로 추정된다. 그는 지나칠 정도로 꼼꼼한 성격의 소유자였다. 그는 달필가로서 처음 서적인쇄술을 접하고, 자신보다 훨씬 위에 위치한 인물들과 교제할 기회를 갖게 되었다. 그는 자신의 분야에서 위대한 인물이었고 훌륭한 업적도 달성했다. 그러나 이 분야는 협소했고, 그는 단지 천재적 발명자의 기술을 아무런 방해 없이 사용했고, 그런 과정에서 약간의 부차적 문제를 개량했을 따름이었다. 그는 라틴어를 거의 말할 수 없었으며, 그리스어는 읽을 줄도 몰랐다. 그래서 교육을 받지 못했고 그 당시 출판업에 대한 예비지식이 없었던 쇠퍼에게는 자신이 수 천부 인쇄했던 문학에 대한 지식은 물론이

---

3 문자 그대로의 의미는 '세 번 위대한 헤르메스(thrice-great Hermes)'이다. '세 번 위대하다'는 것은 『에메랄드 타블레트』(Emerald Tablet)에 나오는 진술에서 유래한 것으로, 헤르메스 트리스메기스투스가 우주 전체의 지혜의 세 부문을 완전히 알고 있다는 것을 의미한다. 이 세 부문은 연금술, 점성술, 신성 마법이다.

고 새롭고 많은 이익을 가져다줄 수 있는 궤도를 닦아주는 통찰력이 부족했다. 그 때문에 그의 사업 성향은 적은 이윤 추구만이 유일한 목표였던 수공업 수준에 머물렀다. 그럼에도 불구하고 그가 차츰 부유해졌다면 성직에 있던 그의 조언자들이 실용적이고 그 때문에 특히 추천할 만한 것이라 말해주었던 작품에 한정

그림 13 : 페터 쇠퍼의 둘째 아들 요한의 지그네트

하여 출판했던 신중함으로 인해 성공했을 것이다. 그 당시 대중은 라틴어 서적을 거의 구입하지 않았다. 마인츠와 파리의 지식인 계층에서는 쇠퍼가 영리하게 이용했던 스콜라 신학적 성향이 지배적이었다. 그의 출판목록에는 이미 언급된 바 있는 옛 고전인 『키케로의 의무에 관하여』만이 이런 성향에서 벗어나 있다. 그는 이 고전 텍스트의 재인쇄를 위해 검토, 비판, 교정 등을 하는데 많은 돈을 지불했을 정도로 이 작품을 아꼈다.

자만에 차있고 자화자찬을 즐겨하는 그의 성정은 탐욕이나 저급과는 거리가 멀었다. 그는 두 명의 교정자, 장인(匠人) 프란츠와 위에 언급된 요한 브룬넨을 고용하고 있었다. 이 둘은 자신들의 주인에게 헌정된 많은 찬사를 오류가 없는 인쇄를 통해서나 흠잡을 데 없는 2행시를 통해 표현했다. 그들은 기회가 날 때마다 쇠퍼와 그의 인쇄술을 찬양해야만 했고, 인쇄술의 발명자인 구텐베르크를 보잘것없는 인물로 평가했으며, 그가 인쇄술을 발명하였다는 사실을 죽을 때까지 침묵했고, 결국 푸스트

와 쇠퍼를 인쇄술의 창시자로 만들어 버렸다. 그래서 애매한 암시를 통한 개인적인 찬양, 관계가 없는 서적 광고를 통한 객관적 소견을 재치 있게 섞었고, 그것을 통해 종국에는 푸스트가 인쇄술의 원래 발명자이며 쇠퍼가 이런 인쇄술을 개량했다는 인상이 생겨나게 했다. 페터 쇠퍼의 이름 없는 문학 하인이 퍼뜨렸을 것이 틀림없는 이런 왜곡은 그의 후계자이며 아들인 요한 쇠퍼에 의해 계획적이며 성공적으로 전파되었다. 아버지 쇠퍼가 나쁜 줄 알면서도 요한 푸스트만을 '서적인쇄술의 최초 발명자이며 창시자'로 표시했다면, 그 아들 쇠퍼는 뻔뻔스럽게도 아버지 쇠퍼를 인쇄술 발명에 공로가 있고 발명가에 필적할 만한 조수로서 자칭 발명가였던 요한 푸스트와 대등한 반열에 올려놓은 반면에 구텐베르크에 관해서는 한마디도 언급하지 않았다. 1505년 요한 쇠퍼가 티투스 리비우스[4]의 최초 독일어 번역판을 인쇄했는데, 거기에 나와 있는 막시밀리안 황제에 대한 헌정사에서 쇠퍼 스스로도 구텐베르크가 1450년 인쇄술을 발명했고, 푸스트와 쇠퍼는 그 이후에 인쇄술을 부분적으로 개량했다고 기술했다. 그러나 이런 무비판적인 시대에는 도처에 인쇄본을 공급했던 요한 쇠퍼의 주장이 주류를 이루었고 16세기 말에 이르기까지 구텐베르크라는 이름조차도 후손의 기억에서 멀어지게 만들었다. 심지어 신화가 만들어준 환상은 근대에 이르기까지 인쇄술 발명의 세 거성(巨星)을 창조했고, 이 모습은 프랑크푸르트 암 마인에서 구텐베르크, 푸스트, 쇠퍼를 하나의 청동 입상으로 합쳐진 모습에서도 엿볼 수 있다. 마덴과 그의 후계자 폰 데어 린데(Madden 1878, 88; Linde 1878, 285)의 업적은 그들이 이런 환상을 어떻게 만들어내었는지 추적하고 그 오류를 명확히 바로잡았다는 사실이다.

---

4 (Titus Livius, 기원전 59년~17년)는 고대 로마 역사가. 비슷한 나이인 아우구스투스와 우정을 나누었으나 정치생활과는 인연을 맺지 않고 142권이라는 방대한 『로마사』를 저술하였다.

페터 쇠퍼의 사업 활동에서 독일의 출판물 거래와 재고 서적거래의 발전 방향이 이미 드러난다. 예컨대, 출판될 수 있는 작품의 선택은 구매자의 욕구와 교양을 고려해서 정함, 제3자를 통한 인쇄주문의 조달, 독일뿐만 아니라 외국에서도 지점 설립을 통해 사업의 확장, 재고 서적거래와 출판사의 연결, 프랑크푸르트 매세 방문, 호객 상인과 여러모로 가까운 광고를 통해 출판물 목록을 대중에게 알림, 그리고 마지막으로 불법복제를 통해 경쟁자에게 손해를 입힘 등이다.

그림 14 : 프랑크푸르트에 있는 구텐베르크, 푸스트, 쇠퍼의 동상

푸스트-쇠퍼의 인쇄소는 정확히 100년 동안 지속되었다. 그의 최초 인쇄물은 1457년에 인쇄된 『시편』이었고, 마지막 인쇄물은 1557년에 인쇄된 독일어판 티투스 리비우스의 두 번째 판이었다. 요한 쇠퍼는 1531년에 사망하였고, 그의 동생인 페터 쇠퍼 주니어의 아들인 이보(Ivo) 쇠

퍼가 후계자가 되었다. 이보는 제국의회의 의결에 따른 황제의 인쇄우선권을 획득하였고 1556년에 사망하였다. 그가 사망하고 1558년까지 친척인 게오르크 바그너(Georg Wagner)가 '고(故) 이보 쇠퍼의 유산'이라는 회사명으로 가게를 계속 운영했다. 가게는 이웃 도시에서 서적인쇄와 서적거래가 급속도로로 번영하고 있는 데 반해 퇴보를 거듭했고, 그 때문에 회사의 청산 과정에서 어떤 눈에 띄는 갈등도 없었다. 대체로 마인츠는 인쇄술 발명 직후에 인쇄업의 정점을 찍었다고 볼 수 있다. 마인츠가 정복당함(1462)으로써 이 도시의 물질적 역량과 정신적 활력이 단절되었고 '황금의 마인츠'는 강력하고 부유한 자유도시에서 단순한 대주교의 거주지로 전락하였다. 지식인층, 복지, 그리고 거기서 분출되는 독립심이 마인츠에서 썰물처럼 빠져나갔다. 그 당시 마인츠에는 비록 다방면으로 저항하였지만 복종할 수밖에 없었고, 성직자 계급에 예속된 시민계급이 주로 거주하고 있었다. 정치적 불운은 서적거래 분야에서 곧 파멸로 이르는 결과만을 언급할 수 있을 따름이었다. 인쇄술의 탄생지 마인츠는 도시의 사망 선고 이후 50년 동안 인쇄물을 거의 출판하지 못했다.

위트레흐트 출신의 게르하르트 렌비히는 마인츠에서 쇠퍼의 첫 번째 경쟁자로 간주된다. 렌비히가 대성당 수석 사제인 브라이덴바흐와 동행하여 예루살렘으로 여행한 후 대략 1486년에 마인츠에서 인쇄소를 설립했다. 그는 예루살렘 여행기를 1486년에서 1488년까지 독일어, 네덜란드어, 라틴어 버전으로 출판하였고, 오래된 구텐베르크의 활자를 통해 인쇄된 텍스트에 관련된 그림을 제공했던 화가 중 한 명이었던 것으로 추정된다. 막강한 권한으로 쇠퍼에게 실질적인 인쇄를 맡겼는데, 위에 언급된 여행기 외에는 어떤 렌비히 인쇄물도 현재까지 알려진 것이 없다. 연대순으로 보면 이 시기에 구텐베르크의 중요한 제자가 뒤를 잇는데, 그는 마인츠 출신의 유랑 인쇄업자인 요한 노이마이스터(Johann Neumeister)이다. 그는 이탈리아의 여러 도시에서 인쇄술을 보급시킨 후에 1478년 고향인 마인츠로 돌아왔고, 1479년 9월 3일 마인츠에서 『후앙 드 투레크레마타[5]의 명상록』(Meditationes Johannis de Turrecremata)을 출판하였다. 그러나 노이마이스터는 이런 화려한 인쇄본을 제작한 후에는 다시 외국으로 갔으며, 후에 특히 남프랑스에서 두드러진 출판 활동을 했다.

이에 반해 문헌으로 입증될 수 있는 쇠퍼의 첫 경쟁자는 야콥 마이덴바흐(Jakob Meydenbach) 혹은 메덴바흐(Medenbach)였는데, 그는 구텐베르크의 제자로 알려져 있고 1490년에서 1495년까지 활동하였다. 그가 제작한 대부분의 인쇄물에는 그의 이름은 물론이고 출판 연도나 인쇄 장소도 없다. 그래서 그가 여러 종의 서적을 출판했음에도 불구하고 서지학자들은 그중에 단 3종만 알고 있다. 그의 인쇄소는 키르쉬가르텐(Kirschgarten)이라는 마인츠시 구역(區域)에 속한 '데어 자울뢰펠'(der Saulöffel)이라 불리는 농가에 있었다. 고딕 양식으로 건축된 이 집은 출입문 위에 돌로 제작된 책이 펼쳐진 모습으로 놓여 있다. 이 집은 17세기에도 인쇄소로서 마인츠 출신의 여러 인쇄업자가 일했다. 1493년에서 1498년까지 인쇄업자로 일했던 페터 프리트베르크(Peter Friedberg)가 마이덴바흐의 뒤를 이었다. 그는 24종의 인쇄물을 출판했는데, 모두 작은 크기의 4절판과 고딕 활자로 제작되었다. 1508년에 프리드리히 호이만이 '자울뢰펠'에 정착했지만 1509년까지만 일했다. 그가 마리엔탈 수도원에 있는 '공동생활 형제단'으로부터 '42행성서'의 활자, 즉 최초의 구텐베르크 활자를 구입했다는 것은 최근에 어떤 '박식한 자'가 꾸민 허구이다. 프리트베르크는 흔하지 않은 풍자적 소작품 『사랑하는 이에 대한 매춘부의 정조』(De Fide Meretricum in suos Amatores, 1508)를 출판하였다. 이때부터 페터 요르단(Peter Jordan)이 1531년 마인츠에서 새로운 인쇄소를

---

5 15세기 스페인의 신학자.

설립하기까지 다시 20년 이상 흘렀다. 요르단은 이켈자머[6](Ickelsamer)의 규칙이 각주로 나와 있는 독일어 문법서 『라이엔슐』(*Die Leyenschul*)을 출판하였다. 그도 요한 쇠퍼처럼 마인츠 주교좌성당 참사회의 인쇄업자로 임명되었으나, 이 자리로 만족하지 못했다. 그는 주교좌성당 참사회의 인쇄업자로 『루터성서』에 대항하는 요한 디텐베르거(Johann Dietenberger)의 독일어 성서를 인쇄하였다. 이 성서는 목판화로 아름답게 장식된 인쇄물이었다. 그가 인쇄한 많은 서적이 독일어 서적이었다. 그에 반해 라틴어 서적은 거의 인쇄하지 않았다. 그밖에도 그는 예를 들면 쾰른의 페터 크벤텔(Peter Quentel)과 같은 타지 서적판매인을 위해 위탁 주문을 받기도 했다. 1535년 마인츠에서 그에 의해 마지막으로 출판된 작품은 요한 슈퇴플러(Johann Stöffler)의 『천문학』인데, 이 작품은 1513년 오펜하임에서 처음 출판되었다.

마이센 출신의 프란츠 베헴(Franz Behem) 혹은 뵈메(Böhme)의 인쇄소가 조금 더 오래 존속되었다. 그는 1539년 마인츠시 앞에 바이세나우 쪽에 위치된 성 빅토르 수도원에 인쇄소를 설립하였고, 그곳에서 일련의 가치 있고 애서가들에게 잘 알려져 있고 신학적 내용을 지닌 작품을 인쇄하였다. 요한 아르놀트 폰 베르겔(베르겔라누스)이 쓴 구텐베르크와 그의 발명에 대한 유명한 라틴어 찬양시도 1541년 베헴의 인쇄소에서 출판되었다. 시인 요한 아르놀트 폰 베르겔은 베헴의 인쇄소에서 교정자로 일했을 것으로 추정된다. 변경백 알브레히트 폰 브란덴부르크가 빅토르 수도원을 파괴(1552)하자 베헴은 자신의 인쇄소를 마인츠 시내에 있는 '춤 마울바움'(Zum Maulbaum)이라는 집으로 이전했고, 여기서 1558년까지는 그가, 후에 30년 전쟁 시기에 스웨덴이 라인강으로 밀고 들어올 때까지 그의 아들과 그 아들의 상속인들이 인쇄소를 운영했다. 1631년에서 1635년

---

6 (Valentin Ickelsamer, 1500~1547), 독일의 문법학자.

사이에 '춤 마울바움'은 파괴되었고 인쇄소는 파괴되었으며, 마지막 소유주 요한 알빈(Johann Albin) 가족은 실종되었다. 알빈(1594~1622)은 서적인쇄업자라기보다는 서적거래상으로 더 많은 활동을 하였다. 17세기 초에 그는 마인츠와 프랑크푸르트에 두 개의 서점을 소유했다. 프란츠 베헴과 그의 아들들은 당대의 유

그림 15 : 프란츠 베헴의 지그네트

명한 서적거래상과 서적인쇄업자들과 활발히 교류했다. 프란츠는 두 명의 마인츠 출신의 서적거래상 테오발트 슈펭겔과 니클라스 가이어, 그리고 쾰른 출신의 아르놀트 비르크만과 페터 크벤텔과 함께 가게를 공동으로 운영했다. 또한 활동적인 프랑크푸르트 서적거래상 지기스문트 파이어아벤트와도 서신을 교환했다. 베헴의 사업영역은 분명 아주 넓었을 것이다. 이보 쇠퍼의 사망 이후 자신에게 주어진, 제국의회에서 결정된 황제의 인쇄우선권이 사업 번창에 많은 부분을 기여했던 것처럼 보인다(Metz 1834, 241-245).

   베헴 인쇄소의 몰락과 더불어 마인츠는 독일의 서적인쇄와 서적거래에 마지막으로 남아 있었던 중요성마저 잃어버린다. 마인츠의 작은 인쇄소들이 여전히 근근이 연맹해 나가면서 신학 서적, 교과서, 기도서 혹은 예외적으로 학술서도 출판했을지라도, 이 도시는 서적거래의 역사에서 더 이상 중요하게 되지는 못했으며, 구텐베르크의 탄생지로서의 명성 그리고 근대 가장 위대한 발명의 요람으로서 찬사를 받는 것에 만족해야만 했다.

2. 밤베르크

밤베르크는 인쇄술이 처음 발명되고, 구텐베르크가 여전히 활동하는 동안에 이미 인쇄를 시작했던 독일의 도시 중 가장 많이 인쇄 활동을 하는 도시 중 하나였다. 밤베르크의 최초 인쇄업자였던 알브레히트 피스터(Albrecht Pfister)가 어디서 그리고 어떻게 활자를 지니고 인쇄했는지, 구텐베르크가 인쇄술을 발명하자마자 어디서 어떻게 인쇄술을 배웠는가 등 자주 제기되는 질문을 추적하지 않고 여기서는 피스터가 밤베르크 최초의 독일어 서적으로서 인쇄 장소와 인쇄연도를 기록했던 보너의 『우화집』(1461)과 『네 가지 역사서』에 스스로 인쇄업자라 표시했다는 명백한 사실만이 서술될 것이다. 피스터의 인생 여정, 특히 활자를 배운 이력에 대한 정보는 자료의 부족으로 알 수 없다. 자료에 나타난 그에 관한 정보는 그 당시 일련의 작품들이 동일한 활자로 제작되었으며 이런 활자가 피스터가 소유한 활자임이 입증되었다고 요약될 수 있다. 그렇다고 해서 동일한 활자로 인쇄된 다른 작품의 경우 인쇄업자가 피스터가 아니라는 것에 대한 증거는 없다. 그 때문에 사실 그 자체로 결론을 끄집어내려 한다면 언급된 작품들을 단지 '피스터의 활자로 제작된 인쇄물'로만 표시할 수 있다. 다른 모든 것은 단지 추정할 수 있을 따름이다. 초기 인쇄물들은 날짜가 적혀 있는 것과 없는 것으로 나누어진다. 날짜가 기입되지 않은 인쇄물로는 1) '36행성서', 2) 1451년의 『도나투스 문법』[1]. 1451년이란 연도와 인쇄업자의 지그네트[2]로 보이는 바다뱀이 인쇄된 반면, 파리에서 인쇄된 책의 오리지널 페이지는 이런 것을 담고 있지 않고 한 쪽에서는 '하이더스하임'이란 단어, 다른 쪽에서는 '하이더스하임 소유물이기에 법정 계약, 1492'(Vffgerichter vertrag wegen der aigen guetter zu Heydersheim 1492)라는 구절이 인쇄되어 있다, 3) 죽음에 대한 알레고리, 4) 죽음에 대한 인간의 소송, 5)와 6) 『빈자의 성서』 독일어판과 라틴어판, 7) 『악마 혹은 죄인의 위로』('밤베르크의 알브레히트 피스터'라는 이름이 나옴) 등이 있고, 날짜가 기입된 인쇄물로는 8)과 9) 31행으로 인쇄된 면벌부(1454년과 1455년), 10) 『터키인에 대한 그리스도교인의 경고』(1455), 11) 달력(1457), 12) 보너의 『보석 혹은 우화집』(1461), 13) 『네 가지 역사서』(1462) 등이 있다.

밤베르크는 인쇄술 확산의 역사에서 중요한 역할을 담당했다. 그에 반해 추후 성장하게 되는 문학작품과 서적거래 분야에서는 거의 관심을 받지 못했다. 알브레히트 피스터가 사망한 후, 피스터의 아들 세바스티안이 피스터의 후계자로 가업을 이어받았다는 사실을 제외하면 밤베르크는 거의 20년 동안 인쇄도시의 반열에서 사라진다. 1481년에야 비로소 뉘른베르크의 요한 젠센슈미트(Johann Sensenschmid)와 하인리히 페첸슈타이너(Heinrich Petzensteiner)가 밤베르크에 등장한다. 그들은 1490년까지 연합하여 작업하였고 특히 다양한 합창곡 선집 인쇄에 특출한 역량을 발휘했는데, 그중에는 『베네딕트 수도회의 미사 전서』(1481)와 요한 젠센슈미트에 의해 레겐스부르크에서 인쇄된 『레겐스부르크 미사 전

---

1   최초의 인쇄본으로 간주되는 '42행성서'가 1454년 인쇄된 것으로 추정되고 있기에, 피스터의 『도나투스 문법』은 1451년도에 인쇄되었다는 의미가 아니라 그해에 필사본으로 제작된 책을 인쇄했다는 의미임.
2   'signet'는 인쇄업자나 출판사가 자신들이 제작한 인쇄물에 첨부하는 고유의 마크나 로고이다.

서』(1485)가 두드러진다. 다음 밤베르크 인쇄업자로서는 1497년부터 1519년까지 활동했던 요한 파일(Johann Pfeil)을 들 수 있고, 그의 뒤를 이어 게오르크 에어링어(Georg Erlinger)가 언급될 수 있다.

 밤베르크에 대한 서술의 연대기적 진행에 필수 불가결한 이런 짧은 일별은 인쇄술의 발전 역사를 서술하는 데 그리 장려할 만한 방법은 아니지만, 마인츠와 가까운 대도시이며 서적인쇄술의 가장 중요한 재배지인 슈트라스부르크로 가는 통로 역할의 도시 서술로 만족해야 할 것이다.

3. 슈트라스부르크

그림 16 : 슈레트슈타트 인문주의자 도서관에 있는 멘텔 흉상

슈트라스부르크는 구텐베르크의 문학적 활동과 찬란한 인쇄물을 통해 그가 살았던 당시에 이미 인쇄도시로 부상했던 도시였다. 마인츠에서 쇠퍼의 인쇄소가 16세기 말까지 거의 경쟁자도 없이 존속하고 2~3권의 새로운 2절판을 매년 무리 없이 출판했던 반면에 슈트라스부르크에서는 인쇄술 초기에 이미 두 명의 위대한 서적인쇄업자와 출판인의 부단한 에너지가 서로 경쟁하고 있었다. 그들의 인쇄기는 서적이라는 거대

한 물건을 폭풍처럼 시장에 쏟아부었다. 한 권의 대작이 출판되자마자 곧이어 새로운 대작이 나왔다. 그러는 사이에 엄청난 돈이 그들에게 흘러 들어갔으며, 판매는 거의 무한대로 확산되는 것처럼 보였으며 인쇄물도 질적인 면에서 우수한 수준을 유지하고 있었다. 인쇄술을 대성공을 거둔 새로운 사업가들이 속속 등장했다.

16세기에 엄청나게 발전한 바젤에는 미치지 못하지만, 슈트라스부르크는 인큐내뷸러시기에 다른 독일 도시에 비해 선도적인 역할을 담당했으며, 서적인쇄와 서적거래의 역사에서도 아주 중요한 도시였다. 슈레트슈타트 출신의 요한 멘텔(Johann Mentel/Mentelin)이 슈트라스부르크에서는 가장 중요한 인쇄업자였다. 그는 1447년 금세공사로서 슈트라스부르크 시민권을 취득하였다. 그는 공예품 제작에 종사했기에, 후에 모든 서적인쇄업자가 그런 것처럼, '추어 슈텔츠'(Zur Stelz)라는 길드에 가입하였다. 그는 인쇄술의 중요성을 예견하고 직업을 선택했던 초창기 인쇄업자 그룹에 속했다. 그가 인쇄술을 어디서 그리고 어떻게 배웠는지는 알려지지 않았다. 구텐베르크 혹은 그의 슈트라스부르크 동업자와의 연결고리가 역사적으로 입증되지 않는다. 멘텔 인쇄소가 언제 설립되었는지 그 시기도 어렴풋이 추정될 뿐이다. 프라이부르크 도서관은 2권의 2절판 크기의 라틴어 멘텔성서 초판을 소장하고 있다. 판처(Panzer)의 연구로 이 책은 멘텔의 작품으로 간주되기 시작했다. 1권의 끝에 채식사(Rubrikator)의 손에 의해 '시편 끝(Explicit Psaterium) 1460', 2권의 끝에 '요한 계시록 끝, 서기 1461'로 기록되어 있다(Linde 1878, 65). 따라서 멘텔은 1권을 1460년에 완성하였고, 그의 인쇄소는 최소한 1, 2년 전에 설립되었을 것이다. 동시에 로마의 유명한 서적인쇄업자이며 출판인인 필립 드 리그나미네(Philipp de Lignamine)의 동시대 연대기(1474)의 내용, 즉 구텐베르크, 푸스트, 멘텔 등의 활동이 1458년에 시작되었다는 기록과 일치하고 있다. 라틴어 멘텔성서는 모두 427장이며, 각 페이지는 2단 49행으로 구성되어 있다. 동시에 이것은 미사용 활자로 제작된 '42행성서'와 '36행성서'의 출간 이후에 작은 고딕 활자로 인쇄한 최초의 성서이며, 마인츠 인쇄업자였던 푸스트와 쇠퍼에게 1462년의 '48행성서'를 인쇄하는 계기를 주었던 것처럼 보인다. 아름다운 멘텔성서의 문자는 그 화려한 모습에서 활자 창조자가 지닌 활력을 보여준다. 무엇보다도 멘텔에 의해 작성된 가장 오래전에 인쇄된 출판목록 또한 이런 활발한 사업가 정신을 표현해준다. 멘텔은 필사본 거래상이었던 디볼트 라우버(Diebold Lauber)가 하나우에서 예전에 이미 비슷하게 했듯이, 일종의 카탈로그에서 자신이 출판한 서적들을 추천하고 있다. 카탈로그를 통해 비로소 멘텔이 인쇄한 작품임을 인식하는 것이 가능했기 때문에 이런 카탈로그는 특히 중요했다. 왜냐하면 멘텔이 인쇄한 작품 중에 단지 몇몇 인쇄물에만 그의 이름이 인쇄되어 있기 때문이다. 그의 이름은 '웅변술'(Ars praedicatoria)이라는 제목으로 자신이 편찬한 아우구스티누스의 『그리스도교의 가르침에 대하여』(De Doctrina christiana)의 네 번째 서적, 빈켄티우스 벨로바켄시스의 『역사의 거울』(Speculum historiale, 1473)과 『도덕의 거울』(Speculum morale, 1476) 등에만 나와 있다. 그 외 그의 출판물은 위에 언급된 카탈로그를 통해서, 아니면 활자 형태 비교를 통해서 찾아내야만 했다. 1466년부터 비로소 멘텔 인쇄물임을 알려주는 몇 가지 정보가 등장한다. 이런 정보는 멘텔 스스로 이런 정보를 기록한 것과 같을 정도로 확실하다. 예컨대 어떤 달필가는 라틴어 멘텔성서에 멘텔이 이것을 1466년에 인쇄했다는 사실을 기입하였다. 인쇄업자의 이름 없이 1466년이라는 연도는 장차 토마스 폰 아퀴나스의 『대전』(Summa)[1]에도 나와 있는데, 이 책은

---

1   12세기의 스콜라철학 용어에서 시작된 것으로, 그리스도교의 진리를 제시할 목적으로 편찬된 여러 학설의 전체적이며 체계적인 집대성을 의미한다.

다른 곳에서도 입증되었듯이 멘텔에 의해 인쇄되었다.

그가 출판한 2절판 서적은 놀라울 정도로 많으며, 정확한 숫자는 알 수 없다. 마덴은 멘텔 인쇄물이 21종에 이를 것으로 추정하고 있는데, 모두 41권이며, 그중 37권이 2절판으로 제작되었다. 이 수치에 따라 계산해보면 그는 14년의 활동 기간(1465~1478)에 매년 3권씩 출판했을 것이다. 그러나 멘텔이 1465년 이전에 이미 인쇄를 시작했다고 가정하면 그가 출판한 서적의 수와 연평균은 좀 더 낮아질 것으로 슈미트는 추정하고 있다(Madden 1878, 40-122; Schmidt 1847, 90-94). 그가 인쇄한 주요 작품으로 여기서는 우선 독일어 성서 중 두 번째 번역에 해당하는 그의 독일어 성서(1466)가 언급될 수 있다. 이 성서는 405장으로 각 페이지에 2단 61행씩 인쇄되어 있다. 뮌헨에 소장된 독일어 성서의 구매자는 1466년 6월 27일이라는 날짜와 자신의 이름 헥토르 물리히(Hector Mulich), 그리고 운 좋게도 제본되지 않은 상태의 성서를 꽤 높은 가격인 12굴덴으로 구입했다는 메모까지도 성서에 기록해 두었다. 이 메모 이외에는 멘텔의 회사라든지 날짜가 기록된 멘텔성서는 없다. 멘텔은 자신의 인쇄소를 프론호프(Fronhof) 근처에 있는 '춤 티어가르텐'(Zum Tiergarten)으로 명명된 집에 설립했지만, 도르넨가세(Dornengasse)에 있는 '춤 도른'(Zum Dom)에 거주했다. 그는 돈을 엄청 벌었으며 슈트라스부르크에서 가장 부유한 시민이 되었다. 신성로마제국의 황제 프리드리히 3세는 그가 슈레트슈타트 문장이 새겨진 방패의 사자를 색깔만 바꾸어서 문장(紋章)으로 사용할 수 있도록 허용했다. 위대한 출판업자 멘텔은 1478년 12월 12일에 사망하였다. 첫 결혼으로 태어난 두 딸이 두 명의 유명한 슈트라스부르크 서적 인쇄업자, 아돌프 루쉬(Adolf Rusch)와 마르틴 쇼트(Martin Schott)의 부인이 되었다.

멘텔의 호적수이기도 했고 명망가였던 슈트라스부르크의 두 번째 인쇄업자는 로스하임 출신의 하인리히 에게슈타인(Heinrich Eggestein)이었다. 그는 대학에서 석사 학위를 취득했다. 그는 슈트라스부르크로 온 이후 1427년에서 1463년까지 '도시 서기'(Insigler)에 임명되었으며, 나중에는 '서기'(Schreiber)로만 등장했고 그다음에 서적인쇄술에 종사하였다. 멘텔로부터 배운 운영 방식에 대해 에게슈타인이 비밀을 지켜야 한다는 내용의 문서를 열람하길 원했던 히에로니무스 폰 게브빌러(Hieronymus von Gebwiler)의 증언은 에게슈타인이 멘텔과 처음 교류를 했던 사실에 대해 말하고 있다. 이런 상황에서 멘텔이 에게슈타인에게 인쇄술을 가르쳐주었다고 추정될 수 있을 것이다. 만약 이것이 사실이었다면 둘 사이의 친분은 오래 지속되지 못했을 것이다. 왜냐하면 1466년 4월 30일의 보호 증서를 통해 선제후 프리드리히 폰 데어 팔츠는 엘자스의 방백으로서 에게슈타인과 그의 노동자들을 특별 보호했는데, 이것은 에게슈타인이 그해에 이미 자기만을 위해 일했다는 사실에 대한 증거이기 때문이다. 그가 인쇄한 것 중 가장 아름답고, 오늘날에도 아주 가치 있는 작품은 최초의 독일어 성서이다. 이 성서에는 인쇄업자의 회사나 연도가 기재되어 있지 않다. 여러 번 붉은 색으로 표제가 쓰인 판본을 통해 이 성서가 최소한 1466년 인쇄되었음이 입증된다. 이 성서는 각 페이지에 2단 60행, 모두 404장으로 구성되어 있다. 이 성서가 출간된 이후에 멘텔이 이미 언급된 두 번째 독일어 성서를 출판하였다.[2]

에게슈타인이 제작한 인쇄물 중 처음으로 날짜가 기입된 인쇄물은 『그라티아누스 교령집』(Decretum Gratiani, 1471)이다. 이 책은 슈트라스부르크에서 인쇄된 서적 중 날짜가 기입된 최초의 서적이기도 하다. 그는 이 서적을 출판하기 이전에 날짜가 기입되어 있지 않은 3권의 성서를 이미 인쇄하였다. 쇠퍼가 마인츠에서 『그라티아누스 교령집』을 인쇄했

---

2 현재는 멘텔성서가 최초의 독일어 성서 인쇄본으로 간주된다.

음에도 불구하고 에게슈타인은 이미 1472년에 신판을 인쇄했는데, 이것은 이 작품이 잘 팔렸다는 사실을 입증하고 있다. 같은 해에 에게슈타인은 『클레멘스 교령집』(Clementinae)을 출판하였는데, 이 책의 후기(Explicit)에 자신의 이름을 기재하고, 신과 인간의 권리에 대한 많은 작품이 자신에 의해 이미 출판되었다는 내용을 첨부하였다. 지금까지는 이 내용을 아주 과장된 표현으로 이해하거나 혹은 '볼루미나'(volmina)라는 표현을 권(卷)으로 해석하는 경향이 강했다. 최근에는 클렘의 카탈로그(Klemmscher Katalog)가 여태까지 '알려지지 않은 슈트라스부르크의 인쇄업자' 혹은 오류나 착각으로 인해 뷔르츠부르크의 인쇄공 게오르크 라이저(Georg Reiser)와 밀라노의 크리스토프 발다르퍼(Christoph Valdarfer)가 인쇄했던 것으로 추정되었던 많은 작품이 에게슈타인의 인쇄물이었다는 사실이 입증되었다. 그럼으로써 이런 인쇄업의 성장을 통해 장인(匠人)에게슈타인이 자신을 자랑한 어휘들은 진실에 가까워 보인다. 날짜가 기재된 그의 마지막 인쇄물은 『인노첸시오 4세의 교령집』(Decretalen Innocenz IV, 1478)이다. 따라서 그의 활동은 멘텔과 같은 시기에 끝났던 것으로 보인다. 그가 언제 사망했는지는 알려지지 않았다.

슈트라스부르크의 다음 서적인쇄업자는 한때 금세공사로 일했던 게오르크 후스츠너(Georg Huszner)이다. 그는 1470년 니콜라우스 폰 호나우(Nikolaus von Honau)의 딸과 결혼했을 때 슈트라스부르크 시민이 되었다. 니콜라우스는 '금세공사이며 서적출판인'(aurifaber et pressor librorum)으로서 사위와 함께 일했다고 한다(Schmidt 1882, 105). 후스츠너의 날짜가 기재된 첫 인쇄물인 주교 빌헬름 두란티우스(Wilhelm Duranti)의 『사법의 거울』(Speculum judiciale, 1473)에 공동으로 참여한 인쇄업자는 성직자로 표시된 마인츠 출신의 요한 베켄후브(Johann Beckenhub)였다. 이것은 놀라울 정도로 훌륭한 대작인데, 활자도 독창적이고 산뜻하다. 후기에는 특이하게 제작된 금속활자가 주목할 만하다. 1476년에서 1498년까지 후스츠너가 인쇄한 서적은 자신의 이름만 기재되어 있다. 그는 1505년에 사망하였지만, 그가 마지막까지 시의회에서 금세공사 길드를 대표했다는 사실에도 불구하고 문서에는 여전히 인쇄업자로 표시되었다. 베켄후브는 나중에 뷔르츠부르크와 레겐스부르크에서 다른 인쇄소의 공동 출자자로 등장한다. 뉘른베르크의 코베르거와 바젤의 아메르바흐 인쇄소에서 그는 교정자로도 등장하고 있다.

여러 곳에서 바젤 출신의 마르틴 플라흐와 혼돈되는 마르틴 플라흐(Martin Flach)는 1475년부터 1500년까지 활동한 유명한 서적인쇄업자였다. 이 둘이 다른 사람이라는 사실은 확실히 입증되었다. 그가 인쇄한 서적은 꽤 많다. 슈미트에 따르면 그의 이름이 기재된 서적은 70종에 이른다. 이름이 기재되지 않은 서적을 포함하면 대략 100종으로 추정된다. 이런 서적 중에는 심지어 동시대 시인들이 그에게 보낸 열광적인 찬사가 기재된 것도 있다. 그의 활동은 기술적 분야에서 인정받았다. 그의 문학적 업적은 동시대 경쟁자였던 요한 프뤼스(Johann Prüß)와 요한 그뤼닝어(Johann Grüninger)의 업적에는 훨씬 못 미쳤다. 프뤼스와 그뤼닝어는 학술서적의 출판에 더 치중했다. 마르틴 플라흐, 플라쿠스(Flaccus) 혹은 자기 스스로 불렀던 지무스(Simus)는 경직된 신학적 독단론을 벗어나지 않은 서적은 거의 출판하지 않았다. 그는 1500년 10월 26일에 사망하였다(Schmidt 1882, 108).

잉그베일러 출신의 아돌프 루쉬(Adolf Rusch)는 이미 언급했듯이 멘텔의 딸인 살로메와 결혼하였고, 멘텔 가게의 공동출자자가 되었다. 결혼 전에 그는 멘텔 가게에서 점원으로 일했었다. 그는 장인이 죽은 후 1478년 인쇄소를 넘겨받아 독립적으로 운영했다. 수년이 지난 뒤에야 비로소 서적인쇄업자로서 루쉬의 활동에 대한 정확한 날짜가 등장한다. 베스트팔렌 출신의 박식한 그의 동시대인인 루돌프 폰 랑엔이 라틴어로 쓴 찬가는, 1486년 뮌스터에서 인쇄되었는데, 루쉬에 의해 제작된 4권으로 이루어진 대작 『교구장 발라프리디 스트라보니스의 주해와 안젤미 라우두넨시스의 행간 주석이 첨부된 라틴어 성서』(*Biblia latina cum glossa ordinaria Walafridi Strabonis et interlineari Anselmi Laudunensis*)가 안톤 코베르거를 위해 인쇄되었다는 사실에 감사하고 있다. 랑엔 스스로 '방대한 작업'(immensum opus)이라 언급한 바 있는 이 대작은 예술을 잘 아는 창조자의 재능과 인내가 빚어낸 놀라운 기념비적 작품이다. 주해를 곁들인 이런 성서의 인쇄를 위해 1) 텍스트 활자, 2) 주해임을 보여주는 작은 크기의 활자, 3) 행 사이 주해를 의미하는 좀 더 작은 활자, 4) 개별 단어, 제목, 각 장의 텍스트 첫 행 등을 인쇄하기 위한 미사용 큰 활자 등 여러 종류의 활자가 사용되었다. 각 페이지마다 주해가 텍스트를 에워싸고 있는 반면, 행 사이에는 안젤름 폰 라온의 행간 주해가 삽입되어 있다. 루쉬는 당대 서적거래의 역사에 대한 일상적인 관심 이상을 보여주었다. 코베르거와 같이 그도 다른 출판업자의 주문도 떠맡았다. 그 자신의 인쇄기로 충분하지 못하다면 슈트라스부르크의 영세 인쇄업자들에게 작업을 넘겨주었다. 그의 인쇄물로 확실하게 표시할 수 있는 서적들은 지금까지 단지 몇 종만 알려져 있을 뿐이다. 바젤 도서관에서 최근에 루쉬가 요한 아메르바흐에게 썼던 8편의 편지를 슈미트가 발견하였다(Schmidt 1882, 100-105). 1480년에서 1485년 사이에 기록된 편지들은 비록 수준 낮은 라틴어로 쓰였지만, 그 당시 서적인쇄업자와 서적거래상의 교류에 대한 흥미로운 정보를 제공해 준다.

루쉬는 중요한 사업 내용을 종이에 기록했으며, 이런 내용이 담긴 서류를 아메르바흐와 여러 인쇄업자에게 자주 보냈다. 그는 거래를 위해 서적을 구입했다면 흰색의 종이 두 다발을 인쇄된 한 다발의 값으로 배달하는 식으로 그 비용을 종이로 지불하는 데 익숙해져 있었다. 예컨대, 야콥 폰 포르츠하임(Jakob von Pforzheim)과 거래했을 때도 이런 식으로 거래했다. 야콥 폰 포르츠하임은 책값을 종이로 받는 것을 충분히 예상했고, 루쉬가 돈으로 지불해준다면 요구한 책을 외상으로 보낼 것이라 응답했다. 그러자 루쉬는 "자신은 서적을 구매하는 것이 아니라 종이 거래상이며, 누군가가 자신의 종이를 자신의 지금 인쇄물을 위해 필요로 하지 않는다면, 나중에도 다른 인쇄물을 위해서 종이를 가지지 말아야 한다"라고 응답했다. 1482년 10월 22일에 루쉬는 아메르바흐의 인쇄소에서 슈트라스부르크 서적거래상 페터 아텐도른에게 편지를 썼다.

> "아메르바흐는 인쇄기를 돌리기 위한 활자를 원하네. 물론 거기에 대한 보수를 지불할 것이네. 자네가 부인과 아이들을 먹이고 교육할 수 있도록 열심히 일하고 있기에 나는 자네에게 부탁하네. 자네들이 활자를 비축하고 있기에 나의 부탁으로 아메르바흐에게 도움을 주길 비리네. 자네들이 그럼으로써 나에 대한 봉사를 증명할 수 있을 것이네. 여기에 대해 나는 기꺼이 보다 크게 보답할 것이네."

루쉬는 여러 번에 걸쳐 필사본을 아메르바흐에게 전달해 주었으며, 그로 하여금 이솝, 아우구스티누스의 『신국론』(De Civitate Dei), 『디스키플루스[3]의 설교』(Sermones discipuli) 등의 인쇄를 주문했다. 특히 이 서적들은 플라흐가 인쇄했던 방식으로 출판했는데, "그것이 좋은 책이고, 많이 팔릴 수 있기 때문"이라고 그는 적었다. 루쉬는 그들이 서적을 보내는 것보다 돈 받는 일을 더 서둘러 한다고 니콜라우스 케슬러에게 한탄한다.

---

3   요하네스 헤롤트(1380~1468)의 별칭이다. 디스키플루스는 뉘른베르크의 도미니카 수도회 수도원장이었고, 그의 설교는 필사본으로도 많이 확산되었지만, 인쇄본은 1500년까지 46쇄에 이를 정도로 많이 출판되었다.

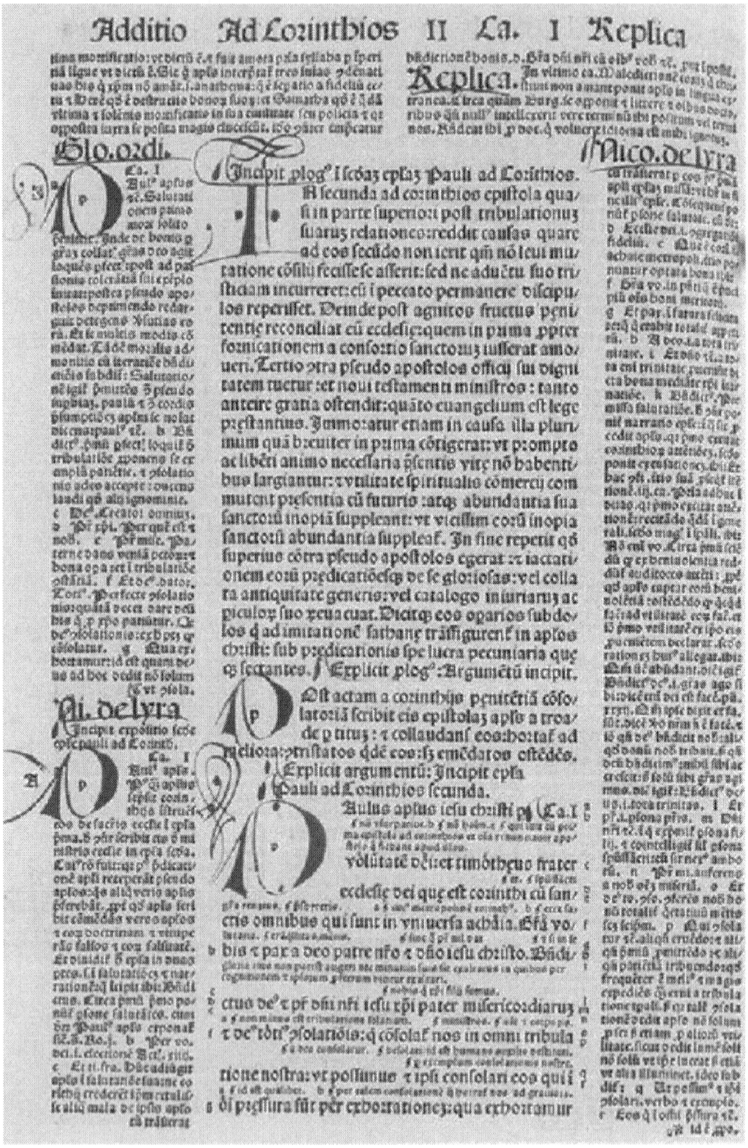

그림 17: 『교구장 발라프리디 스트라보니스의 주해와
안젤미 라우두넨시스의 행간 주석이 첨부된 라틴어 성서』

또 한 번은 그들이 케슬러가 1487년 인쇄했던 『디스키플루스의 설교』를 자신에게 보내주지 않았다고 언급하고 있다. 동시에 그는 아메르바흐의 인쇄소에 『줌마 프래디칸티움』(*Summa praedicantium*)[4] 10~20부를 주문했고, 그에 대한 가격으로 물건을 받은 후 권당 1.5굴덴을 즉시 보낼 것이라고 썼다. 루쉬처럼 서적인쇄업자, 출판인, 서적거래상, 종이거래상 등 여러 분야에서 활동하는 사람은 경탄을 자아내게 만든다. 루쉬는 장인의 사망 후 한 명 이상의 동업자를 가졌을 것으로 보인다. 최소한 그는 언급된 편지 중 첫 번째 편지에서 '나의 동업자'(societas mea)를 언급하고 있다. 그는 1489년 5월 26일 사망하였다. 청년기에 젊은 인문주의자 페터 쇼트(Peter Schott)와 깊은 우정을 나누었는데, 쇼트는 슈트라스부르크에서 고전주의 연구를 육성하려고 노력했다. 어쨌든 우정의 결과는 루쉬에 의해 제안된 목판화가 삽입된 베르길리우스 작품의 출판 계획이었다. 유감스럽게도 이 계획은 그의 죽음으로 중단되었다.

위에 언급된 멘텔의 두 번째 딸과 결혼했던 서적인쇄업자 마르틴 쇼트(Martin Schott)는 페터 쇼트의 사촌이었다. 그는 1481년부터 1491년까지 서적인쇄업자로 활동하였다. 그의 아들 요한 쇼트도 마찬가지로 서적인쇄업자였으며, 그가 위대한 최초 인쇄업자의 손자로서 그에 의해 출판된 작품의 표지에 사용했던 멘텔 문장(紋章)에 각인된

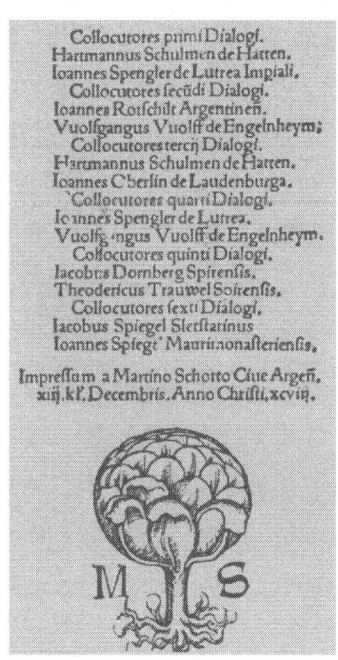

그림 18 : 마르틴 쇼트의 지그네트

---

4 영국 도미니카 수도회 수도사인 존 브롬야드(1352경 사망)의 저서.

문자를 통해 멘텔에 의해 발명된 서적인쇄술이라는 꾸며낸 이야기가 널리 퍼져 한동안 구텐베르크의 명성을 모호하게 만드는 계기가 되었다. 인쇄업자로서 그의 활동은 아주 중요하다. 인쇄소를 소유함으로써 독립적인 슈트라스부르크 서적거래는 당대에 이미 만개하였다. 1510년에 요한 쇼트는 막실루스라 부르는 인쇄업자 친구 게오르크 위벨린(Georg Übelin)을 위해서 여러 작품을 출판하였다. 그는 1513년 슈트라스부르크 출신의 요한 크노브라우흐(Johann Konblauch), 1515년 파울 괴츠(Paul Götz), 1517년과 1518년에는 위 둘을 위하여, 1519년 라이프치히의 블라시우스 살로몬(Blasius Salomon), 1536년 밀라노의 안드레아 칼비(Andrea Calvi) 등을 위해 서적을 출판하였다. 그는 1545년까지 여전히 살아 있었다.

다음으로 이미 언급된 바 있는 요한 프뤼스(1480~1510)와 그의 아들(동일한 이름으로 1527년까지 활동)을 들 수 있다. 요한 프뤼스는 뷔르템베르크에서 1447년에 태어났고, 미사용 서적, 예를 들면 달력과 순교자 명부가 있는 서적, 미사경본, 미사성가집, 음표가 있는 시편 등을 주로 인쇄했다. 그 밖에도 그는 거의 모든 분야의 서적을 출판하였다. 서적거래상으로서도 두 개의 점포를 소유하고 있었는데, 하나는 멘텔의 인쇄소가 있었던 '춤 티어가르텐'이라는 저택에, 다른 하나는 대성당으로 들어가는 초입에 있었다. 그의 아들은 크노브라우흐와 파울 괴츠를 위해 인쇄해주었다. 그의 이름만 기재된 서적은 대략 라틴어 서적이 20종, 독일어 서적이 6종에 이른다. 그는 1519년 이후에 수많은 루터 작품을 재인쇄 했다.

슈트라스부르크의 유명한 인쇄업자 중 하나는 뷔르템베르크 그뤼닝엔 출신의 요한 라인하르트(Johann Reinhart)였다. 그는 일반적으로 요한 그뤼닝어(Johann Grüninger)로 불렸는데, 처음에는 바젤에서 인쇄업자로 일했고 1482년에 슈트라스부르크에서 시민권을 취득했다. 그는 1483년 『스콜라주의의 역사』(Historia scholastica)를 하인리히 폰 잉그바일러와 공동으로 출판하였지만, 곧 그와 헤어지고 1529년까지 혼자 인쇄했다. 그의 인쇄소는 신망이 두터웠다. 주로 독일어로 쓰인 신학 작품, 통속 문학, 시문학 등이 여기서 많이 출판되었지만, 그가 인쇄한 서적은 모든 학문 분야를 총망라하였다. 그 밖에도 그는 많은 서적을 재인쇄 했지만, 우선권을 통해 재인쇄로부터 자신의 인쇄물을 보호하려고 노력했다. 특히 그의 인쇄물은 수많은 목판화, 두문자나 제목으로 사용된 아름다운 알파벳과 같은 장식으로 인해 독일 르네상스 양식으로 표시된다. 그는 종교개혁 이후에도 가톨릭 전단지와 논쟁서 등을 계속 출판한 슈트라스부르크의 유일한 서적인쇄업자이다. 그의 탁월한 업적은 그에게 명성을 안겨주었고, 외국의 출판사로부터 수많은 주문을 받았다. 그는 1502년 슈파이어의 콘라트 히스트를 위해 인쇄했고, 같은 해에 아우크스부르크의 요한 쇤스페르거는 그에게서 『성인의 삶』(*Heiligenleben*, 1502년 2월 28일) 인쇄본 1,000부를 구매했다. 이 구매는 그뤼닝어가 그중 200부만 자신이 갖고, 이 200부를 슈트라스부르크 바깥으로는 판매하지 않으며, 권당 1굴덴 외의 가격으로는 판매할 수 없으며, 6년 동안 이것을 재인쇄하지 말아야 하며, 쇤스페르거가 이 인쇄본의 유일한 합법적 소유자라는 증거로서 그림의 목판을 반드시 자신에게 넘겨주어야 한다는 조건하에서 이루어졌다. 뉘른베르크의 코베르거를 위해서도 그뤼닝어는 1510년, 1524년, 1525년에 인쇄했다. 예컨대, 그는 1525년 빌리발트 피르크하이머(Wilibald Pirkheimer)가 번역한 『프톨레마이오스의 지리학』(*Geographie des Ptolemäus*)을 인쇄하였다. 한스 코베르거(Hans Koberger)가 이 책의 발행과 비용을 부담했다. 이 서적의 인쇄에 관해 언급하고 있는 그뤼닝어, 피르크하이머, 코베르거 등의 편지 원본이 다수 보존되어있다. 흥미 있는 여러 세부 사항 외에도 이런 편지 내용에서 뉘른베르크의 주인(코베르거)이 슈트라스부르크의 장인(그뤼닝어)을 부드럽게 대하지는 않았다는 사실이 드러난다. 이 인쇄본에 아

그림 19 : 요한 그뤼닝어의 지그네트

주 아름다운 외양을 부여하기 위해 그뤼닝어는 작품에 대한 예술적 여백 장식을 없애버리고 텍스트 자체를 장식했다. 그러나 그뤼닝어의 이런 노력은 피르크하이머에게는 호응을 받지 못했다. 피르크하이머는 아주 분개한 어조로 그뤼닝어의 텍스트가 일상적인 순서로 인쇄되지 않았다고 불평했다. 그리고 그뤼닝어가 자신의 "『거짓말과 속임수』(fabel und gauklerrey)를 인쇄했는데, 제목에서 볼 수 있듯이 순서가 바뀌었고", 그럼으로써 주석과 텍스트의 몇몇 부분이 일치하지 않는다고 주장했다. "내가 이런 오류를 범했더라면 내 원고를 불태웠을 것이다"라고 피르크하이머는 계속 불평하고 있다. 그는 계속해서 수없이 많은 인쇄 오류를 지적했고, 그뤼닝어가 마지막 부분에서 교정을 위해 고용된 박식한 요한 후티히우스(Johann Huttichius)에게 조언을 구하는 것을 소홀히 했는데 대해 분개했다. 그는 계속 다음과 같이 비판하고 있다.

"그러나 너희들이 수많은 속임수와 카드화가의 그림을 삽입한 노파의 꾸민 이야기를 그 책의 내용으로 넣어서 성공했다고 생각하는 것을 나는 잘 알고 있다. 이런 것은 아이들이나 무식한 사람들에게는 좋을 수도 있겠으나, 배운 사람에 속하는 나로서는 너희들을 조롱과 비방으로 대할 것이다. 너희들이 무언가를 이해하지 못한다면 마이스터 한젠 후티히에게 조언을 구할 것으로 나는 생각했었다. 그러나 너희들은 하고 싶은 대로 너희들 스스로 결정했다. 나의 노력과 작업은 그 작품에 전혀 반영되지 않았다. 알브레히트 뒤러가 너희들의 그림 때문에 나를 어떻게 조롱했는지 – 이것이 너희들의 그림에 대한 유일한 비판은 물론 아니다 – 너희들이 들었으면 좋았을 것이다. 만약 프랑스에서 지적인 화가가 이 책을 보게 된다면 우리는 대단한 명망을 얻을 것이라 그는 생각했다. 내가 번역한 그 책은 읽히지 않은 채 값진 예술품처럼 존경받을 것이며, 나와 너희들은 '뻔뻔스럽고 무식한 사람'으로 간주될 것이다."

물론 그뤼닝어는 그의 비난에 대해 "자신이 보름스 제국의회에서 납품했던 서적들을 아주 훌륭하다고 생각했던 이가 스페인도 포함해서 박람회에서 서적들을 보러왔던 파리와 리용의 서적거래상이었다"라고 항변하였다. 여기서는 아마 예술가들이 지닌 질투심과 알자스 학파에 대한 혐오감 등이 아마 개입되어 있었을 것이다. 당대 이탈리아의 서적 삽화도 최고의 예술품은 아니었다. 그러나 결국 그뤼닝어는 장식을 제거해야만 했고, 뉘른베르크의 주인들로부터 손해를 보지 않기 위해 그들에게 아부할 수밖에 없었다. 그는 마지막까지 출판인으로 활동했던 것처럼 보인다. 그의 사망 연도는 알려지지 않았다.

그 외 지금까지 미미한 역할에 머문 인쇄업자로 알려진 인물로는 1) 6권의 특히 언어적으로 흥미로운 독일어 작품을 통해 알려졌고, 후에 하이델베르크로 이주했던 하인리히 크노블로흐처(Heinrich Knoblochtzer, 1478-1484), 2) 후에 포르츠하임과 튀빙겐, 마지막으로는 하게나우에서 주로 활동했던 토마스 안스헬름 폰 바덴(Thomas Anshelm von Baden, 1488), 요한 에버(Johann Eber, 1488), 3) 위에 언급된 바 있는 아돌프 루쉬의 피후견인이었던 페터 아텐도른(Peter Attendorn, 1489), 대중적인 독일어 서적 출판에 탁월한 역량을 보인 마티아스 후푸프(Matthias Hupfuff, 1492-1520) 등을 들 수 있다. 후푸프의 매상은 상당했음이 분명한데, 왜냐하면 크노브라우흐가 1516년 배송된 서적으로 그에게 1,984굴덴을 지불할 채무가 발생했기 때문이다.

또한 오랫동안 서적인쇄술에 종사했고 대부분 독일어로 제작된 상당한 양의 대중서적을 발행했던 슈파이어의 바르톨로모이스 키스틀러(Bartholomäus Kistler, 1497-1509)와 유명한 세바스티안 브란트의 형인 마티아스 브란트(Matthias Brant, 1500)도 슈트라스부르크에서 활동했던 인쇄업자로 꼽을 수 있다. 또한 마르틴 플라흐의 미망인과 결혼해서 그의 후계자가 된 요한 크노브라우흐(Johann Knoblauch)도 들 수 있는데, 그는 1527년까지 대략 200종의 라틴어 서적과 70종의 독일어 서적을 출판하였다. 그의 거래 관계는 아주 광범위했다. 그의 인쇄기는 쾰른의 요한 라벤스베르크(Johann Ravensberg, 1505-1506), 오펜의 우르반 카임(Urban Kaym, 1515), 라헤나우의 요한 하젤베르크(Johann Haselberg, 1516) 등과 같은 외부의 출판업자뿐만 아니라 하게나우의 하인리히 그란(Heinrich Gran), 요한 프뤼스(Johann Prüß), 요한 쇼트, 마르틴 플라흐 주니어 등과 같은 인쇄업자들을 위해서도 작동되었다. 그의 후계자는 그의 아들인 요한과 게오르크 메서슈미트(Georg Messerschmidt)였다. 또한 장인인 크노브라우흐로 인해 부친의 유산을 받지 못한 마르틴 플라흐 주니어는 1525년까지 슈트라스부르크에서 독립적으로 인쇄했다. 그 외에도 언급될 수 있는 인쇄업자로는 요한 베힝어(Johann Wehinger, 1502-1504), 독립적으로 인쇄했을 당시의 인쇄물이 더 이상 보존되지 않은 토마스 스보프(Thomas Swop, 1504), 그리고 히에로니무스 그레프(Hieronymus Greff, 1502), 마르틴 플라흐 주니어의 사촌인 마티아스 쉬러(Matthias Schürer) 등이다. 쉬러는 박식한 자로서 에르푸르트에서 박사 학위(Doctor artium)를 취득하였다. 이후 그는 플라흐, 프뤼스, 크노브라우흐 등의 인쇄소에서 교정자로 일했으며, 1508년 자신의 첫 번째 독자적 작품을 출판하였다. 그는 고전주의 연구의 부흥을 위해 노력했으며, 베아투스 레나누스(Beatus Rhenanus), 빔펠링(Wimpheling) 그리고 심지어 에라스무스(Erasmus)에 의해서도 존경받았다. 그는 1521년까지 활동하면서 대략 250

종의 작품을 출판하였다. 빈(Wien)의 레온하르트(Leonhard)와 루카스 알란체(Lukas Alantsee) 형제는 그의 인쇄소에서 1513년, 1515년, 1517년에 다수의 아름다운 인쇄본을 인쇄하도록 했다. 쾰른 출신의 레나투스 베크(Renatus Beck, 1511-1522)는 처음에는 나이가 든 프뤼스의 조수로 일하다가 그의 사위가 되고 마침내 그의 후계자가 되었다. 그는 1513년 크노브라우흐와 아우크스부르크의 요한 린만(Johann Rynmann)을 위해 인쇄했던 반면에 슈타인펠트의 콘라트 케르너(Konrad Kerner)는 1517년 요한 하젤베르크에 의해 고용되었다. 울리히 모어하르트(Ulrich Morhard, 1519-1522)는 후에 튀빙겐에서 인쇄했다. 후에 바젤에서 일했던 요한 헤어바겐(Johann Herwagen, 1522-1528), 외르크 쿠나스트(Jörg Kunnast, 1520), 볼프 쾨펠(Wolf Köpfel, 1522-1534), 요한 슈반(Johann Schwan, 1524), 페터 코른만(Peter Kornmann, 1526), 발타자르 베크(Balthasar Beck, 1528-1531), 후에 프랑크푸르트의 첫 인쇄업자가 되는 크리스티안 에게놀프(Christian Egenolph, 1529-1530), 같은 시기에 활동한 하인리히 지볼트(Heinrich Sybold), 게오르크 울리허(Georg Ulricher, 1529-1536), 마인츠의 페터 쇠퍼 시니어의 두 번째 아들인 페터 쇠퍼(Peter Schöffer, 1530-1535), 후에 베른으로 갔던 마티아스 아피아리우스 혹은 비넨파터(Matthias Apiarius/Bienenvater, 1533-1539), 요한 알브레히트(Johann Albrecht, 1533), 바젤의 베른하르트 리헬의 후손들인 벤델, 테오도시우스 그리고 요지아스 리헬(Wendel, Theodosius, Josias Rihel, 1535-1621), 야콥 카머란더(Jakob Kammerlander, 1535-1542), 크라토 밀리우스(Crato Mylius, 1537-1545), 파울과 게오르크 메서슈미트(Paul, Georg Messerschmidt, 1560), 바젤 출신의 베른하르트 요빈(Bernhard Jobin)과 그의 후계자들(1570-1600) 등이 언급될 수 있다. 요빈은 원래 바젤의 거푸집 제작자였다. 그는 전유럽에 걸쳐 엄청나게 인기를 끈 - 처남 요한 피샤르트(Johann Fischart)가 지은 - 흥미로운 풍자시를 출판함으로써 명성과 부를 쌓았다.

부취(A. F. Butsch)는 자신의 저서 『르네상스의 서적 장식』(Bücheromamen tik der Renaissance)에서 다음과 같이 언급하고 있다.

"15세기 말과 16세기 초에 독일의 어떤 도시도 보유할 수 없었던 것이 바로 슈트라스부르크의 엘리트 인쇄업자들이었다. 그들은 1500년까지 약 750종을 인쇄함으로써 독일의 인쇄도시 중에서 가장 많은 서적을 제작했다. 경쟁 도시 바젤이 한동안 슈트라스부르크를 능가했던 시기도 있었지만, 16세기 말에 이르면 슈트라스부르크가 예전의 선두 위치를 다시 차지하게 되었다."

4. 쾰른

인쇄술이 처음 퍼져나간 도시는 쾰른이었다. 마인츠의 근교에 위치한 쾰른은 11세기에 이미 물류의 중심지로서 신성로마제국 모든 도시 중에서 두각을 나타내었고 점차 눈에 띄게 발전하였다. 지리적으로 교통이 유리한 위치는 이 도시를 지중해와 북해 사이의 물류 집산지로 만들었다 (Varrentrapp 1878, 14-15). 베니스와 제네바에서 시작하여 알프스산맥과 라인 강을 넘어 뤼벡과 베스트팔렌의 도시를 거쳐 멀리 노브고로드까지 서구에 동양의 생산품을 운반하는 거대한 거래 행렬이 여기에 집결했다. 여기서 영국, 프랑스, 네덜란드 등지에서 발트해로 가는 상품들이 집하되었다. 포도주, 곡식, 플랑드르 직물, 베스트팔렌의 철제품 등이 여기서 판매되어 나갔다. 쾰른에서 도매상이 중요한 산업으로 발전했고, 그럼으로써 주민의 수와 복지가 꾸준히 성장하였다. 14세기 말에 설립된 대학은 파리 대학을 본보기로 해서 설립된 중세 스콜라철학의 중심지가 되었고, 후에 쾰른 인쇄물에서 이런 특징이 두드러지게 나타난다. 오늘날 시립도서관에 보존된 쾰른의 인큐내뷸러 인쇄물의 수는 에넨(Ennen)에 따르면 406종에 이르며, 몇몇 법률 서적이나 교재를 제외하면 중세 신학서적이 주종을 이룬다. 쾰른대학에는 15세기 말에 약 4,000명의 대학생이 다니고 있었으며, 그들이 다른 대학의 학생들에 뒤처지지 않으려 노력했다면 서적인쇄가 장려되었음이 틀림없다. 서적인쇄업자와 서적거래상은 거대한 상업

도시 쾰른의 교양 있는 상인 그룹 출신이었다. 히토르프(Hittorp), 호른켄(Horncken), 비르크만(Birckmann) 등의 이름을 지닌 이런 사람들은 학자적 외모와는 거리가 먼 모험적이며 근면하고 활동적인 성격을 지닌 상인이었다. 그들이 쾰른 서적거래상의 근간을 이루었다. 그 당시 그들의 영업은 여러 방면에서 이미 국제적이었고, 믿을 수 없을 정도로 확장되는 정신 교류가 비교적 분명하게 예측될 수 있었다.

페터 쇠퍼처럼 마인츠의 성직자로 불리는 하나우의 울리히 첼(Ulrich Zell)은 마인츠가 점령되어 약탈당하게 되자 구텐베르크의 인쇄술을 쾰른으로 가져갔다. 그는 마인츠 인쇄술을 최초로 배운 학생 중 하나였고, 서적들을 필사하는 일을 그만두고 푸스트와 쇠퍼의 제자로 들어갔다. 그는 1466년에 날짜가 기재된 서적 『시편 50장에 대한 요하네스 크리소스토무스의 책』(Liber Joannis Chrysostomi super Psalmo quinquagesimo)을 처음으로 출판하였다. 날짜가 기재되지 않은 그의 인쇄물은 그 이전에 이미 출판되었을 것이다. 그가 인쇄한 『키케로의 의무에 관하여』(Cicero de Officiis)에서 이런 사실을 알 수 있는데, 이 인쇄본의 많은 오류가 1465년에 인쇄된 푸스트와 쇠퍼의 키케로 책에 그대로 인쇄되어 있어서, 앞에 인쇄본이 이것보다 더 오래전에 인쇄되었음을 추정하게 만든다. 그가 쾰른에 언제 도착했는지에 대한 기록은 유감스럽게도 없다. 『쾰호프 연대기』의 작가는 울리히 첼에 대해 다음과 같이 언급하고 있다.

> "따라서 그 의심스러운 기술은 마인츠로부터 처음엔 쾰른으로, 그다음으로는 슈트라스부르크와 베니스로 확산되었다. 이 기술의 기원과 발전은 1499년에 쾰른의 인쇄업자로 일했던 하나우 출신의 장인(匠人) 울리히 첼이 구술로 내게 이야기해주었다. 첼은 언급된 기술이 자신을 통해 쾰른으로 왔다고 이야기했다."

이런 옹색하기 그지없고 불확실한 정보를 근거로 해서는 인쇄술이 들어온 순서 외에는 거의 아무것도 재구성할 수 없다. 인쇄술이 들어온 순서도 역사적으로 근거가 빈약한데, 왜냐하면 연대기적으로 슈트라스부르크보다 쾰른에 먼저 인쇄술이 들어왔다는 주장은 베니스가 수비아코, 로마, 바젤보다 앞섰다고 주장할 수 없는 것처럼 확실하지 않다.

첼은 1473년 '바이 리스키르헨'(Bei Lyskirchen)이라 명명된 집을 구입하였고, 1484년 이래 그가 인쇄한 여러 책에 나와 있는 '리스키르헨 앞에'(apud Lyskirchen)라는 첨가어가 증명하고 있듯이(Ennen 1869, 36) 자신의 인쇄소를 그곳으로 이전하였다. 1494년에 그의 인쇄소에서 제작된 날짜가 기재된 마지막 작품 『4권으로 구성된 알베르투스 마그누스의 새로운 논리학에 대한 게라르두스 하르더비쿠스의 해설서』(Gerardi Hardervici commentarii in quatuor libros novae logicae Alberti Magni)가 출판되었기에 인쇄업자로서의 그의 활동은 1494년까지만 지속되었던 것으로 보인다. 그 후 첼은 1507년까지 아이겔슈타인 안 헤르만 샤르베히터에 있는 '알테 말츠뮐레'(Alte Malzmühle)[1]라 불리는 자신의 집에서 살았다. 1492년 첼은 한 번 더 '최초의 인쇄업자'(protocharagmaticus)로 자칭하는데, 요한 쾰호프(Johann Koelhoff)도 다음 해에 그를 그렇게 불렀다. 그에 의해 제작된 인쇄물이 대략 120종 알려졌지만,

그림 20 : 울리히 첼의 지그네트

---

[1] '옛 제분소'라는 의미.

그중에 6종만이 그의 이름을 기재하고 있다. 그의 인쇄물 대부분은 작은 4절판 크기로 된 짧은 논쟁서였다. 첼은 총 18종의 2절판 서적을 인쇄하였는데, 그중에 2권으로 구성된 라틴어 성서가 대표 인쇄물이다. 서지학자 마덴은 바이덴바흐 수도원에서 발견된 여러 권의 첼 인쇄물에서 찾은 필사 메모로부터 이 수도원에 인쇄소가 존재했으며 울리히 첼이 이 인쇄소를 운영했다는 사실을 밝혀내려고 노력했다. 그러나 이런 추정에 관해 역사적으로 뒷받침할 만한 증거는 거의 없다.

쾰른의 두 번째 인쇄업자는 유감스럽게도 개인적 정보가 거의 남아 있지 않은 아르놀트 테어 회르넨(Arnold ther Hörnen)이었다. 특이한 활자 형태는 그가 네덜란드 출신임을 암시한다. 테어 회르넨은 1장에서 이미 언급했듯이 장(두 페이지)의 순서를 아리비아 숫자로 표기한 최초의 서적 인쇄업자였다. 장의 순서 표기는 그의 인쇄물 『칭찬받을 만한 대중에 관한 설교』(Sermo ad populum praedicabilis, 1470)에 이미 인쇄되어 있다. 그의 활동은 1483년에 사라졌다. 그동안에 대략 60종의 인쇄물이 그에 의해 제작되었는데, 그중 25종만이 그의 이름이나 인쇄소 지그네트가 인쇄되어 있다. 1486년에 등장하는 페터 테어 회르넨(Peter ther Hörnen)이란 인물이 그의 친척인지는 알 수 없다.

페터 폰 올페(Peter von Olpe)는 1470년에서 1477년 사이에 인쇄업자로 활동했다. 그가 인쇄한 서적은 4종만이 알려져 있다. 그는 언제가 자신을 '페트루스 인 알티스 드 올페'(Petrus in altis de Olpe)라 불렀다. 그 때문에 그의 이름이 베르크만이며, 베스트팔렌 지역의 올페 출신으로 믿고 있는데, 바젤의 요한 베르크만 폰 올페는 그의 친척으로 추정된다.

쾰른의 유명한 서적인쇄업자 중 하나는 뤼벡 출신이며, 그곳에서 이미 1470년부터 인쇄 활동을 했던 요한 쾰호프(Johann Koelhoff)였다. 그는 1493년 사망했다. 그가 인쇄했던 것으로 알려진 80종의 인쇄물 중에는 7종의 독일어 서적이 있는데, 이 서적들은 저지독일어 방언으로 기록되어 있어서 언어학자들에게 매우 귀중한 자료를 제공해 준다. 요한 퀼호프가 주조공 레온하르트에 의해 제작된 자신의 활자를 바젤에서 가져왔다는 정보는 프란키스쿠스 드 플라테아(Franciscus de Platea)의 『재건의 과업』(*Opus restitutionum*, 1474)의 끝에 나오는 시구(詩句)를 단지 피상적으로 확인한 데서 기인한다. 이 작품의 초판과 2판을 바르톨로모이스 폰 크레모나 (Bartholomäus von Cremona)가 1472년에 인쇄했다. 위의 시구는 1474년 퀼호프 인쇄본이 언급하고 있듯이 2판에 이미 나오는데, '바질레애', '레오나르두스', '크레모나에', 바르톨로모이스' 등 이름만 바꾸어서 계속 나오고 있다. 그러나 1473년 이탈리아의 파도바에서 출판된 인쇄본의 시구와 이름은 퀼호프 인쇄본이 나와 있는 것과 동일하다. 그 후 파도바에서 크레모나 인쇄본을 재인쇄 했고 위의 시구를 적절하게 변형했던 이는 바젤 출신의 레온하르트 아하테스(Leonhard Achates)였다. 동일한 시구를 별생각 없이 그대로 두었던 1474년의 퀼호프 인쇄본은 이런 거듭된 재인쇄의 결과물이다. 서적인쇄업자의 역사에서 이런 무분별한 재인쇄의 사례는 쇠퍼에서 시작하여 적지 않게 발견된다. 예를 들면 10여 쇄에 이르는 바르톨로모이스 드 카이미스(Bartholomäus de Chaymis) 인쇄본 『고해』(*Confessionale*)는 책 끝에 밀라노의 크리스토프 발다르퍼(Christoph Valdarfer)를 인쇄업자로 칭하고 있는 동일한 2행시를 모두 담고 있다. 그러나 이 10여 쇄의 인쇄본 중 하나만이 그 유래를 밝히고 있고, 나머지 인쇄본은 이 시구를 기계적으로 재인쇄하는 데 그치고 있다.

동일한 이름을 가진 그의 아들 요한 퀼호프가 인쇄소를 물려받았다. 아버지 퀼호프는 1493년에 이미 사망하였기에 부자는 확연히 구분된다. 따라서 1494년에서 1500년까지 인쇄된 서적은 아들이 제작했음이 틀림없다. 이 인쇄물 중에는 『성스러운 도시 쾰른 연대기』(*Cronica van der*

그림 21 : 요한 쾰호프의 지그네트

hilliger stat Coellen, 1499)도 있는데, 이것은 아주 드물게 발견되는 서적인쇄술의 발명 소식이 인용되어 있기 때문에 많이 알려져 있다. 쾰호프의 활자와 목판화의 일부는 1500년 이후 아이겔슈타인(Eigelstein)[2]의 하인리히 폰 노이스(Heinrich von Neuß)의 소유로 넘어갔다. 그는 1521년까지 그곳에서 서적인쇄업자로 등장한다.

슈레트슈타트 출신의 니콜라우스 괴츠(Nikolaus Götz)는 1474년에서 1478년까지 서적인쇄업자로서 쾰른에서 일했다. 그 때문에 그의 인쇄물은 적다. 저지독일어 방언으로 쓰인 쾰른성서가 그의 인쇄물이라는 주장은 잘못이다. 하인리히 크벤텔(Heinrich Quentel)이 니콜라우스 괴츠의 인쇄소를 이어받았다고 주장하는 것도 마찬가지로 사실이 아니다. 위 두 가지 주장은 그 근거가 결여되어 있다. 이런 잘못된 주장은 하인리히 렘페르츠(Heinrich Lempertz)의 논문에서 유래되었다. 활자가 쾰른 성서에서 사용된 활자와 비슷하기에 쾰른 성서의 인쇄업자로서 바르톨로모이스 폰 운켈(Bartholomäus von Unkel)도 언급되고 있다. 그러나 그의 활자는 쾰른 성서의 활자보다는 조금 더 두껍고 아름답다. 그에 반해 하인리히 크벤텔은 1479년 쾰른 성서의 활자와 완전히 일치하는 활자를 이용하여 자신의 첫 인쇄물『아스테자누스 총론』(*Summa Astexani*)을 제작하였다. 그 때문에 그가 쾰른 성서의 인쇄업자라는 주장이 어느 정도 설득력 있어 보인다. 여기에 반대하는 근거는

---

2 쾰른 근처에 있는 지역 이름.

쾰른 성서에는 크벤텔의 모든 인쇄물에서 발견되는 전지의 일련 부호(Signatur)가 특이하게도 없다는 사실이다. 반면에 쾰른 성서의 활자와 목판이 크벤텔 인쇄물의 다른 곳에서도 나타난다. 바르톨로모이스 폰 운켈이 인쇄한 20여 종의 인쇄물 중 가장 중요한 작품은 저지독일어로 제작된 1480년의 『작센 법전』(Sachsenspiegel)이다.

홈베르크 출신의 콘라트 빈터(Konrad Winter)는 운켈보다 1년 늦게 인쇄업을 시작했다. 그가 사용한 활자는 울리히 첼이 사용한 활자와 너무 유사하여 종종 혼동되기도 한다. 1479년 멋진 라틴어 성서가 그에 의해 출판되었는데, 책의 말미에 다음과 같은 내용이 들어있다. "홈베르크 출신의 콘라트를 통해 쾰른에서 인쇄됨. 친절한 쾰른대학으로부터 허가와 승인을 받음"(immpressum in civitate Coloniensi per Conradum de homborch: admissum et approbatum ab alma universitate Coloniensi). 이것은 쾰른 인쇄물에서 발견된 최초의 검열 표시이다. 이때부터 80년대 중반에 이르기까지 위와 같은 표시는 한층 더 자주 반복된다. 홈베르크 출신 콘라트의 활동은 1482년까지만 지속된다. 그에 의해 인쇄된 서적은 약 30종이 알려져 있다.

다음으로 언급될 수 있는 쾰른의 서적인쇄업자는 마인츠 출신의 요한 굴덴샤프(Johann Guldenschaff)이다. 그는 아직도 보존된 '춤 골덴 샤프'(Zum golden Schaf)라는 집에서 자신의 이름이 유래한 귀족 출신이었다. 서지학자 클레멘트, 반 파에트, 에넨 등은 그가 마인츠에서 인쇄를 시작했다고 서술한다. 그러나 이것은 오류이다. 그는 1477년 쾰른으로 가서 자신의 첫 인쇄소를 열었고, 이것은 1487년까지 운영되었다. 그런 이후 그의 이름은 사라졌다. 그의 인쇄물은 그리 많지 않지만, 아름다운 장식이 들어있는 서적을 인쇄하였다. 이 서적들은 후에 프란체스카 수도원에 있었던 마르틴 폰 베르덴(Martin von Werden)의 인쇄소 '레트로 미노레스'에서

그림 22 : 페터 크벤텔의 지그네트

도 출판되었던 것처럼 보이는데, 왜냐하면 굴덴샤프의 활자로 인쇄되었기 때문이다(Klemms Katalog, 181).

50년 동안 저지(低地)라인강 지역의 학문 분야에서 막강한 영향력을 행사했던 가장 유명한 쾰른 인쇄소의 설립자는 하인리히 크벤텔이다. 그는 슈트라스부르크에서 태어나 1479년 『아스테자누스 총론』(Summa Astexani)에서 처음으로 자신의 이름을 알렸다. 그는 위에 이미 서술되었듯이 자기 작품으로 표시될 수 있는 저지독일어 방언으로 저술된 쾰른 성서를 아마 『아스테자누스 총론』을 인쇄하기 이전에 제작했을 것이다. 쾰른 성서는 삽입된 목판화로 인해 예술 분야에서 아주 중요한 작품으로 평가되고 있다. 하인리히 크벤텔은 1503년까지 살았다. 그는 약 200종의 인쇄물을 제작하였다. 인쇄소는 그가 사망한 후 1520년까지 자식들의 대리인에 의해 운영되었다. 이어서 그의 아들 페터 크벤텔(Peter Quentel)이 독립적으로 계속 운영하였고, 페터의 아들이 또 인쇄소를 물려받았으며, 17세기에 이르기까지 여전히 요한 크벤텔의 상속인들이 인쇄소를 운영했다. 페터는 16세기 30년대와 40년대에 출판사를 비약적으로 발전시켰다. 페터 크벤텔은 페터 요르단과 마인츠의 프란츠 베헴의 인쇄소에서 직원으로도 일했다.

15세기 말경 활동한 뛰어난 서적인쇄업자로 로트링엔의 렌헨이라는 마을 출신인 루드비히 폰 렌헨(Ludwig von Renchen)이 언급될 수 있다. 그는

1484년에서 1489년까지 활동했으며 몇 종의 교회 서적과 아주 귀중하고 인기 있는 『독일의 성인전례서』(*dytsche Passional*)를 인쇄하였다. 렌헨은 1501년에 대주교의 관리가 내린 검열 규정에 반대하여 교황에게 도움을 호소한 서적인쇄업자와 서적거래상 집단에 동참한 인쇄업자였다. 제란트에 있는 도시 치르히체 출신인 코르넬리우스 폰 치리히체(Cornelius von Zyrichzee)는 1489년에서 1517년까지 인쇄 활동을 했으며 현재 슈톡가세에 있는 2번지 가옥에 거주했다. 요한 폰 란덴은 1496년에서 1521년까지 등장한다. 1507년까지 그의 인쇄소는 '16가옥'(오늘날 '작센하우젠'으로 이름이 바뀌었다) 거리에 있다. 그는 1507년에 게레온슈트라세에 있는 대학의 7학예과에 속한 '추어 로텐 포르테'라는 집으로 인쇄소를 옮겼다. 루어강변에 있는 케트비히 출신의 헤르만 본가르트(Hermann Bongart)는 1493년에서 1521년까지 알텐마르크트에 있는 '춤 빌덴 만'(현재 43번지)이란 집에서 종교, 교회, 의례 서적을 인쇄하였다(Ennen 1869, 1041-1043).

마르틴 폰 베르덴은 프란체스카 수도원 내에 있었던 인쇄소 '레트로 미노레스'를 운영하였고, 1504년 이후에는 인쇄소를 뷔르거슈트라세로 옮겼던 것으로 보인다. 헬리자베트 비두아 출판사는 1518년부터 1519년까지 2종의 작품을 제작했다. 판처는 회사의 계승자가 크벤텔의 아이들이었기에 하인리히 크벤텔의 미망인이 이 회사를 운영한 것으로 추정한다. 그의 인쇄소는 (지금은 성당 호텔이 있는 곳) '성당 마당에'(auf dem Domhofe) 있었던 반면에 '시민 광장'(Platea civica)이 과부 엘리자베트의 주거지로 알려져 있었다. 여기서 마르틴 폰 베르덴의 미망인은 그가 죽은 후 그의 인쇄소를 잠깐 동안 운영했을 것이다. 1500년에서 1521년까지 아이겔슈타인에 거주하면서, 요한 쾰호프의 활자와 목판 일부를 소유한 하인리히 폰 노이스의 활동은 특히 수많은 독일어 인쇄물로 두드러진다. 독일의 문학과 언어 역사에서 여전히 충분하지 못하게 평가된 흥밋거리를 제공한 10여 종의 성인 전설과 서사시가 그에 의해 인쇄되었다. 하인리히 폰 노이스는 또한 로이흘린[3]에 반대하는 노선을 취한 페페르코른[4] (Pfefferkorn)의 서한을 많이 인쇄하였다.

  1510년대에 쾰른에서 자유로운 정신의 역동성이 결코 우호적이지 못한 상황이었음에도 불구하고 초기 대규모 서적거래상들이 많은 수익을 올렸다. 이미 언급했듯이 대학의 영향을 받는 쾰른의 정신적 노선은 엄격하고 융통성이 전혀 없었다. 서적인쇄와 서적거래의 본질과 내용은 보호가 없다면 존재할 수 없는 높은 정신문화의 의지를 반영하고 있었다. 성장일로에 있는 인쇄술에 대해 성직자의 지배적 위치를 보존하는 데 대해 성직자가 얼마나 근심스럽게 접근했는지는 이미 언급된 바 있는 공식적인 서적 검열의 도입에서 알 수 있다. 이런 사건은 성직자 스스로 인문주의 연구의 부흥을 통해 자신들을 진지하게 성찰할 수 있기 전에 이미 발생하였다. 이런 종교상의 우위에서 모든 인습에 저항하고 자신의 주변 환경과는 달리 수십 년에 걸쳐 고전주의 연구 육성을 자신의 좁은 조국에도 확산하려는 이념을 지닌 사람의 활동은 그만큼 더 부각된다. 이 사람이 1485년 쾰른에서 태어난 고트프리트 히토르프(Gottfried Hittorp)였다(Kirchhoff 1851, 41). 그는 서적거래상으로 1511년에 파리에서 일하기 시작했으며, 1525년까지 고전주의 문학의 육성에 끊임없이 노력했다. 1525년 이후 그가 이미 다져진 길을 계속 나아가는 것을 무슨 이유로 중지했는지는 알 수 없다. 그러나 쾰른에 존재한 유일한 인문주의 육성자인 히토르프의 노력이 결국 수포로 돌아갔다는 사실은 분명하다. 그는 처음에 파리에서 동업자인

---

3 요하네스 로이힐린(Johannes Reuchlin, 1455-1522)은 독일의 인문주의자이다. 독일에서 그리스어, 히브리어 학문의 기초를 닦았다. 교황에는 반대하나 종교 개혁 운동에 동조하지 않았다.

4 요하네스 페페르코른(Johannes Pfefferkorn, 1469-1521)은 독일계 유대인으로 그리스도교로 개종했다. 반유대주의 입장을 취했으며 탈무드 소각에 찬성했다. 특히 요하네스 로이흘린과의 논쟁을 통해 유명해졌다.

그뤼닝엔 출신 루드비히 호른켄(Ludwig Horncken)에 의해 운영된 지점에서 일했으며, 1513년에서 1524년까지는 라이프치히, 비텐베르크, 프라흐 등지에서 일했는데, 호른켄 외에도 라이프치히의 아우구스틴 판츠슈만(Augustin Pantzschmann)과 동업해서 출판사를 설립하였다. 그는 동향인인 유카리우스 히르츠호른과 아주 친하게 지냈으며, 그와 함께 바젤의 서적거래상 프로벤(Froben)과 에피스코피우스(Episcopius)에 의해 야기된 재인쇄 소송에도 휘말리게 되었다. 이 소송에 대해서 약간의 정보는 있으나, 중요한 판결 내용을 찾을 수 없기에 서적거래의 역사에 기록될 만한 가치가 있는 정보는 거의 없다. 그 밖에도 세부적 상황의 서술로부터 그 당시 매세에서 서적거래상들이 육성하려 했던 활발한 교류는 해명될 수 있다. 예를 들면 "1534년에 히토르프는 매세에서 히에로니무스 프로벤(Hieronymus Froben)과 대화를 나누었고, 그가 매세에서 무엇을 인쇄해서 판매하려고 하는지 물었다. 프로벤은 『요세푸스』(Josephum)[5]를 인쇄할 예정이라고 대답했다." 히토르프가 자신이 가져온 책도 모두 팔렸으며 이 작품을 다시 인쇄하길 원한다고 말하자, 프로벤은 인쇄 특허권을 생각하지 않고 다음과 같이 말했다. "나는 상관없으니, 자네들이 원하는 것을 인쇄하시게." 다른 기록에서는 히토르프가 "프로벤이 그 책으로 인해 많은 지식을 얻었고 돈도 많이 벌었다"고 단언하였다. 히토르프가 프로벤 부자(父子)에게서는, 현존하는 인쇄물로 명백히 알려져 있듯이, 그 어떤 것도 인쇄하게 맡기지 않았기에, 이것은 이미 언급된 지점에서 처음에는 의도하지 않았었던 다른 서적들을 활발하게 거래했음을 의미한다. 히토르프는 웃어른으로 존경받으며 1565년까지 살았다. 그는 1539년을 결산하면서 서적거래에서 은퇴했던 것처럼 보인다. 최소한 이 시점 이후에는 그가 제작한 출판물은

---

5 플라비우스 요세푸스(Flavius Josephus, 37년~100년)는 1세기 제정 로마 시대의 유대인 출신의 정치가이자 역사가이다. 티투스의 막료로서 예루살렘 함락의 순간을 모두 지켜보았으며, 훗날 이 전말을 『유대 전쟁사』라는 책으로 남겼다.

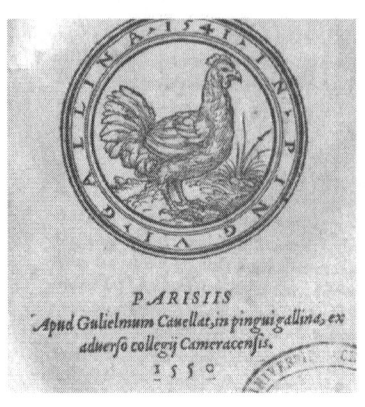

그림 23 : 비르크만의 지그네트
'인 핀구이 갈리나'(in pingui gallina)

더 이상 없기 때문이다.

16세기 두 번째 쾰른의 서적거래상은 벤로 근교의 김벡에서 출생했던 프란츠 비르크만(Franz Birckmann)이다. 그는 거의 200년에 이르는 가장 유명한 지그네트 '인 핀구이 갈리나'(in pingui gallina)를 통해 존속했고, 오늘날에도 그 지그네트가 '운터 페텐헤넨'[6] 거리라는 이름으로 남아 있는 서적거래상 가문의 설립자였다.

이 거리는 프랑크푸르트의 '부흐가세'(책거리)가 그곳의 서적거래상 교류에 중요한 거리인 것처럼, 17세기 말까지 쾰른의 인쇄업자와 출판업자에게는 중요한 교류 장소였다.

가장 오래된 비르크만의 지그네트는 1517년에 비르크만을 위해 파리의 볼프강 호필이 인쇄했던 예쁘고 작은 16절판 크기의 『영혼의 작은 정원』(Hortulus Animae)에 삽입되어 있다. 비르크만의 가게는 운터 페텐헤넨 거리 7번지에 있었다.

대성당 코르넬리의 의전 사제 루드비히 폰 빌링엔은 쾸펜 근교의 리터지츠 라트에서 1771년에 태어나서 1848년 6월 26일 쾰른에서 사망했다. 그는 찬란한 인쇄업자의 역사 『쾰른 인쇄업자 연감』(Annales Typographici Civitatis Coloniensis)을 4권의 분량으로 필사로 저술하였는데, 이 서적은 현재 쾰른의 문서보관소에 보관되어 있다. 그는 목록에서 1507년을 프란츠 비르크만이 인쇄를 시작한 연도로 보고 있다. 비르크

---

[6] 'Fettenhennen'(독일어)과 'pingui gallina'(라틴어)는 모두 '살찐 암탉'이란 의미로 동일하다.

만이 1507년에 자신의 첫 서적 『쾰른 미사전서』(Missale Coloniense)를 파리에서 자신의 비용으로 인쇄했다고 빌링엔은 기록했다. 그러나 서지학자들은 『미사전서』의 1507년판을 전혀 알지 못한다. 판처는 『토티아나 문고』(Bibliotheca Thottiana)에서 『미사전서』의 1506년판을 인용하였다. 그러나 비르크만이 인쇄업자 볼프강 호필에게 대부분의 서지학자에게는 『쾰른 미사전서』의 알려지지 않은 판본을 화려한 장식으로 인쇄하게 했으며(Klemms Katalog, Nr. 809), 그의 첫 번째 『쾰른 미사전서』 출판물이 1513년에 동일한 인쇄업자에 의해 파리에서 발행되었다는 사실은 분명하다. 유능한 인간의 본보기로서 프란츠 비르크만의 활동은 후대의 모든 인쇄업자에게 획기적인 영향을 미쳤음이 분명하다. 키르히호프는 다음과 같이 그를 평가하고 있다.

"노련하고, 진취적이며 활동적이다. 일과 고통을 두려워하지 않으며, 런던, 캔터베리, 뢰벤, 브뤼게, 프랑크푸르트 암 마인, 쾰른, 안트베르펜, 파리, 튀빙겐, 바젤 등 어디서나 기업가 정신과 활발한 활동을 통해 국내 서적거래상들에게 경쟁심을 자극하면서도 친절하다. 독일, 영국, 프랑스, 네덜란드 등지의 문학 출판물을 교역하면서 그 당시의 활발하고 총명한 서적거래상의 흥미로운 개성과 지속적인 여행을 통해 서적거래상의 매력적인 사례를 제공해주고 있다."(Kirchhoff 1851, 90)

에라스무스가 안드레아스 아모니우스(Andreas Ammonius)에게 1520년 12월 21일에 보낸 편지에서 비르크만의 영국 지점에 관한 정보를 알 수 있다. 이 편지에서 에라스무스는 비르크만을 언급하는 과정에서 그가 거의 모든 서적 수입을 관리한다고 썼다. 그리고 그가 파리에서 니콜라우스 프레보스트로 하여금 인쇄하도록 주문한 『새이럼 성당용[7] 미사성가집』(Graduale ad usum Sarum, 1528)에는 "런던의 성 파울 키리히호프에 있는 프란츠 비르크만 가게에 그것이 있다"(Panzer, 118)라는 내용이 나오기에, 비르크만이 런던에서 자신의 인쇄소 지점을 가졌던 것은 분명하다. 런던의 서적거래상 빌헬름 브레톤(Wilhelm Bretton)이 인쇄하였던 여러 인쇄물에서 주소로 성 파울 키리히호프가 등장하기에 이곳은 쾰른의 '운터 페텐헤넨'처럼 서적거래상이 모이는 지역이었던 것처럼 보인다. 에라스무스는 자신의 금전 거래와 편지 교환뿐만 아니라 자기 작품을 출간하는 인쇄업자와의 교섭을 위해서도 비르크만의 도움을 받았다. 페터 아모니우스(Peter Ammonius)에게 보낸 편지에서 에라스무스는 자신이 『격언』(Proverbia), 『플루타르크』(Plutarch), 『루키안』(Lucian)의 원고를 파리의 요도쿠스 바디우스(Jodocus Badius)가 인쇄하도록 비르크만에게 주었다. 그러나 비르크만은 그 어떤 이유로 해서 바디우스를 무시하고 그 작품들을 프로벤에게 넘겨주었다. 이로써 추후에 대(大)학자인 에라스무스와 바젤 출신의 서적인쇄업자 프로벤 사이의 친밀하고 지속적인 우정이 싹트게 되는 계기가 되었다. 비르크만의 바젤과의 교류는 중단 없이 지속되었으며 프로벤의 출판 활동에 지대한 영향을 미쳤다. 프로벤에게서 가게의 실질적인 운영을 강탈했던 장인 볼프강 라흐너가 사망했을 때 프로벤 기업에 대한 비르크만의 지분이 한층 더 늘어나게 되었다. 에라스무스와의 서신 교환은 심지어 프로벤 가게에 대한 비르크만의 지분이 개별 사업에서뿐만 아니라 그 외의 분야에서도 상당히 존재하고 있음을 분명히 보여준다. 공동의 출판 기획에서 프로벤은 독일의 프랑크푸르트 매세에서 서적을 거래했던 반면, 비르크만은 네덜란드, 영국, 프랑스에서 이윤을 추구하였다. 비르크만이 이런 과정에서 종종 프로벤보다 더 큰 성공을 거두었다는 사실은 에라스무스와 루드비히 비베스(Ludwig

---

7 중세 후기 영국의 샐리스베리 성당에서 사용된 의례.

Vives)의 서신 교환에서 분명히 드러나고 있다. 네덜란드에서는 비르크만이 프로벤의 인쇄물 판매를 중개하고, 이런 상황을 불가피한 것으로 간주했다는 사실이 남부와 북부의 인쇄물 보급에 대한 두드러진 차이이다. 예컨대, 비르크만은 1526년 외콜람파디우스(Ökolampad)[8]가 번역한 『크리소스토무스』(Chrysostomus)[9]의 판매로 인해 그가 검열 규정을 위반했다고 체포되었고, 넓은 판매 영역을 포기하고 벌금을 지불하고 나서야 비로소 불행한 결과를 탈피하는 데 성공했다(Kirchhoff 1853, 103-110). 물론 비르크만과 같은 활동적인 출판업자는 많은 외지 인쇄업자를 고용하고 있었다. 출판업자와 이런 인쇄업자와의 관계는 추후에 상술할것이다. 여기서는 그 스스로 1526년 쾰른에 자신의 인쇄소를 설립하였다는 사실만 언급될 수 있다. 그러나 그의 마지막 출판물이 1529년에 제작되었기에 그는 이 인쇄소를 오래 운영하지 않았던 것처럼 보인다. 서적거래의 대상인 비르크만은 출판사의 운영에 있어서도 획기적이었다. 그의 성격에 대해서는 칭찬할 만한 것은 거의 없다. 그의 동시대인들과 그에 대해 우호적이었던 에라스무스와 같은 사람들까지도 신뢰할 수 없는 그의 성격과 금전욕을 그가 지닌 아주 나쁜 성격이라고 비난했고, 그에 대한 존경심은 결코 존재할 수 없다고 단언했다.

키르히호프가 프란츠 비르크만의 아들로 착각했던 그의 동생인 아르놀트 비르크만(Arnold Birckmann)이 출판사를 넘겨받았다. 1532년에서 1540년까지 일부 쾰른에서, 일부 안트베르펜에서 인쇄되었던 아르놀트 회사 출판물이 존재했지만, 회사의 활동은 활발하지도 않았고 오래 지속되지도 않았던 것처럼 보인다. 뵐링엔에 따르면 그는 1542년 사망하였

---

[8] 요하네스 외콜람파디우스(1482-1531)는 바젤 출신의 신학자, 인문주의자, 종교개혁가이다.

[9] 그리스의 설교가(347~407). 콘스탄티노플의 총주교를 지냈으며 상류 계급과 황실의 사치를 비판하다가 박해를 받았다.

다. 그 후 1548년과 1549년에 출판사는 그의 부인에게 넘어갔다. 그러나 50년대 초에 이미 출판사의 이름은 '아르놀트 비르크만의 유산'으로 바뀌었다. 성장한 아들들의 주도하에 출판사는 이제 다시 한번 활기차게 부흥했고 광범위한 영역에 걸쳐 활동했다. 예컨대, 출판사는 프랑크푸르트 매세에 운송을 담당한 것으로 추정되는 여러 명의 점원과 함께 등장하는데, 1565년에는 8명의 점원이 동원되었다. 또한 프로벤

그림 24 : 아르놀트 비르크만의 지그네트

가족에 대한 사업적 관계는 아주 오래 지속되었으며 매우 우호적이었던 것처럼 보인다. 언급된 출판사는 1585년까지 지속되었다. 『서적매세 연감』(Codex nundinarius)은 이 시기에 116종의 인쇄물을 제시하고 있지만, 이것 외에도 많은 서적이 이 출판사의 인쇄물임을 알려주는 어떤 정보도 없이 발행되었을 개연성이 많다. 출판사의 실질적인 운영자는 요한 비르크만이었고, 동생인 테오도르는 의학 분야에 종사했고 공동참여자 역할만 담당했다. 1585년에 오랜 전통의 비르크만 회사는 아르놀트 밀리우스(Arnold Mylius)가 요한 비르크만의 딸인 바르바라와 결혼하고 서적거래에 밀리우스라는 이름을 사용함으로써 사라지게 되었다. 반면에 인쇄소는 옛날 비르크만 회사의 이름을 계속 간직하고 있었다.

아르놀트 밀리우스(원래는 뮐러)는 1540년 10월 16일 명망이 있는 가문의 아들로 뫼르스(Meurs)[10]에서 태어났다. 뷜링엔은 그가 쾰른에서 활동

하기 이전에는 안트베르펜에 거주하였으며 그곳에서 서적을 거래하였다고 서술하고 있다. 종교재판소가 그의 집에서 몇 권의 금지 서적을 발견했고, 그 일로 뮐러는 체포되어 고문을 받았다고 한다. 그러는 과정에서 재치 있는 하인이 주인에 의해 봉인된 통을 뒤집어서 서적을 끄집어내었고 우연히 거기 있었던 다른 서적들을 채워 넣었다. 그래서 뮐러가 무죄로 판명되어 풀려났다고 한다. 그리고 그는 쾰른으로 가서 자기 이름을 밀리우스로 바꾸었다고 한다. 그는 비르크만 가게를 인수한 후에 사업을 확장했으며, 특히 위대한 출판업자 크리스토프 플랑탱(Christoph Plantin)과도 오랫동안 좋은 관계를 유지하였다. 밀리우스는 1604년 혹은 1605년에 부유하고 존경받는 사람으로 사망했고, 그의 출판사는 그가 활동한 20년 동안 200종 이상의 출판물을 발행했다. 도시의 복지 측면에서 그가 이룬 업적으로 그는 시의회 의원으로 임명되었다. 그의 아들 헤르만이 가게를 이어받았다. 뷜링엔에 따르면 그는 아버지처럼 도시의 대소사에 열심히 관여했으며 1667년 사망했다고 한다. 뷜링엔은 손자 그리고 1699년에 사망한 증손자 헤르만도 언급했으며, 아르놀트 요셉(Arnold Joseph)으로 이 출판사의 마지막을 서술한다. 즉, 요셉이 1731년 사망함으로써 찬란했던 200년 이상 이어져 왔던 비르크만 출판사의 마지막 흔적도 사라지게 되었다.

베르크슈트라세에 있었던 벤스하임 출신의 요한 하일(Johann Heyl) 혹은 조터(Soter)의 출판사는 짧은 기간 활동했지만 쾰른 서적인쇄와 서적거래 역사에서 아주 중요하다. 그는 1518년에서 1562년까지 두 아들 멜키오르(Melchior)와 야콥(Jakob)과 함께 일했고, 교회의 검열을 가능한 한 피하기 위해 졸링엔과 도르트문트에 지점을 설립했다. 라틴어와 근동지역의 언어를 완벽하게 이해했던 그는 큰 출판사를 위해 많은 작품을

---

10 라인강 서안에 위치한 독일 도시.

인쇄했고, 1522년 베스트팔렌의 슈베르테 출신의 친척 요한 푈렌(Johann Pöllen)과 함께 히브리어, 에티오피아어, 칼데아어, 라틴어 등으로 인쇄된 시편을 출간하였다. 아버지가 사망한 후 아들이 1577년 가게가 다른 이에게 넘어갈 때까지 계속 운영했다.

유카리우스 히츠호른(Eucharius Hitzhorn) 혹은 세르비코르누스(Cervicornus)는 인쇄 활동을 1516년에 시작하여 1543년에 그만두었다. 그는 학문적인 교양을 쌓은 사람이었고, 라틴어와 그리스어 고전을 출판했다. 그가 출판한 서적은 활자의 아름다움, 인쇄의 깔끔함, 종이의 재질, 특히 제목 부분의 독특한 장식으로 두드러졌다. 그는 인문주의자이며 문법학자로서 쾰른에서 자신의 종교적 원칙으로 인해 요주의 인물로 낙인이 찍혔고, 종교개혁 성향의 서적거래상이라는 혐의를 받았다. 그는 1535년 11월 25일에 마르부르크 대학에 등록하였는데, 알려진 바에 따르면 대학의 보호를 받기 위해서였다. 왜냐하면 그 당시 엄격한 쾰른의 검열 과정에서 인쇄허가를 받을 수 없었던 작품을 인쇄하기 위해 대학에 인쇄소를 설립했기 때문이었다. 마르부르크 대학의 학생 명부는 그를 가리켜 '탁월하고 매우 신중한 성격의 쾰른 인쇄업자'(Coloniensis Typographus insignis et vir modestiae singularis)라 기록하였다. 히츠호른은 한동안 헤로 알로페키우스(Hero Alopecius, 1521-1540)와 공동으로 작업했으나, 얼마 지나지 않아 그와 헤어졌다.

카스파르 반 게넵(Kaspar van Gennep), 요한 반 켐펜(Johann van Kempen) 외에도 쾰른에서는 니콜라우스와 콘라트 케자리우스 형제가 1518년부터 1524년까지 인쇄업에 종사했는데, 그들의 인쇄소에서 적은 수이지만 정확성으로 인해 양질의 작품들이 발행되었다.

콜리누스 인쇄소는 쾰른의 가장 유명한 서점이기도 했다. 플랑탱과 거래했던 인쇄소 설립자 마터누스 콜리누스(Maternus Cholinus)는 1555년에서 1587년까지 활동하였고, 처음에는 다른 사람의 인쇄소에서 작품을 인쇄하

그림 25 : 마터누스 콜리누스의 지그네트   그림 26 : 요한 김니쿠스의 지그네트 '일각수'

도록 주문했지만, 후에 자신의 인쇄소를 설립하였고 쾰른 시의회 의원이 되었다. 그의 후계자는 1587년에서 1606년까지 활동한 고스빈 콜리누스 (Goswin Cholinus)였다. 그 후 선제후의 궁정 인쇄업자가 되는 그의 아들 페터가 뒤를 이어 1636년까지 운영하였다. 이 시기 회사의 이름은 '콜리누스의 미망인'(Vidua P. Cholini)이다. 페터의 아들 요한 아르놀트는 후에 프랑크푸르트 암 마인으로 이사했고, 그럼으로써 쾰른의 회사는 없어졌다. 이미 그 이전에 회사의 많은 부분이 마터누스 콜리누스의 딸과 결혼했던 네덜란드 출신의 서적인쇄업자 베른아르트 볼터 (Bernard Wolter, 1599-1635)에게 넘겨졌다. 서적인쇄업자이며 서적거래상인 콜리누스 가문은 100년 이상 활동했으며, 여기서 그들은 문학의 모든 분야에서 나온 교양 세계를 수없이 많고 값진 인쇄물로 대중에게 전달해 주었다.

쾰른의 모든 서점 중에서 가장 오래 운영되었으며 오늘날까지도 남아 있는 서점은, 종종 서점을 경영하는 회사는 바뀌었지만, 운터 페텐헤넨 13번지에 있는 '아인호른[11] 하우스'(Einhorn-Haus)이다. 이것은 로머스키르헨 서점과 인쇄소(멜링하우스)로서 요한 김니쿠스(Johann Gymnicus)에 의해 1516년 설립되었고, 1529년부터 아인호른을 인쇄소의 지그네트로 사용했으며 1879년에 창립 350주년 기념식이 '아인호른 하우스'에서 거행되었다. 상속자인 요한 김니쿠스는 1516년에서 1544년까지 활동했다. 그의 아들인 마르틴, 요한 2세, 막내인 요한 3세가 아버지에 이어 1596년까지 활동했다. 이 4명의 김니쿠스에 이어 17세기에는 결혼을 통해 형성된 인척 히어라트(Hierat)와 킨크(Kinck) 가문에 의해 서점이 계속 운영되었다. 18세기에는 하인리히 로머스키르헨 1세(Heinrich Rommerskirchen I), 크리스티안(Christian)과 요한 하인리히 지모니스(Johann Heinrich Simonis), 요한 빌헬름 크라캄프(Johann Wilhelm Krakamp), 하인리히 요셉 지모니스(Heinrich Joseph Simonis) 등이 회사를 소유했다. 페터 하인리히 로머스키르헨(Peter Heinrich Rommerskirchen)을 마지막으로 로머스키르헨 가문이 1868년까지 서점을 운영한 후에 마지막으로 언급된 현재의 소유자 율리우스 멜링하우스(Julius Mellinghaus)에게 서점의 소유권이 넘어갔다. 그의 전임자 중 특히 두드러진 인물이었던 안톤 히어라트(Anton Hierat, 1627년 사망)는 스케일이 큰 출판업자였다고 하는데, 그는 비교적 짧은 시간 내에 2절판 서적도 포함해서 수많은 귀중본을 특히 가톨릭 신학 분야에서 출판했다. 뷔링엔은 아름다운 활자와 양질의 종이로 250종의 출판물을 제작하였다. 그의 출판물 중 가장 중요한 서적은 게오르크 브라운의 위대한 도시 서적의 마지막 권인데, 후에 『메리안의 지형학』(Meriansche Topographie)은 이 서적을 많이 표절했다. 그의 두 아들은 아버지의 정신을 계승하여 1641년까지 활동했는데, 2년에 걸쳐 대형 2절판 8권으로 구성된 『인간 삶의 위대한 극장』(Magnum Theatrum Vitae Humanae)을 발행하였다. 그 후 요한 킨크(Johann Kinck)가 1656년 사망할 때까지 회사를 소유했다. 그가 제작한 출판물(대부분 예수회 신학

---

11 일각수, 유니콘

분야) 수는 초기나 후기 쾰른 출판업자에 의해서는 결코 도달하지 못할 정도로 많다. 뷜링엔은 그에 의해 발행된 서적 650종 이상을 목록에 넣었다. 현재 로머스키르헨 서점을 운영했던 모든 이들은 시민의 삶에서 존중받는 위치보다는 이 분야에서 이룬 업적을 통해 부각되는 실용적 인물이었다(Merlo 1879, 76).

쾰른의 인쇄업자 역사에서 후에 유명하게 된 영국 최초의 인쇄업자 윌리엄 캑스톤(William Caxton)은 언급되지 않는데, 그가 최근 여러 학자에 의해 주장되는 것처럼 인쇄업자로서의 교육을 네덜란드에서 받았기 때문이라기보다는 그의 활동이 영국에서 이루어졌기 때문이다. 캑스톤이 인쇄술을 쾰른에서 배웠고 최소한 2종의 서적을 인쇄하였다는 사실에 대한 증거가 제시될 수 있다. 인쇄도시와 출판도시로서 쾰른의 중요성은 정점을 찍었던 30년 전쟁(1618-1648)까지만 적용되었다. 그 이후 쾰른의 중요성은 급격히 줄어들었다. 쾰른의 인쇄업은 정통 신앙의 가톨릭 서한이나 가톨릭대학과 학교에서 사용되는 (교부에 의해 쓰인 몇 가지 서적을 제외하면) 입문서와 개론서의 인쇄로 제한되었다. 쾰른은 북서부와 북부 독일 지역에 서적을 공급하였다. 종교적 검열은 바이에른 지역만큼이나 엄격했다. 교회가 쾰른을 지배하고 있었다. 선제후국은 세속적인 국가가 아니며, 예수회가 프로테스탄티즘으로 인해 자신을 위협하는 위험을 간신히 모면한 연후에, 그들은 자신과 다른 생각을 가진 이들을 철저히 억압했다. 쾰른 인쇄소는 일거리를 원했고, 일차적으로 불법복제에서 그것을 찾았다. 쾰른의 유리한 위치는 인쇄술 확산과 출판업이 발전하는데 기여했다. 1587년에서 1594년까지 이탈리아인 요한 밥티스트 치오티(Johann Baptist Ciotti)가 쾰른에 인쇄소를 설립했을 정도로 쾰른의 상황은 좋았다. 여기서 치오티는 자기 고향에서 절판되거나 드문 작품을 이탈리아에서 판매하는 것처럼 쾰른에서도 유리하게 판매하기 위해 새로이 인쇄했다. 정신적으로 아주 가라앉았던 시기에서조차도 서적, 특히 기도서의 외부 장식은 여전히 그런대로 괜찮았다. 쾰른의 인쇄소는 마음에 드는 베니스, 플랭탕, 엘제비어 모델에 의존하려 노력했고, 특히 속표지의 동판화에 주력하여 몇몇 인쇄물은 후에 베니스에서조차도 아주 세심한 장식으로 평가받았다. 베니스의 동판화와 미술 상인들은 17세기에 쾰른에 여러 번 등장한다. 뷜링엔은 자신에 의해 언급된 출판업자들의 주요 작품의 원래 제목을 목록에 첨부하였다. 동판화는 비록 시대에 뒤떨어져 있기는 하지만 다양하고 아주 세밀하며 우아하다.

5. 바젤

간기에 등장하는 '유명한 게르만의 바젤'(Inclyta Germaniae Basilea)에는 신기술인 인쇄술의 번영과 중요한 출판업을 위한 자연적인 전제 조건이 모두 갖추어져 있었다. 그 당시 문명화된 유럽에서 배가 다닐 수 있는 큰 강에서 상거래에 유리한 위치에 있었으며, 북으로는 독일, 남서로는 프랑스, 남으로는 스위스로 상인들이 활동하며 바젤은 3개의 문화 국가를 연결하는 다리 역할을 담당하였고, 그 당시 세계 무역에 있어 탁월한 정치적 입지를 구축했다. 한편으로는 바젤의 두매상이 대단한 모험심을 지니고 많은 보화를 창출해 내었다면, 다른 한편으로는 유복하고 독립적인 시민들의 마음속에서 1460년 대학의 설립으로 나타나게 되는 역동적인 예술적, 학문적 감각도 표출되었다. 학자와 대학생이 인쇄술을 학문의 후원자로서, 그리고 필사와 그 밖의 불충분한 방법에 의존했던 것을 해방는 힘으로 환영했다면, 바젤의 대상(大商)은 자신들의 통찰력으로 인쇄술이 가져다줄 수밖에 없는 엄청난 수익을 어렵지 않게 예상했다. 따라서 도시의 가장 강력한 계층은 아니지만, 이 두 가지 강력한 계층이 처음부터 공동으로 동일한 목표를 추구했다. 이로써 그들은 서적인쇄와 출판거래를 수입이 되는 사업으로 만들기 위해 자신들의 돈과 지식을 하나로 합쳤다. 대학과 그 어떤 직접적 관계도 없는 젊은 학자들이 인쇄술 발전을 주도했다. 독일의 다른 지역에서는 처음에 기껏 개인이 소심한 시도를 감행했고, 점차 형성된 한 장소에서의 경쟁이 여러 개의, 대부분 옹색한 인쇄소를 설립하게 만든 반면에, 바젤에서는 처음부터 박식함으로 군집을 형성한 대자본이 작동하였고, 대상들이 풍부한 자금으로 인쇄술을 사업적으로 활용하였다. 그 때문에 독일의 어떤 다른 도시에도 서적인쇄와 서적거래에서 바젤만큼이나 유리한 토대가 제공된 도시는 없었다. 바젤은 신성로마제국에서 탈퇴함으로써(1501) 많은 국가 간의 빗장과 선입관을 뛰어넘는 세계적인 중심지가 되었다. 그 당시 바젤에서는 20개의 주요 인쇄소가 운영되고 있었다. 바젤의 세금리스트에는 1470년대에 26개, 1480년대에 12개, 1490년대에 20개, 따라서 30년 동안 모두 58개의 새로운 인쇄소 이름이 언급되어 있다. 그러나 인쇄소의 운영자는 아마도 일부는 독립적이지 않을 수도 있고, 일부는 이름을 밝히지 않고 일했을 것이다. 스위스의 베로뮌스터에서 바젤 이전에 이미 인쇄가 시작되었다는 주장은 별로 의미 없는 쟁점이다. 이것은 기껏해야 고서점 주인에게나 약간의 흥미가 있을 뿐이지 그곳의 서적거래와 서적인쇄의 발전에는 의미가 없다. 지버의 연구에 따르면 바젤이 실질적으로 스위스에서 최초로 인쇄소가 설립된 도시이다. 비록 중요하지 않은 베로뮌스터의 어떤 인쇄물에서 1470년이란 연도가 기재되어 있을지라도, 이런 사실이 기껏해야 그곳에서 장소와 연도를 좀 더 일찍 언급하기 시작했다는 사실만을 입증해주기 때문이다. 스위스 인쇄술의 초기에는 바젤이 중심지였고, 거의 100년 동안 전통의 제국도시 바젤은 독일의 서적거래 분야에서 주도적 역할을 담당했다. 바젤에서 제작된 초기 인쇄물에서 발견된 날짜 중 가장 오래된 것은 어떤 구매자가 『욥기에서 나타난 그레고리우스 교황의 윤리』(*Gregorii Magni Moralia in Jobum*) 인쇄본에 기재했던 1468년이다. 해당 인쇄본은 현재 파리 국립도서관에 소장되어 있다. 이 작품이 인쇄된 후 즉시 판매되었다고 할지라도, 작품을 인쇄에 맞게 모두 준비하고 2절판으로 인쇄하는 과정은 몇 년의 기간을 필요로 할 것이다. 이 방대한 인쇄물이 실제로 바젤 인쇄기에서 제작되었는지 확실하지는 않다.

베르톨트 루펠(Berthold Ruppel)은 인쇄술을 바젤로 가져온 인물이다. 그는 1455년 푸스트가 구텐베르크를 고소해서 벌어진 소송에서 구텐베르크의 하인 혹은 '인쇄업자 하인'으로 불렸다. 그는 후에 뉘른베르크로 이주했던 하인리히 케퍼(Heinrich Kefer)와 함께 재판의 증인으로 소환되었다. 그가 언제 그리고 어떻게 바젤로 왔는지는 알려지지 않았다. 그가 1455년 구텐베르크와 푸스트의 동업이 해체되고 난 직후 바젤로 왔을 수도 있고, 1460년 대학의 설립이 그를 유혹했을 수도 있고, 아니면 마지막으로 1462년 마인츠가 점령되어 약탈당하고 난 후 다른 많은 사람을 따라 바젤로 와서 정착했을 수도 있다. 비록 루펠이 바젤에 몇 년간 체류한 후에 바젤의 시민권을 1477년 2월 14일에야 비로소 취득했을지라도, 그가 1460년대 말에 이미 바젤에 나타났다는 사실로 충분하다. 콘라두스 드 무레(Conradus de Mure)의 『탐험자 용어 목록』(*Repertorium Vocabulorum exquisitorum*, 1466)에서 인쇄업자로서 존경할 만한 '바젤의 베르톨두스'가 이미 기재되어 있다. 인쇄업자였던 또 다른 베르톨트는 그 당시 바젤에 없었다. 베르톨트라는 이름을 기재한 이 유일한 작품은 2절판 형으로 147장 36행으로 구성되어 있고, 장 표시 없이 인쇄되었다. 동일한 활자를 이용하여 제작되어서 베르톨트 루펠의 인쇄물로 간주하는 것은 이미 언급된 그레고리우스 대교황의 『욥기에 나타난 윤리 혹은 해설』(*Moralia seu Expositio in Jobum*)이다. 이것은 421장 48행 2단으로 구성된 2절판 크기의 서적이다. 마찬가지로 장 표시는 없다. 인쇄의 불완전한 기술은 이 작품을 『탐험자 용어 목록』보다 더 낮은 것으로 인쇄하게 했다. 클렘의 카탈로그에는 이 인쇄물 중 1부가 기재되어 있는데, 인쇄 오류 목록도 함께 기재되어 있다. 이런 종류의 오류 고백은 알려진 서적 중 최초의 시도였다. 위에서 언급했듯이 이렇게 방대한 작품이 인쇄업자의 최초 인쇄물로 발행되었다는 사실에 의구심을 품는다면, 이것은 이런 인쇄 오류 목록의 존재를 통해 더욱더 짙어진다. 이런 부록으로 기술의 개량에 대한 노력이 엿보인다. 이보다 더 일찍 나온 베르톨트 루펠의 인쇄물이 존재할 것이라는 추정에 대한 근거가 많으면 많을수록, 그 인쇄물은 사라졌거나 아니면 도서관에 아무도 모르게 소장되어 있을 가능성이 클 것이다. 어쨌든 서지학자들은, 비록 인쇄소나 연도가 표시되어 있지 않을지라도, 활자로 보아 루펠의 인쇄물이라 주장하는 다섯 종의 인쇄물을 제시한다. 그러나 이런 작품들도, 바젤에서 인쇄된 서적으로 알 수 있듯이, 부인 막달레나(처녀 때 성은 마이거)와 함께 1482년 자신의 유언장을 작성했고 1490년 갱신했던 루펠의 장기간 활동을 채워 넣기에는 여전히 충분하지 못하다. 루펠이 자신의 노후를 갑부로서 한가하게 보냈다고 가정한다면, 이런 성공으로 미루어보아 그가 어쨌든 알려진 서적보다 훨씬 더 많은 서적을 인쇄했음이 분명하다.

그 밖에도 바젤 인쇄술의 초기 상황은 그곳의 '서적인쇄업자의 하인들'이 1471년에 '서적을 인쇄했던 장인(匠人)'에 대항했던 최초의 인쇄업자 파업을 상세히 살펴보면 비교적 명확히 드러난다(Fechter 1863, 250). 도제들은 자신들의 장인에 대항하여 서로 동맹을 맺었으며, 자신들의 권리가 침해받았다고 믿었기에 파업을 감행하였다. 그래서 인쇄소들이 텅 비게 되었고, 종국에는 호의적으로 해결되었던 지루한 파업이 시작되었다. 1471년 말에 성사된 합의는 재판기록에 다음과 같이 나와 있다.

"한쪽은 서적을 인쇄한 장인들과 다른 한쪽은 도제들 사이에 판사들의 다음과 같은 합의와 그에 따른 추후 계약이 결정되었다. 도제들은 오늘부로 다시 작업장으로 가서, 장인들을 만족시키고 자신들의 명예를 위해 일을 해야 한다. 또한 그 밖에 근무에서도 상응하게 행동하며, 특히 서로서로 동맹을 맺는 것을 삼가야 한다. 장인도 도제들에 대해 동일하게 행동해야 하며, 합당한 것에 대해서는 허용하며 먹을 것과 마실 것 등을 제공하며 그들에게 다가가야 한다. 도제 중 한두 명 혹은 여러 명이 선동을 유도하거나 반항하는 일이 일어난다면, 장인들은 해당자 각자에게 연봉 등급에 따라 돈을 지불하고 해고할 수 있다. 마찬가지로 도제는, 만약 장인들에 의해 필요 이상의 어떤 것이 자신들에게 부과된다면, 일을 그만둘 수 있고, 장인은 도제에게 마찬가지로 (조건의) 상황에 따라 임금을 지불해야 한다. 이런 결정 과정에서 모든 것이 ('고의적인 위해 없이') 정직하며 공정하도록 유지되어야 한다."

위 문서에서 바젤에 많은 인쇄소가 1471년에 이미 존재했다는 사실은 차치하더라도, 인쇄 영업 상황이 성장하여 중요하게 되기 이전에, 문서가 단계별로 교육을 받은 노동자 파업을 고지하고 있듯이, 인쇄소의 발전이 시작에서부터 크게 성장한 도제의 생활 언급에 이르기까지 이미 보다 많은 시간이 필요했다는 사실이 명백히 드러난다. 바젤의 두 번째 서적인쇄업자 미하엘 벤스츨러(Michael Wenszler)도, 비록 그의 인쇄 활동이 문서상 1472년에야 비로소 시작되었을지라도, 여기에 언급된 장인에 속한다. 프리드리히 비일(Friedrich Biel)과 공동으로 미하엘 벤스츨러에 의해 출간된 가스파리니 폰 베르가모(Gasparini von Bergamo)의 서간집 3부 중의 1부에, 이 서적은 바젤 도서관에 보관되어 있는데, 구매자 야콥 라우버(Jakob Lauber)가 1472년 12월 1일에 서적을 구입했다는 메모가 있다. 따라서 이 서적은 늦어도 동년에는 출판되었음이 틀림없다. 미하엘 벤스츨러는 흥미로운 인물인데, 진취적이며 사고력이 탁월했지만, 불우하게도 아마 채무로 인해 자신의 능력을 거의 발휘하지 못했다. 그는 슈트라스부르크에서 태어났지만, 언제인지는 알려지지 않았다. 그는 1463년

그림 27 : 미하엘 벤스츨러의 지그네트

에 이미 바젤에 등장했는데, 왜냐하면 『바젤 대학의 학생 명부』(Matricula studiosorum Universitatis Basileensis)에서 같은 해 5월이라는 일자와 더불어 '미하엘 벤스츨러가 은으로 대학입학금을 모두 지불했다'라고 기재되어 있기 때문이다. 그 당시 서적인쇄술을 운영하기 위해서는 대학의 학위도 요구되었지만, 이런 학위는 서적인쇄업자가 선호하는 일자리를 얻기 위해서는 처음부터 필요한 것이었다. 그 때문에 서적인쇄술은 대학의 자유예과에 속해 있었고, 서적인쇄업자는 모두 길드에 가입되어 있었다. 벤스츨러도 1460년대에 교양 시민으로서 바젤대학에 등록했고, 후에 서적인쇄업자로서 큰 명성을 누렸던 사람 중 한 명이었다. 루드비히 지버의 보고에 따르면 벤스츨러 외에도 1472년 만토바에서 인쇄했고 1482년 바젤 시민이 되었던 켐텐 출신의 한스 부르스터(Hans Wurster, 1460), 최초의 파리 인쇄업자인 콘스탄츠 출신의 울리히 게링(Ulrich Gering, 1461), 후에 디종에서 인쇄했던 아우크스부르크 출신의 페터 메트링어(Peter Metlinger, 1461), 바젤 출신으로 바젤에서 인쇄업자로 활동했던 에버하르트 프로몰트(Eberhard Fromolt, 1461), 바젤 출신으로 후에 톨로사에서 활동했던 하인리히 투르너(Heinrich Turner, 1461), 바젤 출신으로 비첸차의 인쇄업자 레온하르트 아하테스(Leonhard Achates, 1466), 1478년부터 바젤 시민이 되었던 서적인쇄업자 요하네스 폰 베지크하임(Johannes von Besigheim, 1469), 베른 출신의 페터 쾰리커(Peter Kölliker, 1470), 보트바르 출신의 니콜라우스 케슬러(Nikolaus Keßler, 1471) 등이 위와 같은 부류의 인쇄업자이다.

벤스츨러의 첫 인쇄물은 이미 언급된 『가스파리니 바르치치 양피지 서간집』(Liber Epistolarum Gasparini Barzizii Pergamensis)이다. 그는 출판을 위해 다른 사람과 동업했던 최초의 바젤 출판업자인데, 홀로 인쇄할 경우도 있고 다른 사람과 함께 출판하기도 했다. 첫 인쇄물의 서두에 나와 있는 2행시에서 미하엘 벤스츨러와 프리드리히 비일이 해당 서적의 인쇄업자로 언급되어 있다. 벤스츨러의 다음 인쇄물이 마찬가지로 비일과 공동으로 출판되었는지 입증할 수 없는데, 왜냐하면 두 번째 인쇄물에는 비일의 이름이 거명되지 않았기 때문이다. 바젤 출신의 프리드리히가 1485년 부르고에서 발견되어서 그곳에서도 바젤의 미하엘 벤스츨러와 서신 왕래를 했다는 사실만이 확실하다(Rochelle 1830, 43). 벤스츨러는 1475년 베른하르트 리헬과 함께 로베르투스 드 리치오의 『사순절』(Quadragesimale)을, 1488년 야콥 킬헨과 공동으로 『미사 성가집』(Graduale)을 인쇄했다. 벤스츨러는 바젤에서 자신의 이름이 기재된 인쇄물을 28종 출판했고, 활자의 특징으로 보아 벤스츨러의 인쇄물로 간주되는 21종의 인쇄물을 출판했다. 여기에 추가로 두 명의 슈트라스부르크인 파이트 파르벤뷔르너(Veit Farwenbürner)와 아르보가스트 모르(Arbogast Mor)에 의해 주문되었고, 벤스츨러에 의해 1489년 말부터 1490년 초까지 제작되었던 미사전서의 인쇄는 600부에 이른다.[1] 바젤의 문서는 그에 대해 여러 가지 흥미 있는 정보를 제공해준다. 예를 들면 그가 1478년에 이미 요한 아메르바흐(Johann Amerbach)와 함께 프랑크푸르트 서적매세를 방문했고, 여기서 아마 자신이 인쇄한 서적을 판매했을 것이다. 그 밖에도 그는 인쇄업에 그치지 않고 광산주에 투자했다. 그는 출장 중에 (프랑크푸르트 혹은 아샤펜부르크 출신의) 헤르만 나들러(Hermann Nadler)로부터 '3개의 쿡쿡'(광산 주식), 즉 1471년 작센의 슈네베르크에서

---

1 도시국가 바젤의 기록보관소, 편지 부분 1488–1491, 328.

개발된 은(銀)광산의 3개 광산 지분을 350굴덴에 구입했지만, 이것을 통해 여러 가지 불편한 상황에 처하게 되는데, 왜냐하면 그가 나들러에게 100굴덴을 빌려주었는데 나들러가 그에게 그 돈을 돌려주지 않았으며, 그로 인해 광산주 금액의 잔액을 지급할 수 없었기 때문이다. 그러는 사이에 상황이 벤스츨러에게 유리하게 흘러갔다.[2] 벤스츨러는 1489년 두 명의 바젤 출신 한스 빌러(Hans Wiler)와 야콥 폰 키르헨(Jakob von Kirchen)(이미 언급된 바 있는 킬헨(Kilchen)과 동일인으로 추정)과 함께 라인강을 따라 플랑드르와 영국으로 가서 서적을 판매하였다.[3] 그들은 서적을 판매하기 위해 5개의 큰 통에 많은 서적을 담아 가지고 다녔다. 합법적이고 유일한 소유자로서 자신을 증명해 보이고 서적을 원활하게 여러 곳으로 판매할 수 있기 위해 그들은 출장을 떠나기 전에 바젤 시의회에서 자신들의 회사 표시인 ↗를 부착한 통과 그 통의 내용이 자신들의 소유이며 아무도 거기에 대한 지분을 지니고 있지 않음을 시민 선서 형식으로 선언했다. 시의회는 그들에게 통행권을 건네주며 시민과 그들의 자산을 잘 운송할 수 있도록 친절하게 대해 줄 것을 모든 이에게 추천했다. 이런 번거로움은 불안하고 공권력이 거의 존재하지 않았던 시대적 상황을 전제로 한다. 벤스츨러는 그런 상황에서 개인적으로 고통받았음이 분명하다. 예컨대, 그는 1490년 엘자스의 로스하임으로 가는 출장여행 중에 장크트갈렌 지역의 강도들에 의해 서적을 강탈당하였다. 바젤은 시민의 이름으로 손해 배상을 요구했고, 벤스츨러의 요구를 해결하기 위해 심지어는 바젤의 총리인 니콜라우스 뤼쉬(Nikoaus Rüsch)를 장크트갈렌으로 파견하였다.[4] 벤스츨러의 마지막 바젤 인쇄물은 1491년에 출판되었다. 그는 이 시기에 재정난을 겪어서 결국 인쇄 도구와 집을

---

2 도시국가 바젤의 기록보관소, 편지 1481–1483, 131.
3 도시국가 바젤의 기록보관소, 편지 1488–1491, 228.
4 도시국가 바젤의 기록보관소, 편지 1488–1491, 281. 1490년 4월 23일 자 문서.

모두 팔고 바젤을 떠났다. 그는 우선 프랑스의 클뤼니로 갔고, 그곳에서 수도원장 야콥 폰 앙부아즈(Jakob von Ambois)가 『클뤼니 미사전서』(*Missale Cluniacense*)의 인쇄를 그에게 주문했고, 이 서적은 1493년 출판되었다. 그는 얼마 지나지 않아 다시 마콩으로 이주했지만, 활동적이며 고난에 찼던 여정을 리용에서 끝냈다.

그림 28 : 베른하르트 리헬의 지그네트

바젤의 네 번째 인쇄업자는 이미 언급했던 베른하르트 리헬(Bernhard Richel)이다. 그는 1475년 미하엘 벤스슬러와 동업하였다. 그는 페히터(Fechter)에 따르면 라인팔츠의 마을 에 빌러 출신이지만, 또 다른 학자의 주장에 따르면 뷔르템베르크 출신이었으며 1474년 시민권을 취득하였다. 그의 이름이 기재된 최초 인쇄물은 1474년에 나왔지만, 아마 훨씬 이전에 이미 인쇄업자로 활동을 시작했을 것이다. 1478년까지 그는 4종의 라틴어 성서를 인쇄했는데, 그중에 첫 번째 성서는 인쇄 장소나 날짜 표시 없이 출간되었고, 성서의 1부는 베르톨트 루펠의 활자를 사용했던 반면 2부는 그 자신의 활자로 인쇄되었다. 서로 다른 활자로 인쇄한 것은 설명할 수 없는 이상한 경우이지만, 위의 두 인쇄업자가 서로 친밀한 관계에 있었음을 보여주는 증거로 볼 수 있다. 그 외에도 리헬은 서적을 독일어로 인쇄했던 최초의 바젤 인쇄업자이기에 특히 부각될 수 있다. 리헬의 인쇄물 중 1474년에 출간된 『작센 법전』(*Sachsenspiegel*) 초판이 특히 언급될 수 있다. 이 서적은 바젤에서 발행된 서적 중 인쇄연도와 인쇄업자의 정보가 기재된 최초의 서적이기도 하다. 『작센 법전』은 255장, 2단 46행으로 구성되어 있고 바젤 도서관에도 없을 정도로 희귀본이다. 리헬의 활동은 인쇄물에 기재된 날짜에 따르면 1482년까지 계속되었다. 그는 1482년 베르너 롤레빈크(Werner Rolewinck)의 『시간의 분책』(Fasciculus temporum) 라틴어판을 출판하였다. 그의 후손인 벤델(Wendel), 테오도시우스(Theodosius), 요지아스 리헬(Josias Richel) 등은 슈트라스부르크에서 활동하였다.

다음에 언급할 인쇄업자는 후에 슈트라스부르크에서 활동하게 되는 마르틴 플라흐(Martin Flach)이다. 그가 바젤에서 제작한 인쇄물 중 후대에 남아 있는 것은 없다. 바젤에서 홀로 일하지는 않았던 것으로 보이는 레온하르트 아하테스(Leonhard Achates)는 유랑 인쇄업자로서 베니스, 비첸차, 장크트 우르소, 파두아 등지에서 그의 인쇄물이 발견되고 있다. 에버하르트 프로몰트(Eberhard Fromolt)가 다음에 언급할 인쇄업자인데, 그가 제작한 인쇄물로는 1481년에 출간된 2종만이 알려져 있다.

유명한 요한 아메르바흐(Johann Amerbach)가 그의 뒤를 잇는데, 그는 1478년에서 1514년까지 활동했다. 그는 1444년에 로이트링엔에서 태어났다. 그는 벤스츨러, 케슬러 등과 같이 대학을 다녔으며, 학업을 마치고 파리에서 스승이자 친구인 총장 요하네스 하인린 드 라피데(Johannes Heynlin de Lapide)의 지도하에 석사 학위를 취득한 이후에 비로소 인쇄업에 종사하였다. 그는 독일로 돌아온 후 한동안 뉘른베르크의 안톤 코베르거의 인쇄소에서 교정자로 일했다. 여기서 그는 바젤로 가서, 그곳에서 1478년 이전에 이미 인쇄소를 설립했을 것으로 추정하는데, 왜냐하면 이미 언급한 바 있듯이 그는 1478년에 벤스츨러와 함께 프랑크푸르트 서적

그림 29 : 아메르바흐-페트리-프로벤 인쇄업자 동맹의 지그네트

매세를 방문했기 때문이다. 아메르바흐는 15세기 말에 바젤에서 활동했던 가장 위대한 인쇄업자이며 출판업자였고, 당대 가장 유명한 사람 중 한 명이었다. 그는 처음에 고딕 문자 대신에 안티크바를 사용해서 서적을 인쇄했는데, 그의 인쇄물은 그가 학자로서 중점을 두었던 텍스트의 정확성으로 인해 특히 뛰어났다. 그는 특히 조달하는 데 많은 어려움이 있었던 여러 가지 필사본을 비교하였고, 특히 유명한 교부들의 비평을 통해 개선된 판본을 인쇄하였다. 아메르바흐는 바젤에서 베아투스 레나누스(Beatus Rhenanus), 아우구스티누스 도도(Augustinus Dodo), 요한 코논(Johann Conon), 프란치스쿠스 빌러(Franciscus Wyler), 콘라트 펠리칸(Konrad Pellikan) 등 역량 있는 학자들과 교제했는데, 이들은 출판 과정에서 그를 많이 도와주었다. 그의 스승이었으며 1484년 바젤로 돌아와 1487년 성 마르가레텐탈에 있는 카르투시오 교단의 수도원에 들어가서 거기서 1496년 사망했던 요한 하인린이 그의 가장 든든한 후원자가 되어주었다. 하인린은 후에 에라스무스가 친구인 프로벤에게 했던 것처럼 아메르바흐를 도와주었다. 펠리칸은 아메르바흐를 큰 비용, 개인적 노력과 작업을 자기 인쇄물의 제작에 투입했던 아주 박식하고 놀라울 정도로 부지런한 사람이라 평했다. 제작 과정에서 두세 명의 텍스트 교정자가 그를 도왔지만, 그 자신도 자신의 인쇄본에 유익한 것을 결코 놓치지 않았다. 그는 틀린 이본(異本)을 막 인쇄된 전지(全紙)에 그대로 두는 것보다는 차라리 하루 종일 틀린 부분을 고치고 그에 필요한 돈을 추가로 더 쓰는 것을 택했다.

아메르바흐는 슈트라스부르크와 활발히 거래했다. 그가 안톤 코베르거의 주문으로 아돌프 루쉬에 의해 인쇄되었던 『발라프리두스 스트라보누스의 주해를 첨부한 라틴어 성서』(*Biblia Latina cum glossa ordinaria Walafridi Strabonis*)를 제작하기 위해 슈트라스부르크의 아돌프 루쉬에게 활자를 빌려주었던 것처럼, 루쉬는 그에게 많은 양의 인쇄 전지를 공급해주었고, 여러 가지 작품의 인쇄를 재차 그에게 주문해주었고, 그 스스로도 그를 위해 일해 주었으며, 그로부터 판매용 서적을 받았고, 그에게 원고를 조달해주었으며, 전반적으로 그와 활발한 동시에 우호적인 관계를 발전시켜 나갔다. 활자를 토대로 하여 아메르바흐는 1479년부터 1489년까지 완성했던 아홉 종의 성서를 제작하였다. 그의 이름이 기재된 마지막 인쇄물은 1512년에 출판된 『그라티아누스 교령집』(*Decretum Gratiani*)이다. 그는 성 히에로니무스의 작품을 준비하는 중 1514년 사망했다. 이 작품은 그의 제자인 요한 프로벤(Johann Froben)에 의해 1516년 인쇄되었다. 이 작품은 아메르바흐의 이름이 기재된 42권의 대형 2절판과 이름이 기재되어 있지 않지만 그에 의해 인쇄된 것이 입증될 수 있는 28권의 2절판으로 구성되어 있다. 이것은 뛰어났지만 사업상의 교류에서는 그렇게 양심적이지는 않았던 인쇄업자이며 출판업자인 아메르바흐의 다작 활동에 대한 증거이다. 아메르바흐는 1500년부터 대부분 훌륭한 인쇄업자 가문의 시조인 랑엔도르프 출신의 요한 페트리(Johann Petri), 그리고 후에 유명하게 된 제자 요한 프로벤과 함께 인쇄했다.

또한 아메르바흐의 세 아들도 중요한 인쇄업자였지만, 그들이 사업을 망하게 버려두었기에 서적거래의 역사에서는 언급되지 않는다. 장남인 브루노(Bruno, 1485-1519)는 공식적인 석상에서는 등장하지 않고 학자로서의 삶을 살았고, 아버지의 인쇄소에 학자로서 가끔 도와주는 데 그쳤다. 차남인 바질리우스(Basilius, 1488-1535)는 대학에서 석사학위를 취득하였고, 몇 년간 아버지의 인쇄소를 물려받아 운영하였다. 마지막으로 셋째 아들인 보니파키우스(Bonifacius, 1495-1562)는 에라스무스와 한스 홀바인(Hans Holbein)의 친구였으며 바젤 대학 법학과 교수로 재직하였다. 그는 또한 정치가로서도 고향에서 활동했으며 높은 명망을 누렸다.

페트리와 프로벤의 빛나는 업적이 평가되기 이전에 연대기적 순서의 완성을 위해 몇몇 다른 인물들도 짧게 언급될 수 있다. 우선 뷔르템베르크의 조그만 도시 베지크하임 출신의 요하네스 드 베지켐을 들 수 있는데, 그가 인쇄한 서적은 단 1종만이 알려져 있다. 그는 바젤에서 1478년에 이미 시민이 된 이후 1483년 바젤에서 이 서적을 제작하였다. 그는 1492년 로마로 이주하였고, 그곳에서 처음에는 지그문트 마이어, 다음에는 마르틴 폰 암스테르담과 공동으로 인쇄 활동을 하였다. 뷔르템베르크의 보트바르 출신의 니콜라우스 케슬러는 1480년 바젤의 시민이 되었고, 1496년 열쇄 장인이 되었고, 1500년 의원이 되었다. 그는 1486년에서 1509년까지 최소한 자신의 이름이 기재된 62종의 인쇄물을 - 여기에 추가로 활자 형태로 보아 그가 제작한 것으로 간주할 수 있는 인쇄물이 7종 더 있다 - 제작한 중요한 인쇄업자였다. 다수의 서지학자에 따르면 이 중 몇몇 인쇄물을 케슬러가 안트베르펜에서 인쇄했다고 한다. 이 정보는 일반적으로 오류로 간주한다. 그러나 1488년 안트베르펜의 성 루카스 길드의 형제단 회원명부에 니콜라우스 케슬러의 이름이 언급되어 있다.

그림 30 : 니콜라우스 케슬러의 지그네트

그림 31 : 요한 프로벤의 지그네트

또한 사서인 아베 플라멘트(Abbé Flament)는 얀센 작품에 기입해 놓은 필사 메모에서 1812년 헤이그에서 안트베르펜이라는 지명이 기재된 니콜라우스 케슬러의 『게르송 작품집』(*Opera Gersonis*[5], 1489) 1부가 발견되었고, 케슬러가 거기서 파리로 가서 더 이상 돌아오지 않았다고 서술했다. 그 때문에 케슬러가 안트베르펜에서 판매하려고 했던 출판물 중 일부를 인쇄도시로 이 도시의 이름을 기재하게 했다는 추정이 가능하다. 요한 마이스터(Johann Meister)와 페터 쾰리커(Peter Köllicker)는 1484년과 1485년에 공동으로 두 작품을 인쇄했다. 이 두 작품 외에는 그들에 의해 인쇄된 작품은 현재 알려진 것은 없다. 켐텐 출신의 야콥 폰 포르츠하임(Jakob von Pforzheim)은 1482년 바젤의 시민권을 취득하였고, 1488년에서 1518년까지 49종의 작품을 인쇄했다. 미하엘 푸르트는 1490년에서 1517년까지 활동했고, 특히 목판화로 장식된 서적을 인쇄하는데 탁월했고, 몇몇 독일어 서적도 인쇄했다. 레온하르트 이젠후트(Leonhard Ysenhut)는 1489년 2종의 독일어 서적을 출판했다.

프랑켄의 조그만 도시 하멜부르크에서 1460년 태어난 요한 프로벤은 바젤에서 대학을 다녔고, 그곳에서 라틴어, 그리스어, 히브리어를 배웠다. 그는 자신의 동향 사람인 요한과 아담 페트리의 소개로 요한 아메르바흐를 알게 되었고, 그의 인쇄소에서 한동안 교정자로 일했다. 프로벤은 1490년 바젤의 시민권을 취득하였고 1491년부터 인쇄업자와 출판업자로서 독자적인 활동을 시작하였다. 그는 실용적인 감각, 뛰어난 취향, 높은 수준의 교양 등을 놀라울 정도로 조화롭게 지니고 있었다. 그의 첫 출판물은 손에 쥘만한 8절판 크기의 라틴어 서적이었다. 화려한 장식과 섬세한 고딕 활자로 인쇄된 이 성서는 아주 광범위하게 유포되었다. 그는 한스 홀바인의 가치를 알고 자신의 서적에 예술적 장식을 위해 그

---

5   프랑스의 신학자이자 신비주의자(1363-1429).

를 지속적으로 고용했던 최초의 바젤 서적거래상이었다(Butsch 1878, 39). 동시에 그는 지칠 줄 모르는 열정으로 고전주의 작가나 교부들의 판본이 정확하게 인쇄되도록 노력했다. 프로벤은 이런 활동을 통해 독일의 정신적 삶을 풍요롭게 만드는데 많이 기여했으며, 특히 바젤을 독일 서적 인쇄와 서적거래의 중심지로 부각했다. 에라스무스와의 오랜 우정은 그 당시 교양 세계 전체를 유익하게 만든 많은 결실을 가져오게 되는 계기가 되었다. 그는 모든 시대를 망라하여 가장 위대한 서적거래상 중 하나였다.

그는 1500년 박식하고 유복한 바젤의 서적거래상 볼프강 라흐너(Wolfgang Lachner)(도나우강변에 위치한 노이부르크 출신)의 딸 게르트루트와 결혼하였다. 프로벤은 장인과 함께 일했지만, 라흐너는 출판업계의 사람이었다. 에라스무스는 라흐너를 '프로벤 제후의 인쇄소'(Officinae Frobenianae princeps)를 운영하는 자라 불렀다.[6] 프로벤은 1527년 10월에 사망하였다. 그는 36년 동안 활동하면서 단 1권의 독일어 서적도 인쇄하지 않았다. 그는 처음에는 4개, 그다음으로 6개, 마지막으로는 7개의 인쇄기를 가지고 257종의 대부분 아주 많이 알려진 방대한 작품을 일부는 독자적으로, 일부는 다른 인쇄업자와 공동으로 출판하였다. 그에 의해 출판되었다는 것은 명예로운 일로 간주되었다. 그가 고용한 교정자들은 학술적으로 박식한 사람들이었으며 그 자신도 뛰어난 학자였는데, 예컨대 에라스무스, 마르쿠스 하일란트(Markus Heiland), 볼프강 무스쿨루스(Wolfgang Musculus), 지기스문트 겔레니우스(Sigismund Gelenius), 요한 외콜람파디우스(Johann Ökolampadius) 등을 거명할 수 있다. 그는 에라스무스의 작품 외에도 최초로 인쇄된 그리스어 신약성서(루터는 후에 이 책을 자기 번역의 원본 중 하나로 사용했다), 2절판 9권 분량으로 출간된 히에로니무스의 작품

---

6 『에라스무스 작품집』. III, 1673.

그림 32 : 요한 헤어바겐의 지그네트

(1516), 10권으로 구성된 - 그러나 사망할 때 2권만 제작되었던 - 아우구스티누스의 작품(1529) 등을 출판하였다.

프로벤보다 10년 일찍 사망한 라흐너는 공동의 출판사 운영 외에도 1495년 미하엘 푸르터(Michael Furter), 1504년 야콥 폰 포르츠하임(Jakob von Pforzheim), 1509년 그레고리우스 바르톨로모이스(Gregorius Bartholomäus) 등의 인쇄소에 위탁함으로써 프로벤과 함께 하지 않은 작품을 여러 번 출판했다.

요한 프로벤의 사망 후 인쇄소는 그 명성을 일부 잃었다. 장남인 히에로니무스(Hieronymus, 1501-1563)는 1520년에 이미 몇몇 작품을 독자적으로 인쇄했다. 동년에 출판된 아리스토텔레스의 『수사학』(Rhetorica)에 요한 헤어바겐(Johann Herwagen)의 이름과 더불어 그의 이름이 나온다. 헤어바겐은 얼마 되지 않아 슈트라스부르크로 갔고, 여기서 1523년에서 1528년까지 인쇄했지만, 그 후 바젤로 돌아와서 요한 프로벤이 사망한 후 그의 부인이었던 게르트루트와 결혼하였다. 헤어바겐은 의붓아들 히에로니무스와 함께 1528년부터 동업 관계를 맺었다. 1529년 니콜라우스 에피스코피우스(Nikolaus Episcopius), 혹은 바이센부르크 근교의 리터스호펜 출신 니콜라우스 비쇼프(Nikolaus Bischoff)도 히에로니무스의 누이와 결혼함으로써 이런 동업에 참여하게 되었다. 그러나 1531년 헤어바겐은 다시 회사를 나왔고, 1555년까지 독자적으로 인쇄소를 운영한 반면, 히에로니무스 프로벤, 그의 상속자, 니콜라우스 에피스코피우스는 1564년까지 함께 회사를 운영하였다. 1881년 바커나겔(R. Wackernagel)에 의해 바젤에서 출판된 프로벤과 에피스코피우스의 회계 장부가 이 회사의 운영에 대한 정보를 주고 있다. 비록 불완전할지라도 이 장부는 1557년에서 1564년까지의 재정상황을 포괄하고 있으며, 그 당시 회사의 활동을 살펴볼 수 있는 정보를 제공해 주고 있다. 히에로니무스의 아들인 암브로시우스(Ambrosius)와 아우렐리우스(Aurelius)는 1603년까지 공동으로 회사를 운영했던 반면에

그림 33 : 니콜라우스 에피스코피우스의 지그네트

마찬가지로 니콜라우스라는 이름을 지닌 에피스코피우스의 장남은 1553년부터 이미 독자적으로 서적인쇄업자로 일했으며 1565년 동생인 유제비우스(Eusebius)와 공동으로 회사를 운영하였다. 그러나 1566년 니콜라우스가 갑작스럽게 죽음으로써 유제비우스가 1591년까지 회사를 혼자 운영하였다. 또한 헤어바겐도 마찬가지로 요한이라 불리는 아들에게 회사를 물려주었다. 아들은 아버지의 인쇄소를 넘겨받았지만 1564년에 페스트로 사망하였다. 그의 부인은 유명한 서적인쇄업자 요한 오포리누스와 결혼하였지만, 몇 달 뒤 사망하였고, 그 후 헤어바겐의 인쇄소는 유제비우스 에피스코피우스에게 팔렸다(Stockmeyer 1841, 89).

이미 언급한 바 있는 랑엔도르프 출신의 요한 페트리(Johann Petri, 1494-1517)는 대부분의 출판물을 요한 아메르바흐와 요한 프로벤과 함께 공동으로 제작했거나 혹은 프로벤과 함께 인쇄하기도 했는데, 비양심적인 불법복제도 여러 번 시도했다. 동시기(1494-1499)에 바젤의 올페 출신인

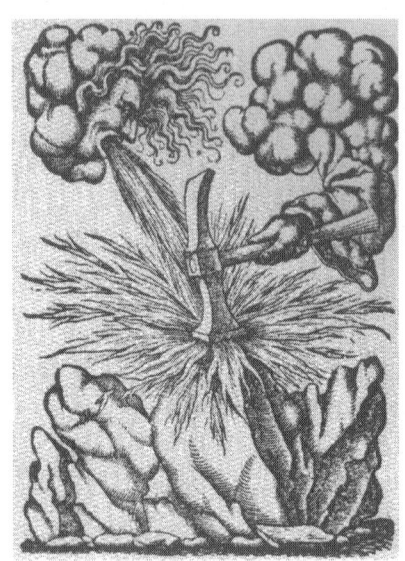

그림 34 : 하인리히 페트리의 지그네트

요한 베르크만도 활동을 시작했다. 그는 1494년 세바스티안 브란트(Sebastian Brant)의 『바보들이 탄 배』(Narrenschiff)를 처음 출판함으로써 특히 유명해졌다. 1505년에서 1519년까지 활동했던 니콜라스 람파르터(Nikolaus Lamparter) 외에 시인이며 16세기 최초의 극작가이기도 한 팜필루스 겡엔바흐(Pamphilius Gengenbach)는 인쇄소를 설립하고 1509년에서 1522년까지 활동했다. 그러나 다음 시기 가장 유명한 인쇄업자는 랑엔도르프 출신의 아담 페트리(Adam Petri)이다. 그는 이미 언급되었던 요한 페트리(Johann Petri)의 조카이다. 그는 프로벤이 에라스무스의 출판업자이듯이, 루터의 출판업자였다. 루터 작품을 저자의 허락 없이 인쇄하여 엄청난 양을 판매하였다. 이런 행위는 그에게 유능한 인쇄업자라는 인식을 안겨주었으며, 동시에 엄청난 부와 명예를 안겨주었다. 부지런한 출판업자들은 주요 작품들을 그의 인쇄기를 통해 제작하기 위해 멀리서도 일부러 찾아 왔으며, 그럼으로써 그의 인쇄기는 밤낮없이 작동되었다.

아담 페트리의 후손 중에는 유명한 하인리히 페트리(Heinrich Petri, 1508-1579)가 언급될 수 있다. 그는 인쇄업자로서의 공로를 인정받아 1556년 신성로마제국의 황제 카를 5세에 의해 기사 작위를 받았으며, 다른 페트리 가문의 사람과는 달리 헨릭-페트리(Henric-Petri)로 명명되었다. 그는 아버지처럼 활동적이며 모험적이었으며, 사업도 아버지의 정신을 물려받아 계속 발전시켰다. 묘비명에 따르면 그는 프랑크푸르트에서 열린 서적거래성 매세에 108번을 방문하였다. 그의 출판물 중에는 특히 40종 이상에 이르는 옛 고전주의 작품, 세바스티안 뮌스터(Sebastian Münster)가 감수한 히브리어-라틴어 성서, 페트라르카(Petrarca), 포기오(Poggio), 코페르니쿠스(Kopernikus) 등의 작품이 있다. 하인리히 페트리는 고향 도시의 정계에도 진출하여, 명망 있고 중요한 자리에 올랐다. 그의 아들 식스투스(Sixtus)와 세바스티안 헨릭페트리(Sebastian Henricpetri)가 1610년대까지 아버지의 인쇄소를 계속 운영하였다.

언급된 인쇄업자 외에도 바젤에서는 1518년부터 1536년까지 안드레아스 크라탄더(Andreas Cratander)가 인쇄업자로 활동했다. 그는 출판업자로서 특히 인문주의와 종교개혁과 관련된 작품을 많이 제작하였다. 1519년에서 1535년까지 토마스 볼프(Thomas Wolf), 1521년에서 1535년까지 발렌틴 쿠리오(Valentin Curio), 1523년의 요한 베벨(Johann Bebel), 1531년의 크라탄더와 미하엘 이젠그린(Michael Isengrin) 등과 공동으로 인쇄하였다. 후에 가톨릭 신앙으로 인해 바젤에서 추방되어 프라이부르크로 이주했던 요하네스 파버 에모이스(Johannes Faber Emmeus)는 1526년에서 1529년까지 활동했다. 요하네스 발더(Johannes Walder)와 바르톨로모이스 베스트헤머(Bartholomäus Westhemer)는 1536년 활동하였고, 니콜라우스 브리링어(Nikolaus Brylinger)는 바르톨로모이스 칼리보이스(Bartholomäus Calybäus)와 공동으로 1537년 활동하였다.

요한 프로벤 이래 바젤의 서적인쇄술은 요하네스 오포리누스(Johannes Oprinus)의 등장으로 다시 전성기를 맞는다. 그는 1540년부터 1568년까지 많은 인쇄물을 출판하였다. 1507년 바젤에서 태어난 오포리누스는 잘 나가던 화가의 아들이었다. 이 화가의 작품은 유감스럽게도 모두 없어졌거나 아니면 오늘날 그의 작품으로 인정받지 못하고 있다. 오포리

그림 35 : 요한 오포리누스의 지그네트

누스는 대학에서 의학과 물리학을 공부했으며 유명한 파라켈수스(Paracelsus)[7] 교수의 조교였다. 후에 그는 그리스어 교수가 되었으며, 1539년 처남 로베르트 빈터(Robert Winter), 토마스 플라터(Thomas Platter), 발트하자르 루흐(Balthasar Ruch)와 서적인쇄사업을 공동으로 경영했다. 그들은 공동으로 800굴덴의 매입가격을 할부로 지급하기로 하고 크라탄더의 인쇄소를 인수하였다(Platter 1878, 89~92). 토마스 플라터는 자신의 전기에서 이 회사의 애처로운 몰락 과정을 감동적으로 서술했다. 회사가 몇 년 뒤 다시 분할되었으며 출판물과 인쇄 도구들은 각자에게 배분됨으로써 종말을 고했다. 오포리누스는 잠시 동안 자신의 경솔한 처남 빈터와 함께 있었지만, 이 관계도 오래 지속되지 못했다. 빈터가 모든 것을 탕진한 후 사망하자 오포리누스는 인쇄소를 700굴덴에 인수했는데, 이런 거래를 통해 자신의 채무 상황이 현저히 증가하게 되었다. 그의 업무 능력은 경탄을 자아낼 만하다. 28년 동안 750종의 인쇄물을 제작했던 인쇄소의 운영자로서의 활동력과 이탈리아까지 뻗쳤던 서적거래 외에도 그는 다수의 학술서를 저술했는데, 그중에는 『성명 고유명사』(Onomasticon propriorum nominum)와 『질문 형태의 주해』(Annotationes in

---

7 (1493~1541) 문예부흥기 시대에 활동한 독일계 스위스인, 본초학자, 연금술사, 점성술사이다.

questiones), 크세노폰과 테오크리투스의 번역물, 플라톤, 아리스토텔레스, 그리고 그리스와 라틴 고전주의 작가들에 대한 방대한 색인 등이 있다. 그는 1568년 재정 파탄 상황에서 사망했다. 재정 파탄의 주원인은 4명에 이르는 부인의 - 그중에는 젊은 헤어바겐 미망인인 프로벤 가문의 부인도 있었다 - 낭비와 원래 나쁜 경제 상황으로 볼 수 있다. 그의 목표는 당대 출판업자로서는 아마 너무 이상적인 것에 경도되어 있었고, 그가 항상 자비로 시작했던 방대한 계획들이 종종 기대에 못 미쳤을 것이다. 그러나 그의 스승 요한 프로벤도 그렇게 잘 나가지는 못했다. 그럼에도 불구하고 프로벤과 오포리누스의 활동은 독일 서적인쇄와 서적거래의 역사에서 바젤을 인쇄술의 중심지로 올리는 데 가장 중요한 버팀목 역할을 담당했다.

바젤에서 신생 대학의 번영(1460-1500)이 서적인쇄술의 초창기와 맞아떨어진 것에서 짐작할 수 있듯이, 어떤 독일의 다른 도시에서도 바젤에서만큼 그렇게 많은 뛰어난 학자와 예술가가 출판업자인 경우는 없었고, 그 어떤 곳에서도 그 정확성과 외부 장식으로 오늘날까지 모범으로 적용되는 인쇄물이 최고의 교양(에라스무스)과 예술(한스 홀바인)이 인쇄술과 하나로 합쳐진 곳도 없었다. 전 유럽에 걸쳐 화려하고 정확한 서적들을 원했던 사람들이 바젤로 몰려들었다. 토마스 모루스(Thomas Morus)가 16세기 초 자신의 작품을 제작하기 위해 바젤의 인쇄소를 선택했듯이, 16세기 말경에는 이탈리아 인쇄소가 여전히 인쇄를 날림으로 했기에 로마 교황청은 바젤에서 인쇄를 주문하였다. 오포리누스가 사망한 후 바젤은 창조적 활동에서 동력을 잃게 되었다. 바젤은 18세기에 예외적으로 짧은 부흥기를 체험하고 옛날의 영광에는 결코 도달하지는 못했을지라도 인쇄술에 있어 그저 그런 도시로까지 결코 전락하지는 않았다. 정치적으로는 더 이상 독일이 아닐지라도 바젤은 모든 여타의 소멸하거나 고루한 독일제국도시와 운명을 공유했다. 바젤의 예술가와 인쇄업자는 외국에서 일자리와 명성을 찾았으며, 바젤의 지식인들은 더 이상 언급할 만한 존재가 되지 못했다.

6. 취리히

취리히는 1504년 이전에 인쇄물이 제작되지 않았기에 소위 인큐내뷸러시기에 인쇄도시가 아니었다. 그러나 독일 서적거래에서 이 도시는 처음부터 현재에 이르기까지 너무나 중요하기에 바젤에 이어 소개되어야 될 것이다.

인쇄업자의 이름 없이 취리히에서 출판된 가장 오래된 인쇄물은 1504년 1월 6일 취리히 시의회에서 사격 경기에 초청하는 내용이 담긴 『서간』(Brief)이다. 4년 후 훌륭한 목판화로 장식된 달력이 출판되는데, 마지막 장에 다음과 같은 표현이 나온다. "황제의 도시 취리히에서 1508년 성 룩스의 날 뒤에 오는 토요일 한젠 암 바젠에 의해 인쇄되었다." 인쇄업자와 인쇄연도가 없는 세 번째 인쇄물도 같은 시기에 출판된 것으로 보인다. "이것은 시편 혹은 우리의 사랑스러운 부인의 묵주이다." 한스 폰 바젠(Hans von Wasen)이 달력과 초청장의 활자로 인쇄했기에 세 번째 인쇄물도 그의 작품으로 추정된다.

크리스토프 프로샤우어(Christoph Froschauer)가 취리히를 서적인쇄술과 서적거래에 확고한 장소로 격상시키고 동시에 전성기로 발전시키기까지 대략 10년 정도 걸렸다. 그의 개인적인 인간관계는 알려진 것이 거의 없다. 그는 바이에른의 외팅 근교의 노이부르크 출신으로 그가 언제 태어났는지 알 수 없지만, 1480년과 1490년 사이로 추정된다. 1494년에서

그림 36 : 크리스토프 프로샤우어의 지그네트

1507년까지 아우크스부르크에서 인쇄했던 요한 프로샤우어(Johann Froschauer)가 그의 아버지였을 것으로 추정된다. 그가 언제 그리고 왜 취리히로 왔는지 그 동기와 연도도 마찬가지로 거의 알려져 있지 않다. 또한 그의 초기 활동에 대한 정보도 없다. 그러나 시민명부에 따르면 그가 1519년에 이미 '자신의 기술' 덕택에 시민권을 받았기에 그가 취리히로 온 다음 바로 인쇄업자로 인정받았음이 틀림없다. 그가 결혼을 했고, 1564년 4월 1일에 사망했다는 사실만은 분명하다. 프로샤우어의 첫 번째 인쇄물은 츠빙글리(Zwingli)가 새로운 종교개혁 노선의 펜과 창이 길을 열었다는 연설을 했던 시기에 나왔다. 인쇄술의 발전으로 스위스에서는 종교개혁 사상이 널리 퍼질 수 있었다. 견실한 교양, 실용적 조망, 부단한 에너지 등을 지닌 사람으로서 프로샤우어는 당대의 정신을 잘 파악하였고, 인쇄업자와 서적거래상으로서 종교개혁에 망설임 없는 동조를 통해 엄청난 성공을 거두었고, 그럼으로써 영향력 있고 부유한 인쇄업자가 되었다. 그는 친구 츠빙글리의 크고 작은 서한들을 75종 이상 제작하였고, 그 외에도 성서학자 하인리히 부링어(Heinrich Bullinger), 레오 주트(Leo Jud), 루돌프 구알테루스(Rudolf Gualterus), 콘라트 펠리칸(Konrad Pellikan), 페터 마르티어(Peter Martyr), 루드비히 라바터(Ludwig Lavater), 콘라트 게스너(Konrad Geßner), 한스 슈툼프(Hans Stumpf) 등의 작품들을 출판했다. 그는 자신의 인쇄물을 아주 세밀하게 교정했고, 외부적으로는 깔끔하고 아름답게 장식했을 뿐만 아니라 텍스트도 오류 없이 정확하게 제작했다. 그러나 특히 그의 명성의 근거가 되었으며 그의 사업을 번창하게 만든 것은 그가 수고와 비용을 아끼지 않고 쏟아부었던 성서의 인쇄였다. 그는 처음에는 안티크바 활자를 사용하였는데, 얼마 되지 않아 자신이 주문한 새로운 독일 활자로 바꾸었고, 자신의 인쇄물을 아름다운 장식 그림뿐만 아니라 오늘날에도 여전히 훌륭한 성과로 볼 수 있는 멋진 목판화로 장식하였다. 1521년 레오 주트에 의해 독일어로 번역된 바울 서신이 4절판으로, 1522년에 같은 인쇄본이 한 번 더 인쇄되었고, 1524년 신약 전체의 독일어 번역본이 그의 인쇄소에서 출간된 이후, 1524년과 1529년 프로샤우어의 인쇄기로부터 최초의 스위스 성서완역본이 2절판으로 인쇄되었다. 1524년부터 1564년까지 거의 매년 완역성서는 아니지만, 성서의 부분 판이 그에 의해 4개의 언어로 출판되었다. 그의 전기 작가인 푀겔린(S. Vögelin)의 계산에 따르면 프로샤우어는 같은 기간에 27종의 성서 완본을 제작하였고, 그중에는 20종은 독일어, 6종은 라틴어, 1종은 영어 성서 완본이며, 신약성서는 15종을 제작했는데, 그중에 6종이 독일어, 5종이 라틴어, 1종이 그리스어와 영어, 3종이 2개 언어였다. 루돌피(E. C. Rudolphi)의 목록에 따르면 프로샤우어의 성서 인쇄는 63종, 자세히 말하면 25종은 독일어(그중 11종이 2절판), 7종은 라틴어(1종이 2절판), 1종이 영어(4절판)이며, 신약성서는 푀겔린이 추정한 것과 같은 15종이다. 이 성서들은 일반적으로 인기가 있었고, 10만부 정도 팔렸다. 특히 1531년과 1545년에 출간된 독일어 성서 화려본이 높이 평가되었다. 1531년판은 2권으로 나왔는데 가격은 3.5굴덴이었다. 루돌피는 프로샤우어의 인쇄소에서 1595년까지 출간되었던 성서는 865쇄까지 이어진다고 추정한다. 그중 616쇄까지의 성서를 크리스토프 프로샤우어가 인쇄하였고, 나머지를 그의 조카 크리스토프 주니어(1585년 사망)가 이어서 제작하였다. 서적인쇄업자 요하네스 볼프(Johannes Wolf)가 크리스토프 주니어 프로샤우어로부터 가게를 매입하였다. 1626년 가게는 보드머(Bodmer) 가문의 소유로 넘어갔으며, 1723년 하이데거(Heidegger)와 란(Rahn)에게, 1765년 오렐리 인쇄소로 되었는데, 오늘날에도 여전히 존재하는 중요한 인쇄소이며 출판사인 오렐 퓌슬리 회사(Orell Füßli u. Comp.)로 통합되었다 (Rudolphi 1869, XI).

7. 아우크스부르크

슈바벤의 중심지인 전통의 아우크스부르크는 서적인쇄술이 아주 유리한 조건하에서 최초로 그리고 아주 빠르게 절정에 도달했던 도시 중 하나이다. 인쇄술을 어느 도시가 먼저 도입했는가를 다투는 순위 경쟁에서 아우크스부르크도 당연히 언급되고 있고, 그곳에서 인쇄된 최초의 서적에 기재된 연도보다 훨씬 이전에 이미 인쇄소가 있었을 것이다. 지금까지 알려진 작품 중 아우크스부르크에서 연도가 기재되어 인쇄된 최초의 작품은 1468년에 제작되었다. 로이트링엔 출신의 귄터 차이너 (Günther Zainer)가 "우리 주 예수 그리스도의 삶을 명상하며"(Meditationes vitae domini nostri Jesu Christi)라는 표현으로 인쇄연도를 기재했다. 그 때문에 귄터 차이너는 비록 그가 1472년 세금 명부에서 '필경사'로 등장하고 같은 해에 비로소 아우크스부르크의 시민이 되었을지라도, 그는 아우크스부르크의 최초 인쇄업자로도 간주되어야 할 것이다. 1477년까지 지속된 그의 활동이 아주 중요했다. 비록 그의 인쇄기에서 제작된 작품이 단지 30 여종만 알려져 있을지라도 그의 기술적 도입은 인쇄술에 대한 뛰어난 업적 중 많은 것을 그에게 돌려야 할 정도로 중요하다. 그가 인쇄한 2종의 독일어 성서가 특히 언급할 만한데, 이 성서 중 1477년에 출판된 성서는 인쇄날짜가 기재된 최초의 독일어 성서이다. 이 두 종의 독일어 성서는 큰 고딕 활자, 양질의 종이, 화려한 두문자, 그림 장식 등으로

그림 37 : 귄터 차이너의 지그네트

인해 서적인쇄술의 진정한 기념비적 작품이다. 또한 이 성서는 2절판이라는 크기를 통해서도 다른 모든 성서를 능가한다. 차이너는 또한 독일에서 처음으로 로마 활자(안티크바)를 사용했던 인쇄업자로 간주된다(클렘 카탈로그, 94).

인쇄날짜가 기재된 인쇄물 순서에 따르면 아우크스부르크의 두 번째 인쇄업자는 1470년부터 1472년까지 활동했던 요한 쉬슬러(Johann Schüßler)이다. 오래된 전승에 따르면 그는 귄터 차이너가 처음 사용했던 활자를 구입하였다고 한다. 실제로 그에 의해 제작된 몇 안 되는 인쇄물의 활자는 차이너가 『카톨리콘』(Catholicon)[1]을 인쇄했던 활자와 완벽하게 일치한다. 동일한 활자는 쉬슬러의 인쇄물 중 날짜가 있는 최초의 인쇄물, 즉 플라비우스 요세푸스(Flavius Jesephus)의 첫 라틴어판이 출간되었던 1470년 이후 날짜가 있는 차이너의 인쇄물 중 어디에도 사용되지 않았다(Ilgenstein 1884, 55). 같은 해에 뒤이어 그는 『오로시우스의 군주편』(Editio princeps des Orosius)[2]도 출판하였다. 1472년의 문서에 따르면 아우크스부르크에 있는 수도원 성 울리히와 아프라는 요한 쉬슬러로부터 부속물을 포함한 다섯 개의 인쇄기를 73굴덴의 가격으로 구입하였다. 박식한 수도원장 멜키오르 드 슈타인하임(Melchior de Stainheim)은 이로써 학문과 수도원의 이익을 촉진하는 인쇄소를 설립했다(Zapf 1786, XII). 이 수도원 인쇄소의 역사에서 가장 흥미로운 순간은 데니스에 의해 발견된

---

[1] 1286년 도미니카 수도회 수도승인 요하네스 발부스가 저술하고 16세기에 이르기까지 성서를 '정확하게' 해석하기 위해 사용된 라틴어사전.
[2] Paulus Orosius(385-418) 히스파니아에서 태어난 후기 고대 역사학자이며 신학자.

서적 광고였는데, 이것은 1474년 수도원에서 인쇄된 4권짜리 『역사의 거울』(Speculum historiale)의 판매를 홍보하기 위한 것이었다. 1474년 수도원장 멜키오르가 사망한 후 인쇄소는 단지 6종의 인쇄물만 출판했던 것으로 비추어보아 더 이상 오래 버티지 못한 것처럼 보인다. 몇몇 다른 아우크스부르크의 인쇄업자, 예를 들면 베믈러(Bämler), 조르크(Sorg) 등의 활자 특징을 지닌 몇몇 인쇄물도 이 여섯 인쇄물의 활자와 동일한데, 이로써 수도원 인쇄소의 업적이 종종 추정되는 것보다 훨씬 미미했다고 볼 수 있다. 1471년에서 1481년까지 서적인쇄업자 크리스트만 하이니의 활동도 마찬가지로 미미했다. 이들 중 귄터 차이너의 고딕 활자로 인쇄된 작품도 몇몇 존재한다. 따라서 활자는 차이너로부터 빌렸음이 분명해 보인다. 차이너가 같은 시기나 그 이후에도 동일한 활자를 계속 사용하였지만, 그의 활자가 팔렸다는 정보는 어디에도 없다.

거기에 반해 이미 여러 번 언급한 바 있는 요한 벰믈러(1472-1495)는 훨씬 더 중요한 인쇄업자였다. 그 때문에 예전에는 베믈러가 아우크스부르크의 첫 인쇄업자로 간주되었다. 볼펜뷔텔 도서관에 소장된 독일어 성서는 시편 마지막 부분에 "시편 끝. 베믈러 1466"이란 정보가 나온다. 다만 판츠는 해당 성서가 최초의 독일어 성서로서 에게슈타인의 인쇄물이라고 주장하였다(Panzer, 1-11). 따라서 이 정보는 베믈러가 인쇄업자가 되기 이전에 필경사와 채식사로 일했던 시기에 나온 것으로 볼 수 있다. 그의 첫 인쇄물은 1472년에 비로소 나왔으며, 마지막 인쇄물은 1492년에 출판되었다. 베믈러의 주 업적은 독일어와 독일문학의 육성이다. 그와 동시대인 중 이 분야에서 그와 필적할 만한 사람은 없다. 그는 대략 60종의 크고 작은 작품들을 후세에 남겼다.

다음 인쇄업자는 1475년부터 1493년까지 활동했던 안톤 조르크(Anton Sorg)이다. 그는 아우크스부르크에서 가장 많은 인쇄물을 제작했는데, 그중에는 최초로 인쇄된 문장(紋章)서적이 있다. 이 서적은 『콘스탄츠에서 열린 공의회 백서』(Conciliumbuch geschehen zu Constanz)에서 유래하였다. 이 책은 1414년 공의회에 모인 그리스도교 전체 귀족의 1,156개의 문장을 1,200점의 목판화에 그려 일목요연하게 설명하고 있는 반면, 또 다른 44점의 목판화는 행렬, 축제, 목격자의 묘사에 따른 공의회 사건 등을 묘사하고 있다. 안톤 조르크가 제작한 인쇄 관련 도구 중에서 특히 거푸집을 개량했던 업적 외에도 그는 1477년과 1480년 2종의 - 출판된 독일어 성서 중에는 일곱 번째와 여덟 번째 - 독일어 성서를 인쇄하기도 했다. 또한 그에 의해 독일어로 작성된 출판목록도 알려져 있는데, 이것은 형식이나 표현에서 이미 언급된 슈트라스부르크의 멘텔 목록과 아우크스부르크의 수도원 성 울리히와 아프라의 목록에 필적한다. 목록에 기재된 작품의 수적인 면에서는 이 목록이 다른 모든 목록을 능가한다. 인쇄역사에서 이런 기념비적 목록을 아우크스부르크 공공 도서관이 소장하고 있다(Mezger 1840, 7).

미미한 활동에 그쳤던 인쇄업자 몇 명을 소개해보면, 세 번째 독일어 성서를 제작했던 요도쿠스 플란츠만(Jodocus Pflanzmann), 1475년에서 1479년까지 활동했던 빈 출신의 요한 비너(Johann Wiener), - 그가 1476년 비첸차에서 인쇄소를 설립했던 요하네스 드 비엔나와 동일인인지는 불확실하다 - 요한 켈러(Johann Keller, 1478), 암브로시우스 켈러(Ambrosius Keller, 1479), 요한 블라우비러(Johann Blaubirer, 1481), 헤르만 케스틀린(Hermann Kästlin, 1481-1488) 등이 있다. 그러나 1481년에서 1524년까지 활동했던 한스 쇤스페르거 시니어(Hans Schönsperger der Ältere)가 이 모두를 능가했는데, 그는 44년의 활동 기간 중에 인쇄물을 통해 불멸의 성과를 거두었다. 그가 제작한 인쇄물은 아마 각각의 인쇄기에서 제작된 아주 풍성한 목판화 장식을 서적의 외부적 장식과 결합되었을 것이다. 특히 1487년과 1490년에 인쇄되었고 아름다운 목판화가 삽입된 2종의 (열한 번째와 열두 번째) 독일어 성서, 루터의 번역에 따랐으며 요한 쇼이펠라인(Johann Schäufelein)의 목판화와 『토이어당크』(Theuerdank)를 인쇄할 때 사용했던 활자로 인쇄한 신약성서 등이 뛰어나다. 특히 『토이어당크』는 쇼이펠린, 부르크마이어, 디네커 등의 화려한 목판화로 인해 유명해진 탁월한 대작이다. 신성로마제국의 황제 막시밀리안의 신부 맞으러 가기와 모험을 소재로 하여 황제

그림 38 : 에르하르트 라톨트의 지그네트

의 스케치에 따라 멜키오르 핀칭(Melchior Pfinzing)에 의해 시적으로 작업된 이 화려본의 초판은 1517년 요한 쇤스페르거에 의해 뉘른베르크에서 인쇄되었다. 황제는 시인과 해당 예술가의 눈으로 작품을 보다 더 완벽하게 제작할 수 있도록 그를 현장으로 보냈다. 쇤스페르거는 1519년에 이미 이 작품의 재판을 아우크스부르크에서 출판했다. 그의 아들 한스 쇤스페르거 주니어는 후에 출판사의 서적거래에만 전념했고, 요한 오트마르(Johann Othmar)가 아우크스부르크의 인쇄물을 대부분 제작했다.

쇤스페르거만큼 유명하지만, 환상의 정신과 풍요에서는 한층 더 뛰어났던 인물은 아우크스부르크에서 가장 유명한 인쇄업자 에르하르트 라톨트(Erhard Ratdolt)였다. 그는 예술가 가문 출신이었는데, 그의 가문은 주로 석고로 조형물을 제작하였으며, 원래 석궁 제작자였다고 한다. 라톨트는 1475년 아마 예술적인 교양을 습득하기 위해 이탈리아로 갔다. 그가 고향에서 서적인쇄의 기술도 배웠기에 베니스에서 인쇄업에 종사

하게 되었고, 그곳에서 아우크스부르크의 화가 베른하르트(Bernhard)와 랑엔첸 출신의 페터 로스라인(Peter Loslein)과 동업하였다. 그는 여기서 1476년 다수의 화려본을 제작하였는데, 이런 종류의 서적은 그때까지 이탈리아나 독일에서 볼 수 없었다. 르네상스 장식에서 이미 도입된 그의 두문자와 표지는 최고의 예술품이었다. 수상도시 베니스의 예술가 중에서 라톨트는 뛰어난 위치에 있으며, 그의 전대미문의 성공은 동시에 그를 아주 중요한 인물로 만들어 주었다. 아우크스부르크의 주교들은 그를 고향으로 돌아가게 되는 상황으로 몰아넣었다. 결국 그는 프리드리히 폰 호헨촐러른(Friedrich von Hohenzollern) 백작의 거듭된 요청을 받아들여 다시 고향으로 돌아왔고, 여기서 30년 동안 타지에서 얻은 것과 같은 명성을 지니며 작업했다. 그는 가장 어려운 수학 서적을 제작한 인쇄업자로서 수학의 보호자이며 아버지라는 이름을 얻었다. 1482년 유클리드(Euclid)의 유명한 서적에서 그는 베니스의 도제[3] 모체니고(Mocenigo)[4]에게 보낸 헌정사를 황금색으로 인쇄했다. 마찬가지로 라톨트는 음악 작품의 인쇄에도 전념했는데, 그는 활자를 이용하여 악보를 인쇄한 최초의 인쇄업자였다. 그는 아우크스부르크에서 비교할 수 없을 정도로 아름다운 합창서적의 인쇄로 너무나 유명해져서 종교 재단이나 수도원으로부터 교회 서적을 제작해 달라는 주문이 그에게 쏟아졌다. 그는 양질의 인쇄로 40년 동안 활동하며 한결같이 뛰어난 작품만을 제작하였다. 그는 매우 부유하고 명망 있는 자로서 세금을 1528년에 마지막으로 납부하였기에, 그해에 사망한 것으로 추정된다(Herberger 1865, 14).

외링엔 출신의 요한 린만(Johann Rynmann)도 라톨트만큼이나 중요한 서적거래상이다. 그는 원래 호헨로헤 백작의 농노였지만 1498년에 800굴

---

3 베니스의 최고 지도자를 일컫는 용어.
4 (1409–1485) 1478년부터 1485년까지 베니스 공화국을 통치했던 도제이다.

덴을 지불하고 자유인이 되었다. 그는 15세기 중엽에 태어난 것으로 추정되며, 1475년에 아우크스부르크 세금 명부에서 금세공사로 처음 언급된다. 금세공사로서 그는 그 후 도장이나 활자를 만드는 일에 종사하였고 1502년 스스로를 '푸른색의 활자 주조공'(Characterum venetorum opifex)이라 불렀다. 농노신분에서 자유인이 된다는 것을 증명한 서류에서 그가 몇 년 동안 인쇄된 서적이나 물건을 외국이나 상부 독일 및 저지 독일 등으로 판매하는 일에 종사했고 매년 장거리 여행을 수행했다고 기록되어 있다. 린만이 1490년대에 금세공 제품과 서적 소매업을 동시에 했다는 내용이 여기에 담겨있다. 부동산에 대해서는 전혀 언급하지 않으면서 자유인이 되기 위해 지불한 800굴덴은 그 당시에는 엄청나게 많은 돈이었기에 서적판매가 그에게 많은 수익을 안겨주었을 것으로 추정된다. 많은 돈을 지불했음에도 불구하고 그는 같은 시기에 대규모 출판사를 설립했고 1522년까지 사업을 점점 더 확장해 나갔다. 린만은 신학적인 문학작품, 특히 설교에 관련되어 있거나 금욕주의적인 작품으로 제한하여 출판하였는데, 이런 서적들은 종교개혁으로 갑작스럽게 판매가 금지될 때까지 꾸준히 많이 팔렸다. 키르히호프가 상세하게 정리한 146종의 출판물 중에는 린만이 직접 인쇄한 책은 단 한 권도 없다. 그중 112종은 하게나우의 하인리히 그란(Heinrich Gran)의 인쇄소에서 나왔으며, 그럼으로써 그란의 서적인쇄소가 린만의 소유라는 추정이 설득력 있어 보인다. 그의 사업적 능력과 활동은 예컨대 콘라트 켈티스(Konrad Celtis)와 같은 동시대인의 경탄을 자아내게 했다. 그는 자부심에 가득 차서 '독일의 가장 유명하고 뛰어난 서적 행상인이며 최고의 책장사'라 스스로를 칭했다. 1522년부터 린만의 이름은 출판업자 명부에서 사라졌기에, 동년에 사망했을 것으로 추정된다(Kirchhoff 1851, 8-40). 회사는 그의 사위 볼프 프로인라인(Wolf Präunlein)에게 넘어갔다. 그는 1524년부터 라이프치히에서 '판츠슈만 서적거래'라는 출판사를 1528년까지 운영하였다. 린만 혹은 프로인라인이 이 출판사에 어느 정도까지 관여했는지, 그리고 프로인라인을 곤경에 빠뜨렸던 주석 투기를 린만이 정말 했는지 등에 대해서는 알려진 정보가 없다. 그러나 린만이 활자 주조에 관여했으며 그 당시 이것을 위해 주석이 사용되었다는 사실은 분명하다. 프로인라인은 1550년 외링엔으로 이주했고, 여기서 1558년 이전에 사망했다.

다음에 언급되는 인쇄업자들은 - 비록 그들이 몇몇 양질의 출판물을 남겼을지라도 - 이런 뛰어난 서적인쇄업자나 서적거래상의 명성에는 미치지 못한다. 우선 1488년부터 1493년까지 활동했으며, 안톤 조르크의 활자가 그의 인쇄물에 사용되었기에 그와 동업 관계에 있었다고 추정되는 한스 숍저(Hans Schobser), 1489년의 페터 베르거(Peter Berger), 1494년에서 1519년까지 활동한 요한 프로샤우어(Johann Froschauer) 혹은 샤우어, 1493년의 크리스토프 샤이터(Christoph Schaitter), 1495년에서 1502년까지 활동한 루카스 차이센마이어(Lukas Zaissenmayer), 1508년에서 1521년까지 에르하르트 외크린(Erhard Öglin)과도 함께 일했던 게오르크 나들러(Georg Nadler) 등은 어느 정도는 중요하지 않은 인쇄업자들이다. 야콥 바커(Jakob Wacker, 1503), 한스 피르린(Hans Pirlin, 1506), 요한 지티히(Johann Sittich, 1511), 요하네스 에르포르디아누스(Johannes Erphordianus, 1519), 카임 벤 다비트(R. Chaim ben David, 1534-1536), 마테우스 엘힝어(Matthäus Elchinger, 이하 모두 1536), 필립 울하르트(Philipp Uhlhard), 카스파르 타츠(Kaspar Tatz) 등이 출판한 인쇄물도 몇몇 존재한다. 반면에 히브리어 작품의 최초 인쇄업자로서 에르하르트 외크린은 중요하다. 처음에는 로이트링엔에서, 그다음으로는 튀빙겐, 그리고 마지막으로 아우크스부르크에서 활동했던 유랑 인쇄업자인 요한 오트마르(Johann Othmar)도 아우크스부르크에서 주목할 만한 활동을 전개했으며, 특히 독일어 작품의 인쇄에 탁월한 성과를 올렸다. 1514년에서 1530년까지 인쇄업에 종사했던 질반 오트마르(Sylvan Othmar)는 아마 그의 아들일 것이다. 1514년에서 1519년까지 활동한 요하네스 밀러(Johannes Miller)는 박식한 콘라트 포이팅어(Konrad Peutinger)와의 우정을 통해서도 유명하다. 밀러 출판사의 인문주의적 노선은 많은 부분 포이팅어의 정신적 자극에 기인했다. 거기에 반해 두 명의 서적인쇄업자 혹은 최소한 인쇄기의 소유자인 지그문트 그림(Siegmund Grimm)과

그림 39 : 그림과 비르중의 지그네트

마르크스 비르중(Marx Wirdung)은 지금까지 언급된 인쇄업자들보다 더 중요하다. 그림은 츠비카우 출신으로 의학박사이다. 그는 1512년경 아우크스부르크로 갔고, 시의 의사회에 가입했으며 1513년에 막달레나 벨저와의 결혼을 통해 가장 명망 있는 가문과 인척 관계를 맺었다. 그는 곧이어 자신의 집에 약국을 차렸으며 1517년경 서적인쇄소도 설립하였다. 그다음 해에 부유한 상인 마르크스 비르중이 이 인쇄소를 공동으로 운영하였다. 이 둘은 1522년까지 공동으로 인쇄소를 운영하였다. 그가 1524년 사망했는지, 아니면 자본의 부족으로 인쇄소 운영을 그만두어야 했는지는 알려지지 않았다. 그러나 그가 불운한 사고를 통해 재산을 잃어버린 것은 분명하다. 인쇄소는 짐프레히트 루프(Simprecht Ruf)에게 넘어간 것처럼 보인다. 인쇄소는 종교개혁 시기에 활발하게 한쪽 편을 들었고, 질반 오트마르가 루터의 작품을 여러 번 재인쇄 했듯이 울리히 폰 후텐(Ulrich von Hutten)의 작품 중 많은 부분을 출판함으로써 특히 유명세를

얻었다(Meyer 1840, 25).

    종교개혁 시기에 아우크스부르크의 마지막 위대한 인쇄업자로서 하인리히 슈타이너(Heinrich Steiner)가 언급될 수 있다. 그는 1522년 스위스에서 이주해 온 것으로 추정되는데, 1523년부터 서적인쇄를 시작했다. 부지런함과 기업가 정신으로 무장하고 행운도 아마 잘 따라주어서 그해에 이미 아우크스부르크의 가장 큰 인쇄업자가 되었으며 1545년까지 활동하였다. 그가 출판했던 작품들은 대부분 베게티우스(Vegetius), 키케로(Cicero)의 『의무에 관하여』(Von den Pflichten), 페트라르카(Petrarca)의 『행운에 관하여』(Vom Glück), 플루타르크(Plutarch), 폴리도르 베르길리우스(Polydor Vergil)의 『사물의 발명에 관하여』(Von Erfindung der Dinge), 크세노폰(Xenophen), 요한 스토보이스(Johann Stobäus), 투키디데스(Thucydides), 데모스테네스(Demosthenes), 보카치오(Boccacio)의 『유명한 여인에 관하여』(Von Berühmten Weibern) 등 현대나 고대 그리스와 로마 작가의 번역물이었다. 1536년 콘스탄츠 공의회에 대한 서술과 특히 양피지본 4권의 2절판으로 제작된 1535년의 성서와 같이 슈바벤 시대의 문학작품도 대부분 유명한 장인 한스 부르크마이어(Hans Burgkmair)와 우르스 그라프(Urs Graf), 쇼이펠라인(Schäufelein) 등의 목판화로 장식되었고 그 당시 기준으로는 이상할 정도로 엄청나게 화려했다. 그러나 그림(Grimm)과 같은 운명이 슈타이너에게도 닥쳤다. 그는 1545년까지 성공적으로 인쇄업을 운영한 이후 더 이상 회복하지 못할 재정적 어려움에 봉착하게 된다. 그는 1548년 가난에 허덕이며 사망했던 것으로 추정된다(Butsch 1878, 67). 그 당시 아우크스부르크의 인쇄업은 기반이 흔들리고 있었다. 라톨트만이 부유한 상태로 사망했다.

    아우크스부르크는 후에 가장 유명한 서적거래상 중 한 명이며 특히 서적소매상으로 유명한 게오르크 빌러(Georg Willer)가 1564년 「매세 카탈로그」에 대한 초석을 놓음으로써 독일 서적거래의 발전에 또 한 번 큰

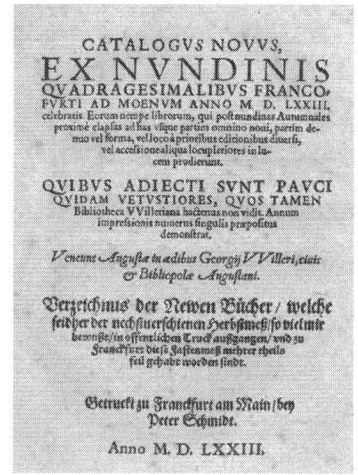

그림 40 : 빌러의
「매세 카탈로그」, 1573

그림 41 : '소나무 문장' 인쇄
및 출판사의 지그네트

영향을 미쳤다. 원래 단지 자신의 서적판매를 위한 광고로만 생각했고, 그 때문에 예컨대 아우크스부르크의 포르텐바흐(Portenbach)와 루츠(Lutz)와 같은 다른 회사들에 의해 복제되었다. 「매세 카탈로그」는 빌러의 실험적 시도에서 독일 출판거래상의 공식 기관지로 발전할 정도로 애서가들에게 찬사를 받았다. 이 카탈로그의 역사는 후에 상세히 다룰 것이다. 여기서는 시(市)장관 마르쿠스 벨저(Markus Welser)가 시의 명망가와 연합하여 '소나무 문장'(Ad insigne Pinus)이란 이름의 회사를 설립했던 대규모 공동출판사에 관해 상세히 언급해보자. 출판사 설립의 동기는 슈말칼덴 전쟁 이후 벨저가 그 어떤 서적인쇄업자도 이곳에서는 자신의 비용으로 대작을 출판하지 않는다고 반복해서 한탄했을 정도로 아우크스부르크의 서적인쇄와 서적거래가 위축되어 있었기 때문이었다. 출판된 모든 서적은 논쟁적이거나 금욕적인 작품이었으며, 그 당시 사람들을 흥분시켰던 달력 논쟁을 담은 논박(論駁文)이었다. 벨저 스스로는 자기 자신의 작품을 인쇄하기 위해 반복해서 알두스(Aldus) 인쇄소에 요구해야만 했다. 그 때문에 그는 방대한 학술 작품이 인쇄될 수 있도록 자체적인 인쇄소를 설립하려는 계획을 갖고 있었다. 비용은 출자자들이 공동으로 부담했다. 학자들로 이루어진 위원회가 어떤 작품을 출판할 것인가를 선택하는 일을 담당했다. 이 위원회에는 벨저 외에도 유명한 문헌학자 다비트 회셸(David Höschel), 콘라트 리터스하우젠(Konrad Rittershausen), 안드레아스 쇼트(Andreas Schott), 헤니쉬(Henisch), 오코(Occo), 슈텡엘(Stengel), 알비키우스(Albicius), 야콥 폰타누스(Jakob Pontanus) 등이 소속되어 있었다. 가문비나무를 지그네트로 도입한 벨저 기관은 1594년 11월 29일 발급된 황제의 우선권과 프랑스 왕의 우선권을 통해 보호되었다. 기관의 활동은 『안토니 벨저의 도서 카탈로그』(*Catalogus bibliothecae Antonii Welseri*)를 출판했던 1619년까지 입증될 수 있다. 일부 학술적 가치가 있는 수많은 작품은 기관이 소유한 인쇄소에서, 혹은 요하네스 프레토리우스, 다비트 프랑크, 크리스토프 망, 미하엘 망어, 안드레아스 아페르거, 크리소스토무스 다버츠호퍼, 도미니쿠스 쿠스토스 등이 운영하는 다른 아우크스부르크 인쇄소에서 출판되었다. 두 번째 출판 기관인 '다뉴브 문학협회'(Sodalitas litteraria Danubiana)에서 – 거의 알려져 있지 않을지라도 협회가 존재했음을 증거로 보여줄 수 있는 – 출판된 몇 종의 서적이 알려져 있다.

8. 울름

하슬러가 '슈바벤의 수도이며 중심지'라고 명명하고 있는 2개의 전통적인 자매 도시 아우크스부르크와 울름은 서로 조화를 이루며 거의 동시에 새로운 문화시대로 들어갔다. 아우크스부르크의 귄터 차이너, 울름의 요한 차이너(Johann Zainer), 이 둘은 로이트링엔 태생으로 인쇄술을 열정적으로 확산시켰으며, 한 명은 이쪽에서, 또 다른 한 명은 저쪽에서 그들의 영예로운 인생 여정을 거의 동일한 시기에 시작하였다. 인쇄술은 전자를 이른 종말로, 후자를 늦었지만 고난에 찬 시대로 이끌었다.

하슬러에 따르면(Haßler 1840, 10) 최근에 이르기까지 루드비히 호헨방(Ludwig Hohenwang)이 울름 최초의 서적인쇄업자로 간주되었다. 그러나 호헨방이 그렇게 일찍 인쇄술을 시작하지도 않았고 더군다나 울름의 서적인쇄업자도 아니었으며, 심지어 1477년 아우크스부르크로 추방되었다는 주장이 최근 일겐슈타인(Ilgenstein)에 의해 제기되었다. 따라서 요한 차이너에게 울름에서 인쇄술을 도입한 영예가 돌아가야 한다. 더 자세히 말하자면 날짜가 가장 이르게 기재된 인쇄물에 따라 울름 인쇄술의 시작을 정했던 해인 1473년이 아니라, 1469년 이전까지 거슬러 올라가야 하는데, 왜냐하면 베아르치(Bearzi) 경매에서 팔린 서적 중에 요한 차이너에 의해 날짜 기재 없이 인쇄된 야코부스 드 포라기네(Jacobus de Voragine)의 『성인전』(*Legenda Sanctorum*)에서 채식사가 동시대에 기입한

'프라터 에라스무스, 1469. 아름다움을 추구하는 화공'이라는 메모가 발견되었기 때문이다.

요한 차이너의 활동은 대략 1520년까지 지속되었다. 그는 약 80종의 인쇄물을 제작했는데, 대부분 목판화와 화려한 테두리 장식이 삽입되었다. 그는 첫 인쇄물을 이미 1470년에 제작했다(클렘 카탈로그 328). 따라서 이것은 1480년에 인쇄된 그의 『시간의 분책』(Fasciculus temporum)으로 우트레히트의 요한 펠데너(Johann Veldener)의 인쇄물보다 이르다. 제본 기술에 관한 그의 업적에도 불구하고 차이너의 인생은 고난의 연속이었다. 1487년부터 이미 그의 이름이 울름의 『합의서』(Einigungsbuch)에 등장한다. 이 문서는 일종의 채무거래 프로토콜로서 차이너가 디폴트 후터(Diepolt Hutter)에게 10굴덴의 채무가 있고 3개월마다 1굴덴을 갚아야만 한다는 내용을 들어있다. 그다음 해에 그는 두 명의 다른 채권자에게 70굴덴을 빌렸다. 그는 3개월마다 2굴덴을 갚겠다고 약속했다. 그리고 그가 1493년 심지어 울름의 다른 인쇄업자 콘라트 딩크무트와 함께 이 많은 채무로 인해 울름에서 추방되었다. 그러나 1496년과 1497년에 이미 그의 인쇄물이 출판되었기에 그의 부재는 그렇게 오래 지속되지는 않았던 것으로 추정된다. 요한 차이너가 1515년 울름 라틴어학교의 교장 한스 그뤼너(Hans Grüner)를 교과서 거래 때문에 시의회에 고발했다는 사실은 그 당시 엄격한 길드 정신으로 비추어보면 흥미로운 사건이었다. 이와 관련된 문서에는 다음과 같은 내용이 있다. 라틴어 교사인 마이스터 한스가 책을 판매하고, 학생들에게 자기 외에 다른 사람에게서 책을 구입하는 것을 금지했다. 이것이 그에게 손해를 끼쳤고, 그에게 시민으로서 배려해 달라고 부탁했다. 시의회는 이 건에 대해 서적을 판매하는 자를 배려하지만, 행상은 금지되어야 한다고 판단했다. 교장은 자기 책을 사라고 했고 그 밖에 그 어떤 책도 구입하라고 강요하진 않았고, 어차

피 책 판매는 이루어지지 않을 것이다. 그러나 정직한 사람이 자신의 아들을 위해 책을 사라고 부탁한다면 그는 그렇게 할 수도 있을 것이라고 판단했다.

울름의 두 번째 인쇄업자는 1482년에서 1484년까지 활동한 레온하르트 홀(Leonhard Holl)이다. 그는 울름에서 이전에 이미 카드 공장을 운영하였고 그림에 활자로 인쇄된 비문을 제작하였다. 그

그림 42 : 요한 레거의 지그네트

의 첫 인쇄물은 목판화로 인쇄한 지도가 삽입된 프톨레마이오스(Ptolemäus)의 『지리학』(Geographie)이었다. 그는 후에 이 인쇄본을 제작하는데 이용한 전체 도구를 필요로 했고, 이것은 베니스 인쇄업자 유스투스 드 알바노(Justus de Albano)에게 저당 잡혀져 있었다. 알바노는 이것으로 1486년 그의 직공이었던 요한 레거(Johann Reger)로 하여금 자신의 출판사에서 새로운 판본을 제작하게 했다. 그러나 홀은 차이너와 딩크무트처럼 채무로 인해 1484년에 이미 울름에서 추방되었다. 그는 다시 울름으로 돌아오게 해달라고 부탁했는데, 왜냐하면 그렇지 않을 경우 그의 재산이 몰수당하기 때문이었다. 1492년에는 『합의서』(Einigungsbuch)에 새로운 결정사항이 기재되어 있는데, 거기에는 레온하르트 홀이 뉘른베르크에서 채무를 갚을 때까지 울름으로 들어올 수 없다고 적혀있다.

울름의 세 번째 인쇄업자도 이미 위에서 언급했듯이 비슷하게 불행한 운명을 겪었다. 콘라트 딩크무트는 서적인쇄업자가 되기 이전에 제본공이었으며 인쇄업자가 되어서도 제본공으로 계속 일해야 했다. 왜냐하면

그가 1481년과 1484년의 문서에는 제본공으로 기재되어 있고, 1486에도 리엔하르트 벨슈비르트에게 1년의 기간 내에 3번의 약속일에 150개의 붉은 가죽을 제공하겠다고 서약했기 때문이다. 날짜가 기재된 그의 첫 인쇄물은 1482년에 제작되었다. 그가 예전에 이미 채무자로서 『합의서』에 기재된 이후 1487년에 세 가지 상이한 기록에서 채무자로 다시 등장한다. 1488년 그는 종이공장주인 마르틴 폰 로이트링엔(Martin von Reutlingen)에게 채무로 인해 방금 인쇄한 서적을 저당 잡히고, 1489년 울름가세 길목에 있는 자기 집을 경매에 넘긴다. 그는 1486년 테렌티우스의 작품을 번역하여 자신에게 출판을 맡겼던 시장 한젠 니타르트에게 그가 채무를 변제할 때까지 제본된 28부의 (시장이 저술한) 서적과 39부의 (동년에 인쇄된) 연대기를 주던지, 아니면 도시에서 추방됨을 서약해야만 했다. 그가 1494년과 1495년에 채무자로 다시 한번 기재된 후에 그가 해외 도피 추징세를 지불하고 그에 대한 정보가 더 이상 없기에 1499년에 결국 울름을 떠난 것으로 추정된다. 그는 울름의 다른 인쇄업자처럼 독일어의 육성을 위해 권장될 수 있는 약 20종의 인쇄물을 제작하였다.

이미 언급된 바 있는 유스투스 폰 알비노의 도제 요한 레거(Johann Reger)는 1486년에서 1489년까지 인쇄업자로 등장하는데, 이 기간에 대략 10 여종의 작품을 출판하였다. 1493년에서 1499년까지 활동했던 요한 세플러도 언급될 수 있는데, 그는 프라이징엔에서도 활동했으며 후에 콘스탄츠에서 인쇄업자로 등장한다. 지금까지 언급된 울름 인쇄업자들이 거의 모두 겪었던 불운한 운명에서 15세기 말 인쇄술이 울름에서는 결코 다시는 초기의 중요성을 회복할 수 없을 정도로 점차 쇠퇴해져 갔다는 사실이 당연한 것처럼 보인다. 동시대인들이 경제학자, 시장경제 찬성론자, 벼락부자, 관리자 등으로 언급되었고 아우크스부르크의 마르크스 비르징과 그림 출판사에서 책을 출판한 이후에 인쇄소를 직접 설립하여 운영(1522-1532)했기에 다방면에 재능이 있었던 사람이었음이 틀림없는 교장 요한 그뤼너 외에 16세기에는 울름을 대표할 만한 인쇄업자는 거의 없다.

9. 뉘른베르크

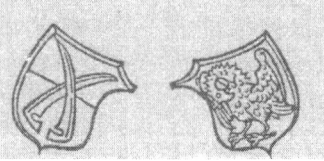

그림 43 : 요한 젠센슈미트의 지그네트

뉘른베르크는 전통의 부유한 도시이며, 오늘날에도 중세의 예술과 문화를 상징하는 수많은 문화재가 있다. 여기서 알브레히트 뒤러와 한스 작스가 태어났으며, 서적인쇄술과 서적거래가 초기에 뿌리를 내리는 과정에서 가장 중요했던 도시 중 하나이며 서적인쇄술 발전에 획기적인 영향을 미쳤다. 이론의 여지 없는 당대 가장 위대한 서적인쇄업자이며 서적거래상으로 언급되어야만 하는 안톤 코베르거에 대해서는 후대에 아주 상세한 정보가 보존되어 있는데 감사해야 할 것이다. 코베르거의 인쇄업 활동은 추후에 새롭게 발견된 그의 편지를 바탕으로 아주 상세하게 다루어질 것이다. 그가 지닌 중요성에 의거해서 이 장은 연대기적으로 보면 앞선 인쇄업자들이 있을지라도 코베르거에 대한 서술로 시작했다.

구텐베르크를 고소한 푸스트의 소송에서 베르톨트 폰 하나우와 함께 증인으로 채택된 구텐베르크의 조수 마인츠 출신의 하인리히 케퍼

(Heinrich Kefer)에 의해 인쇄술은 뉘른베르크로 전달되었다. 케퍼는 여기서 에거 출신의 독일계 보헤미아인 요한 젠센슈미트(Johann Sensenschmid)와 함께 최초의 인쇄소를 설립하였다. 1470년에 제작된 최초의 뉘른베르크 인쇄물은 인쇄업자의 회사 이름이 기재되어 있지 않지만, 활자의 특징으로 보아 젠센슈미트와 케퍼의 인쇄물로 간주된다. 이 인쇄물은 289장으로 구성된 프란시스쿠스 드 레차의 방대한 『소비 악습』(*Comestorium vitiorum*)이거나, 아니면 동년에 인쇄된 39장으로 구성된 『(구약성서의) 아가서』(*Cantica canticorum*)에 대한 궁내관 게르송(Gerson)의 작은 논쟁서이다. 두 인쇄업자의 동업은 1473년까지 지속되는데, 이 기간 내에 그들의 이름이 함께 기재된 유일한 작품도 인쇄되었다. 이것은 라이너루스 드 피지(Reynerus de Pisi)의 방대한 『보편 신학』(*Pantheologia*)인데, 439장과 421장으로 각각 구성된 두 권의 2절판 서적이다. 이 책은 장식적이며 개성이 넘치는 활자가 경탄을 자아내게 만드는 아름다운 기념비적 작품이다. 1473년 이후 하인리히 케퍼는 무대에서 사라지며, 요한 젠센슈미트가 분지델 출신의 안드레아스 프리스너(Andreas Frisner)라는 인물과 새로운 동업 관계를 맺었다. 프리스너는 1465년부터 라이프치히 대학에 재학하며 석사학위를 취득하였다. 그는 젠센슈미트의 동업자로서 1474년에 제작된 최초의 인쇄물인 『토마스 아퀴나스의 12 자유토론』(*Thomae Aquinatis Quodlibeta duodecim*)에서 '교정자'로 언급되고 있듯이, 처음에는 서적의 제작 과정에서 학술적 업무를 수행했다.

1478년까지 프리스너와 젠센슈미트는 공동으로 작업했고 상당한 양의 작품을 출판했는데, 그중에는 날짜가 기재되어 있지 않은 (네 번째) 독일어 성서가 두드러진다. 그러나 곧 둘은 자신들의 지역을 떠나는데, 젠센슈미크는 밤베르크로 이주하고, 프리스너는 라이프치히로 돌아가서 라이프치히대학의 신학과 교수가 되고 1482년 총장이 되었다. 그가

그림 44 : 16세기 뉘른베르크의 에기디엔 광장. 왼쪽 건물이 안톤 코베르거의 인쇄소이다.

1481년 서적인쇄술을 라이프치히로 도입했다고 하는 주장은 최근 철회됨으로써 전혀 입증되지 않은 가정에 그쳤다 (Wustmann 1879, 11).

안톤 코베르거도 뉘른베르크의 초기 인쇄업자들과 거의 동시에 자신의 인쇄 활동을 시작하였다. 그는 그때까지 대부분 빵 굽는 직업을 가졌던 뉘른베르크의 전통 가문 출신이었으며, 1440년에 태어나 1470년에 처음 결혼했다. 유복한 집안 출신이었던 그는 신중함과 근면함으로 큰 재산을 - 동향인인 요한 노이되르퍼(Johann Neudörffer)가 말하고 있듯이 - '쟁취했다'. 그가 서적거래상으로서 정착하기 전에 무엇을 했는지는 알 수 없다. 아마 금세공사였을 것으로 추정되는데, 말년에는 금세공사 신분으로 종종 활동하기도 했다. 그는 처음에는 방대한 작품으로 인쇄업을 시작했는데, 1472년부터 1476년에 이르기까지 매년 2종의 작품만을 신중하게 제작했기 때문이다. 그러나 그는 1477년에는 6종, 1478년에는 심지어 10종의 인쇄물을 제작했다. 그때까지 그는 이미 4종의 라틴어 성서를 인쇄했다. 이 시기에 젠센슈미트와 프리스너는 어려운 상황에 처해져서 뉘른베르크에서 인쇄업을 포기하고 타지에서 재기하는 것을 선택했다.

날짜가 기재된 코베르거의 최초 인쇄물은 1473년 7월 24일 출판된 『토마스 아퀴나스의 주석이 첨부된 보에티우스의 철학의 위안』(*Boetii liber de consolatione philosophiae cum commentario Thomae de Aquino*)이었으며, 마지막 인쇄물은 1503년에 출판되었다. 코베르거는 1503년부터 1513년까지 출판업자로만 활동했고(Hase 1869), 인쇄는 다른 인쇄업자에 위탁하였다. 동시대인인 요한 노이되르퍼는 다음과 같이 말한다.

> "코베르거는 매일 24개의 인쇄기를 작동했다. 이를 위해 그는 조판공, 교정자, 인쇄업자, 대장장이, 채식사, 조립공, 서적 제본업자 등 100명 이상의 직원을 채용했다."

그 당시 회사의 일반적 운영과는 완전히 다른 현대 공장산업과 닮은 그의 사업방식에 관한 노이되르퍼의 진술은 흥미롭다.

> "그는 모든 직원들이 다른 장소에서 식사를 하게 했다. 그들은 확실한 작업 시간을 지니고 있었고, 다른 직원이 없다면 누구도 귈겐호프에 있는 집으로 가게 하지 않았으며, 다른 사람 중 하나는 반드시 대문 앞에서 기다려야만 했다."

대략 220종에 이르는 코베르거 출판물을 제작했던 그는 15세기와 16세기의 위대한 인쇄업자와 어깨를 나란히 하며, 심지어는 바젤의 요한 오포리누스와 같은 몇몇 인쇄업자의 출판물을 훨씬 능가하고 있다. 특히 전체 사업의 규모에서 코베르거를 능가하는 출판업자는 없다. 그가 거둔 대성공의 비밀은 판매 영역의 점진적이며 계획적인 확장, 자본의 신속한 회전, 위험의 분산 등에 있다. 프랑크푸르트 암 마인, 파리, 리용 등지의 지점, 네덜란드, 이탈리아, 오스트리아, 헝가리, 폴란드 등지의 거래망, 독일 전체와 이웃 국가들을 방문하는 행상인 등 이 모든 것들이 뉘른베르크를 중심으로 운영되는 코베르거의 대규모 서적거래의 토대를 이루었다. 또한 코베르거는 방대한 재고품 대장을 통해 서적거래를 컨트롤했는데, 거기에는 노이되르퍼의 진술에 따르면 개별 직공장 혹은 대리점이 새로운 발송이나 성공적인 판매에 대한 소식이 있을 경우 기록되었던 독특한 형태의 장부가 있었다.

코베르거는 당대 최초이며 최대의 서적거래상이었을 뿐만 아니라 그의 전체적 활동은 이미 미래 서적거래의 절대 권력을 상기시킨다. 코베르거 출판사는 노력하는 인문주의 혹은 종교개혁 이념에는 거의 영향을 받지 않은 매우 보수적 성향을 띠고 있었다. 그에 의해 15번이나 인쇄되었고 외국에서도 4번 출판된 성서 외에도 신학, 스콜라철학, 신학대전의 저자인 토마스 아퀴나스, 거대한 2절판 문헌 등이 그의 출판사에서 나온 목록인데, 루터의 등장으로 아주 빠르게 절판되었다. 목판화로 장식된 독일어 성서(1483), 1491년의 『보석함』(Schatzbehalters), 그리고 특히 (오직 그에 의해서만 인쇄되었던) 삽화로 뉘른베르크의 예술가 볼게무트(Wohlgemut)와 플라이덴부르프(Pleydenwurf)의 목판화 약 200점이 사용되었던 1493년의 『쉐델 연대기』(Schedelsche Chronik) 등이 일반적으로 알려져 있다. 출판사는 그의 사망(1513) 후 조카 요한과 그의 아들 안톤에 의해 1525년까지 계승되었다.

안톤의 동생 멜키오르는 1540년에 보헤미아성서를 출판하였다. 그러나 이때부터 코베르거라는 이름은 서적거래에서 사라진다. 종교개혁은 전대미문의 빠른 속도로 이런 거대 출판사까지도 사라지게 만들었다. 이후 코베르거 가문은 계속 보석 사업에만 몰두했던 것처럼 보인다. 1629년 그들의 마지막 자손이 사망한다.

코베르거 다음에 오는 혹은 동시대에 그와 함께 영향력을 발휘한 뉘른베르크의 서적인쇄업자로는 뛰어난 수학자이기도 했던 요한 레고몬타누스(Johann Regiomontanus)이다. 레고몬타누스는 1471년, 따라서 코베르거보다 일찍 부유한 뉘른베르크 시민 베른하르트 발터(Bernhard Walther)의 후원으로 인쇄소를 설립하였고, 이 인쇄소는 수학 분야의 서적만을 출판하였다. 그의 첫 번째 인쇄물은 독일어와 라틴어로 작성된 달력인데, 목판 인쇄로 그림이 인쇄되고 그다음에 활자로 다수의 수학 서적이 인쇄되었는데, 그중에는 1474년에 제작된 『천문력표』(*Ephemeriden*)가 가장 중요한 작품이다.

그림 45 : 요한 바이센부르거의 지그네트

교황 식스투스 4세의 편에서 기획된 달력 개혁으로 인해 로마에서 뮐러를 부름으로써 뉘른베르크에서의 그의 활동은 1474년에 이미 종말을 고했다. 그 외에도 1472년에서 1497년까지 활동한 프리드리히 크로이스너(Friedrich Creußner), 뉘른베르크에서는 '성 아우구스티누스의 형제단'으로 명명된 '공동생활 형제단', 1480년에서 1482년까지 활동한 마인츠 출신의 콘라트 체닝어(Konrad Zeninger), 1483년에서 1499년까지 활동했던 체닝어의 후계자 페터 바그너(Peter Wagner) 혹은 쿠리펙스(클렘 카탈로그 353), 그리고 1484년에서 1515년까지 활동했으며 화려한 기도서의 인쇄에 탁월했던 슐츠바흐 출신의 게오르크 슈툭스(Georg Stuchs) 등이 언급될 수 있다. 1491년에서 1498년까지 활동했던 카스파르 호흐페더(Kaspar Hochfeder)는 후에 크라카우와 메츠에서 인쇄했고, 1496년에서 1525년까지 활동했던 트라운슈타인 출신의 히에로니무스 횔첼(Hieronymus Höltzel)은 마찬가지로 화려한 합창 서적인쇄로 유명했다. 성직자 출신으로 뛰어난 인쇄업자는 1502년에서 1513년까지 활동했던 요한 바이센부르거(Johann Weissenburger)인데, 그는 인쇄물의 끝에 '자케르도스' 혹은 '프레스비터'라고 자신을 소개했고, 1513년부터 란츠후트에서 활동하였다.

1509년에서 1535년까지 활동했던 프리드리히 파이푸스(Friedrich Peypus)는 자신이 직접 인쇄했을 뿐만 아니라 여러 출판업자, 예컨대 요

그림 46 : 프리드리히 파이푸스의 지그네트

한 코베르거, 빈의 루카스 알란체(Lukas Alantsee), 레온하르트 폰 아이히(Leonhard von Aich) 등에게도 고용되어 있었다. 루터가 번역한 신약성서(1524)를 재인쇄한 것이 그가 출판한 인쇄물 중 가장 아름다운 것으로 간주된다. 이 신약성서는 안톤 코베르거의 『쉐델 연대기』를 제작할 때 사용했던 활자로 인쇄되었다. 그 당시 코베르거 가문이 자신들의 인쇄업을 이미 포기했기에 파이푸스가 이 활자를 습득했던 것이 아마 가능했을 것이다. 1524년에서 1530년까지 활동했던 요한 페트레유스(Johann Petrejus)는 정확하고 아름다운 인쇄물로 그 당시 모든 인쇄업자로부터 찬사를 받았다. 그 때문에 그가 직접 제작한 활자는 아주 멀리까지 유포되었던 것으로 보인다. 독일 서적거래소 협회 자료집은 1525년 그의 주물 기술로 제작한 견본 1장을 보관하고 있다. 그 당시 이런 견본은 주문을 따기 위해 고객에게 보내졌던 것으로 보인다.

종교개혁 운동을 통해 일깨워지고 도발되어 단기간의 이슈를 다루는 문학에 대한 관심으로 정신적, 사업적 교류가 절정기에 있었던 뉘른베르크에서는 전단지 형태로 단기간의 이슈를 다루는 소규모 인쇄업자가 아주 중요한 역할을 담당했다. 어떤 독일의 도시도 뉘른베르크만큼이나 권력자에 대항하는 전단지나 서한의 인쇄에 대한 수많은 사례가 수집되고 또한 일부 출판된 곳은 없다. 무허가 인쇄소는 시의회가 더 이상 통제할 수 없을 정도로 빠른 속도로 생겨났다. 시의회는 이런 인쇄소에 대한 엄격한 규정과 처벌을 공포했지만 헛된 일이 되었다. 뉘른베르크는 곧 대중 운동의 중심지가 되었다. 루터의 작품 인쇄는 금지되었고, 루터 서적을 판매하지 말라는 명령이 서적 행상인들에게 하달되었다. 이후에는 카를슈타트(Karlstadt), 외콜람파디우스(Ökolampadius), 츠빙글리(Zwingli), 그리고 그들의 추종자들이 저술한 소책자를 인쇄하거나 판매하는 것이 금지되었다. 그러나 금지하면 할수록 이런 서적의 판매 열기는 더 뜨거워졌다. 보헤미아, 튀링겐, 프랑켄, 슈바벤 등 사방에서 이단과 재세례파가 뉘른베르크로 와서 자신들의 전단지를 인쇄하였다. 왜냐하면 그들은 여기서 개인적인 위험을 감수하고 호감을 사지 못하는 전단지나 소작품을 제작하고 팔려는 자발적인 인쇄업자와 서적 행상인을 쉽게 찾을 수 있었기 때문이다. 한 명의 범죄자가 추방당하고, 다른 한 명의 범죄자는 고문을 당하고, 제3의 범죄자는 탑에 구금되며, 1527년 라이프치히 출장에서 요한 헤어고트(Johann Herrgott)에게 일어났던 것과 같이 제4의 범죄자는 교수형에 처해졌다. 반대로 비밀 인쇄소는 점차 더 많은 영향력을 갖게 되었다. 한스 작스의 문학작품과 같은 인쇄물은 물론 대중운동에 활기를 불어넣었는데, 왜냐하면 이런 문학이 모든 계급의 주민들 마음속으로 침투해서 초기 박해에도 불구하고 얼마 되지 않아 더 이상 억압받지 않게 되었기 때문이다. 뉘른베르크는 결과적으로 중요한 인쇄 및 출판도시로 남게 되었는데, 특히 여기서는 인쇄와 관련 있는 직종, 동판 조각, 채식 등이 비록 공장과 같은 번영은 아닐지라도 눈에 띄게 발전했다. 그러나 종교개혁 시기까지 누렸던 뉘른베르크의 이런 자랑스러운 위상은 후에 결코 다시 돌아오지 않았다.

지금까지 추적된 인쇄도시들의 연대기 순서에서 3개의 슈바벤 제국도시들이 지역적으로 가까운 관계로 인해 그 가운데에 위치한 라인가우 마리엔탈의 인쇄소 활동이 생략되었다. '공동생활 형제단'의 영향과 업적 그리고 청소년교육과 대중교양에 미친 그들의 영향은 1장에서 이미 언급되었다. 특히 최근에는 이 형제단이 정착한 여러 지역에서의 서적인쇄 활동도 아주 훌륭했던 것으로 강조되었다. 마덴은 특히 쾰른의 바이덴바흐 수도원의 형제단을 연구하였다. 그는 지금까지 알려지지 않았던 인쇄술의 효과가 광범위하게 그들에게서 기인하였다고 주장한다. 마덴의 주장에 따르면 초기 중요한 인쇄업자 거의 모두가 바이덴바흐 수도원에서 인쇄술을 처음 시작했다는 것이다. 예컨대, 울리히 첼, 니콜라우스 장손, 콜라드 만시온, 윌리엄 캑스톤, 멘 텔, 차이너 가문 등등. 비록 받아들여지지 않는다 할지라도 이런 주장은 주목 받고 고려할 만하다. 그러나 이 주장은 어떤 구체적 자료에서 기인된 것이 아니라 오직 추론에 의한 것이기에 아무도 마덴의 주장을 진지하게 수긍할 수는 없다.

그러나 '공동생활 형제단'이 여러 장소, 예컨대 마리엔탈(1468), 브뤼셀, 로스토크(1476), 뉘른베르크(1479) 등지에서 독자적인 인쇄소를 설립했을지라도, 서적인쇄술과 서적거래의 발전에 중요성을 부과할 수 있는 그 어떤 중요하거나 영향력이 있었던 활동을 전개하지는 않았다. 형제단이 서적인쇄술을 발전시켰다는 가정을 수용한다고 할지라도, 대략 60종의 인쇄물로 제한된 형제단의 인쇄 활동으로 그들이 인쇄 분야에서 이룬 공로를 상세한 평가하는 것은 불가능할 것이다.

10. 라이프치히

　사람들이 최근 가정하고 있듯이, 라이프치히에는 1479년에 이미 인쇄소가 존재했다. 그동안 이 추론에 대한 증거는 그렇게 확실하지 않은 자료에 기인한다. 1480년 라이프치히 재정을 기록한 서류에서 특히 1479년 12월 세금 명부에 서적인쇄업자 랑니켈(Langnickel)이 등장한다. 이 사람이 만약 인쇄기를 소유하지 않았다면, 그는 라이프치히의 어느 인쇄소에서 일하고 있었을 것이다. 물론 이것은 가능하며, 심지어 개연성마저 있지만 입증되지는 않는다. 특히 그해 그리고 몇 년 후조차도 라이프치히 인쇄소는 그 어느 곳에서도 없었다. 물론 뉘른베르크의 인쇄업자로 이미 언급한 바 있는 안드레아스 프리스너는 라이프치히대학에서 활동하기 위해 1479년 돌아왔다. 그는 1491년 로마로 갔고, 그곳에서 교황 알렉산더 4세는 그를 '수석 사도좌 교구장'(Primarius Sedis apostolicae ordinarius)에 임명했다. 1504년 작성된 유언장에서 그는 특히 '20라인굴덴 외에 자신의 인쇄기'를 라이프치히 도미나카 수도회의 수도원에 유산으로 기증했다. 이것이 프리스너가 라이프치히 최초의 인쇄업자라는 주장의 근거이다. 그러나 라이프치히에는 그 당시 직업상의 인쇄업자 활동 자료가 전혀 없기에 이런 주장은 설득력이 없어 보인다. 그가 유산으로 남긴 인쇄기를 라이프치히 시절에 이미 소유하고 있었다는 것과 1479년 인쇄기를 라이프치히로 가져갔다는 것을 입증해줄 자료는 없다. 프리스너가 뉘른베르크 활동 시절에는 이미 인쇄물의 마지막 부분에 언급되곤 했지만, 1479년에서 1491년까지 프리스너의 이름이 기재된 인쇄물은 없다. 그러나 프리스너가 실제로 라이프치히에서 인쇄기를 가졌다면 그는 아마 자신의 만족을 위해 인쇄기를 소유했고 다른 사람의 인쇄물을 한 번도 인쇄해주지 않는 취향을 지닌 당대의 학자 그룹에 속했을 것이다. 그가 직업인으로서 인쇄업자로 표시되지 않는다면 위에 언급된 랑니켈도 그와 관련이 없을 수 있다. 무엇이 서적인쇄업자 도제를 - 채무자로 기록된 세금 명부에 따른 랑니켈이 이런 도제에 해당하는데 - 거주지로부터 떠나게 했는지 그 상황은 분명하지 않다. 그는 어디서 돈을 벌 기회를 가졌을까?

지금까지 확실하게 입증될 수 있는 라이프치히 최초 인쇄물은 1481년 10월 5일에 인쇄된 이탈리아 도미나카 수도회의 수도승 아니우스 폰 비테르보(Annius von Viterbo)의 48장짜리 작품 『요한계시록 주해』(*Glosa super Apocalipsim*)이다. 터키인의 침략과 관련지은 요한계시록의 이런 해석은 1480년에 제작된 이탈리아 인쇄물을 원본 그대로 재인쇄한 것이다. 이것을 제작한 라이프치히의 인쇄업자는 이름이 언급되지 않았고, 그가 사용한 활자가 다른 라이프치히 인쇄업자들이 사용한 것과 다르기에 활자로도 그가 누구인지 알 수 없다. 판처는 인쇄업자 이름이 기재되지 않은 또 한 편의 인쇄물을 거명하는데, 이것은 1482년에 인쇄된 마르틴 폴리히(Martin Polich)의 『점성술 명제 15』(*Propositiones astrologicae XV*)이다. 인쇄업자 이름이 기재된 입증될 수 있는 라이프치히 최초 인쇄물은 1484년 8월 26일 마르쿠스 브란디스(Markus Brandis)의 인쇄기에서 제작되었다. '레기멘 자니타티스'(Regimen Sanitatis)라는 이름이 기재되어 있고, 비슷한 제목으로 출판된 당대의 위생을 다룬 수많은 작품 중 하나였는데, 4절판 크기로 38장 분량을 지니고 있으며 저자는 프라흐의 대주교 알비키우스(Albicius, 1427년 사망)였다. 제목은 '프라흐 대주교 알비키우스 선생의 말씀으로 구성된 인간 레기멘의 논쟁서'(Tractatus de regimine hominis compositus per magistrum dnm. dnm. Albicum, archiepiscopum Pragensem)이며, 간기는 '라이프치히에서 마르쿠스 브란디스의 인쇄. 1484년 8월 26일'(Impressum in Lipczk per Marcum brand. Anno dni. MCCCCLXXXIIIj, XXVI; die Mensis Augusti)이다.

브란디스라는 이름은 1484년에서 1489년까지 활동한 두 명의 라이프치히 인쇄업자 마르쿠스 브란디스(Markus Brandis)와 모리츠 브란디스(Moritz Brandis)에서 발견할 수 있다. 그들은 형제이거나 최소한 친척 관계였던 것처럼 보이며, 라이프치히 근교 출신으로 넓은 지역에 퍼져 있었던 서적인쇄업자 가문에 속하였다. 델리취 출신의 어떤 루카스 브란디스(Lukas Brandis)는 메르제부르크에서 1473년에서 1475년까지 인쇄했고, 사스 출신의 또 어떤 루카스 브란디스는 – 전자와 동일인일 수도 있는데 – 뤼벡에서 1475년에서 1499년까지, 마테우스 브란디스(Matthäus Brandis)는 1486년 뤼벡에서 인쇄했다. 라이프치히에서 일했던 두 명의 브란디스 중에 마르쿠스에 대해서는 알려진 자료가 거의 없다. 그는 이리저리 떠돌면서 인쇄업에 종사했던 것처럼 보이는데, 왜냐하면 1498년과 1501년에 라이프치히에 몇 종의 인쇄물로 다시 등장하고 있기 때문이다. 판처는 1484년부터 1487년까지 위에 언급한 책 외에도 그가 제작한 3종의 인쇄물을 언급하고 있다. 어쨌든 모리츠 브란디스가 문서상 라이프치히에서 인쇄업자로 등장하는 최초의 인물이다. 단지 6종의 인쇄물만 그가 제작한 것으로 알려져 있다. 그가 막데부르크의 서적 행상인 요한 로르(Johann Lorr)와 크리스토포루스 쿠퍼(M. Christophorus Kupper)와 함께 제작했던 『작센 법전』이 그의 마지막 인쇄물이다. 그의 전 자산이 압류당했을 정도로 만년에 그는 부채에 시달렸다. 로르와 쿠퍼는 법원의 도움을 통해 자신들

그림 47 : 콘라트 카헬오펜의 지그네트

의 『작센 법전』을 가질 수 있었다. 대주교 에른스트 폰 막데부르크의 초청에서 알 수 있듯이, 이런 과도한 부채가 브란디스로 하여금 막데부르크로 이주하게 했고, 그는 거기서 1491년부터 1504년까지 인쇄업에 종사했다 (Wustmann 1879).

1476년부터 라이프치히 시민이었던 바르트베르크 출신의 콘라트 카헬오펜(Konrad Kachelofen)은 15세기 동안 라이프치히의 가장 중요한 인쇄업자로 이 도시에 정착했던 최초의 인쇄업자였다. 그에 의해 제작된 인쇄물은 대략 50종이 알려져 있는데, 대부분 그의 이름이 기재되어 있다. 날짜가 기재된 그의 첫 번째 인쇄물은 1485년에 제작되었다. 1480년대에 단 하나의 사소하고 조그만 활자만이 그의 것임이 입증될 수 있다. 1490년과 1491년에 그는 이미 좀 더 나은 활자를 추가로 사용하였고, 1495년에 그의 인쇄소는 모든 면에서 잘 갖추어졌다. 그는 특히 신학과 의례 서적, 수학과 의학 서적, 교훈서와 교재 등을 인쇄했다. 1494년은 그의 활동이 정점에 이른 시기였는데, 그는 혼자 힘으로 자신의 인쇄소가 기재된 10종의 작품을 제작했다. 페스트가 라이프치히에 발생했던 1495년 그는 마이센 주교구를 위해 미사 전서 제작에 전념하고 있었는데, 결국 페스트가 그를 인쇄기를 가지고 프라이부르크로 가게 강요했으며, 그곳에서 그는 인쇄물을 완성했다. 카헬오펜의 인쇄기에서 제작된 탁월하고 진기한 제작물이 2종 있는데, 그 중 하나가 바로 이 『미사 전서』인데, 라이프치히 전체 인큐내뷸러 중

훌륭한 성과물에 속하는 이 책은 두문자와 악보, 인쇄의 아름다움과 깔끔함 등을 통해 이런 종류의 남부독일 최상의 작품과 어깨를 나란히 한다. 나머지 하나는 1489년 출판된 요한 비트만(Johann Widmann)의 『상인용 산수 교과서』인데, 이 서적은 독일의 서적인쇄에서 최초로 아라비아 숫자뿐만 아니라 플러스(+)와 마이너스(-)라는 익숙한 계산 기호를 사용하였다.

카헬오펜은 일반적인 신뢰를 받았으며, 여러 도시의 명예직에 임명되었고 작센 선제후와도 친했다. 특히 그는 카민의 주교가 100부의 『미사전서』 인쇄를 주문하기로 그와 맺은 계약을 지키지 않았으며, 계약 파기를 통해 종이와 양피지 그리고 그 밖의 구입품을 위해 불필요한 비용을 사용하도록 만들었다고 작센 선제후에게 하소연했다. 선제후는 주교가 "이 불쌍한 자가 손해를 입지 않도록" 계약의 일부를 자발적으로 충족하게 하라고 폼머른 대공에게 부탁했다. 라이프치히에서 카헬오펜의 활동은 비록 그가 1500년에 이미 대부분의 사업을 사위 멜키오르 로터(Melchior Lotter)에게 넘겨주었을지라도 1516년까지 입증될 수 있다. 그가 시청 근처에 소유했던 가게를 그는 한층 더 오래 보유하고 있었던 것처럼 보인다. 아마 상인 가문 출신으로 그는 서적거래 활동 외에도 상품거래를 지속하였다. 많은 상인이 서적도 판매하였으며 - 서적은 다른 물품과 같이 거래할 수 있는 상품이었다 - 많은 서적거래상은 상거래나 다른 사업을 함께 운영했다. 카헬오펜의 사위 멜키오르 로터는 인쇄소 외에도 포도주 소매와 숙박업을 동시에 운영하였다. 예를 들면 라이프치히 상인 중에는 한스 빈더(Hans Binder)가 1514년에, 안드레아스 호르닝(Andreas Horning)이 1523년에, 마테스 클라인(Matthes Klein)이 1544년에, 세바스티안 로이쉬(Sebastian Reusch)는 1530년대와 1540년대에 각각 서적을 거래하였다. 반대로 서적 행상인 페터 클레멘트는 서적 이외의 상품도

그림 48 : 멜키오르 로터 시니어의
지그네트

거래하였다. 그는 털실을 거래했고, 1527년에는 심지어 모직물 직공으로 불리기도 했다. 서적거래상이 종이를 거래하는 것은 아주 일반적인 광경이었다. 카헬호펜은 1529년 사망했다.

카헬호펜의 후계자 멜키오르 로터는 1491년에 이미 부지런한 라이프치히 인쇄업자로 언급된다. 그는 에르츠게비르게의 아우에에서 태어났고 1498년 라이프치히 시민권을 취득하였다. 그가 언제 그리고 얼마 동안 그의 장인과 공동으로 일했는지, 그리고 얼마 동안 혼자 일했는지 지금까지 보존된 자료를 근거로 해서는 알 수 없다. 어쨌든 그가 1500년-1510년 사이에 카헬호펜의 인쇄소를 물려받았고, 인쇄소를 부지런함과 재능을 통해 한층 더 발전시켰다. 그는 우선 많은 양의 『미사 전서』, 『성무일과서』, 『시편』을 인쇄했고, 사용된 활자와 목판화 두문자는 최고의 품질을 자랑했다. 서적의 장식에 특별한 재능을 보였던 로터는 1520년대까지 마이센 주교구가 필요로 하는 모든 인쇄 주문을 독차지했다. 그의 신뢰는 그를 전국적으로 유명하게 만들었다. 그는 1513년 대주교 에른스트 폰 할레의 『성무일과서』, 1517년 브란덴부르크 주교 관구에 사용될 『미사 전서』, 1518년 하벨베르크의 『성무일과서』, 할레의 새로운 재단을 위한 『시편』 등을 인쇄했다. 라이프치히에서 그 당시 시의회는 인쇄 주문을 로터에게만 맡긴 것처럼 보인다. 도시의 모든 규정, 훈령, 임명장 등은 오직 그의 인쇄기를 통해서만 제작되었다. 로터의 출판목록은 방대했다. 철학, 신학,

법학, 수학, 문법, 시학, 사전 등 여러 분야의 작품을 인쇄했던 것 외에도, 그는 특히 교정된 텍스트와 깨끗한 장식을 첨부한 전통 고전주의 작품의 인쇄를 위하여 종국에는 라이프치히 대학교수에게 조언도 여러 번 부탁했었다. 로터는 가게를 라이프치히 시청 근처에 갖고 있었는데, 이 가게는 1524년까지 로렌츠 피셔(Lorenz Fischer)에 의해 운영되었고, 그는 서적 이외에도 양피지와 종이도 판매하였다. 그가 출판한 인쇄물과 중개하는 서적의 타지 판매는 포젠, 브레스라우 등의 시장까지 확산되었고, 상주 서적 행상인인 우르반 포르트(Urban Port)와 아카티우스 글로브(Achatius Glov)가 담당했다. 로터가 울리히 폰 후텐의 위탁 판매인이기도 했음이 입증되었다. 폰 후텐은 1518년 11월에 막 인쇄된 자신의 저서『빌리발트 피르크하이머에게 보내는 서신』(Epistel an Wilibald Pirckheimer) 200부,『궁정생활에 관한 대화』(Gesprächs vom Hofleben) 60부,『제후에 대한 경고』(Ermahnung an die Fürsten) 50부 등을 뉘른베르크에 있는 피르크하이머에게 보내 달라고 주문했는데, 일부는 판매를 위해 코베르거에게 넘겨주었고, 일부는 라이프치히로 보내 로터에게 판매를 위탁하였다. 같은 시기에 로터는 루터와도 거래하고 있었으며, 얼마 되지 않아 비텐베르크에 인쇄소를 설립하였고, 그의 두 아들 멜키오르와 미하엘에게 새로운 인쇄소의 운영을 맡겼다. 멜키오르 로터 시니어는 후에 사업에서 은퇴했지만, 1542년 사망할 때까지 많은 존경을 받았으며, 이런 것으로 그는 1539년 시의회 의원이 되었다. 그는 2년 동안 시 재판관으로 활동했다. 그는 이런 명예를 취득했던 최초의 라이프치히 인쇄업자이며 서적거래상이었다.

또 다른 라이프치히의 인쇄업자로 1492년『신성한 역사적 노동』(Sacrarum historiarum opus)을 인쇄했던 그레고르 베르만(Gregor Werman)을 들 수 있다. 1492년부터 1497년까지 그레고르 뵈티허(Gregor Bötticher)가 인쇄 활동을

그림 49 : 마르틴 란츠베르크의 지그네트

했는데, 그에 의해 제작된 인쇄물로 신학 교재, 법학 교재, 베르길리우스의 『전원시』(*Bucolica*) 등 모두 9종이 알려져 있다. 뷔르츠부르크 출신으로 1492년에서 1522년까지 활동했던 마르틴 란츠베르크(Martin Landsberg)는 좀 더 중요한 인쇄업자였다. 그는 1523년 사망하였는데, 1525년 에라스무스 바헬벨(M. Erasmus Bachelbel)에게 인수된 그의 서적인쇄소는 흔적도 없이 사라졌다. 바헬벨은 1528년 서적 행상인으로만 언급된다. 뮌헨 출신의 볼프강 슈퇴켈(Wolfgang Stöckel)은 라이프치히에서 1495년에서 1524년까지 활동했다. 고전주의 작품 외에도 그는 1520년까지 루터나 그의 추종자가 저술한 종교개혁 작품을 인쇄하였지만, 얼마 지나지 않아 최소한 외관상으로 종교개혁의 격렬한 반대자가 되었으며 특히 엠저(Emser) 작품의 인쇄업자로 활약했다. 그가 1524년 혹은 1525년에 빚 때문에 드레스덴으로 갔을 때 게오르크 대공에 의해 가톨릭의 궁정인쇄업자로 임명된 것이 아마 이런 동기로 가능했을 것이다. 비텐베르크에 있을 때 그는 1504년 대학의 주문으로 『페터 라베나투스의 법학 정전 요약』(*Petri Ravennati Compendium juris canonici*)을 인쇄했다. 또 다른 뷔르츠부르크 출신인 야콥 타너(Jakob Thanner)는 1495년부터 라이프치히에서 인쇄했고 특히 고전주의의 교과서판을 출판했다. 그의 인쇄소는 1528년까지 언급되다가 그 이후 사라졌고, 그 당시 라이프치히 서적거래에서 일반적으로 일어났던 파산의 결과로 추정된다. 1501년에서 1540년대까지 활동했던 발렌틴 슈만(Valentin Schumann)은 훌륭한 고전주의 작품을 인쇄했다. 1516년 라이프치히에서 최초로 인쇄된 그리스어 서적 테오도르 가자(Theodor Gaza)의 문법서가 그의 인쇄소에서 제작되었다.

작센과 튀링겐에 있는 이 공장을 바탕으로 유리한 위치를 점하면서 16세기 초부터 라이프치히 출판업은 엄청난 호황을 누린다. 또한 서적 제본가와 상인 계급에서 전업한 서적 행상인의 수가 엄청나게 증가하는데, 대표적 인물

그림 50 : 볼프강 슈퇴켈의 지그네트

로 1489년에 미트바이다 출신의 안드레아스 힌데눔(Andreas Hindenumb), 1492년에 바서부르크 출신의 알브레히트 호퍼(Albrecht Hofer)가 등장한다. 1490년대에 이미 막데부르크와 프라흐 등지까지 미치는 광범위한 서적거래상의 거래망이 형성된다. 16세기 초 라이프치히 서적거래상은 브레스라우와 포젠의 매세와 시장을 방문하고, 단치히와 사업 관계를 맺고, 브레스라우를 거쳐 폴란드, 헝가리, 지벤뷔르겐에 이르는 거래망을 구축한다. 이제 라이프치히 매세를 방문하는 타지의 서적거래상도 증가한다. 1493년부터 라이프치히에 서적매세가 열린 것이 입증되고 있으며, 이미 활발한 교류를 보여주고 있는데, 심지어는 뉘른베르크의 삽화가나 카드 제작자와는 이미 그 이전부터 교류하고 있었다.

이런 유리한 상황은 모험적으로 악용되었다. 요컨대, 1510년대에 서지학 연감에는 기록되어 있지 않은 방대한 규모의 서적거래협회가 등장한다. 라이프치히 공문서를 자세히 봐야 비로소 이 이상한 협회에 대해 어느 정도 알 수 있다. 1512년 루드비히 호른켄(Ludwig Horncken)은 쾰른 혹은 파리에서 라이프치히로 이주했다. 여기서 그는 시의회 의원인 아우구스틴 판츠만(Augustin Pantzschmann)의 딸과 결혼하는데, 판츠만은 물품거래, 포도주 소매, 숙박업 등을 운영하고 있었다. 따라서 호른켄은

라이프치히 명문가와 인척 관계를 맺게 되었다. 이제 라이프치히에 갑작스럽게 거대한 출판협회가 등장하게 되는데, 후에 '판츠만 서적거래' 회사와 관련된 이 출판협회에는 쾰른의 고트프리트 히토르프(Gottfried Hittorp), 루드비히 호른켄, 아우구스틴 판츠만 등이 소속되어 있었다. 협회는 상당히 많은 자본을 가지고 있었다. 히토르프-호른켄 출판사는 가톨릭 성향, 그리고 주로 인문주의적 성향을 지니고 있으며 대부분 방대한 2절판 크기의 서적을 출판하였다. 그렇지만 비텐베르크와의 거래망은 출판사가 종교개혁 초기 엄청나게 성장한 소책자에도 열정적으로 참여하도록 한 것처럼 보인다. 출판사는 비텐베르크와 프라흐에 지점을 열고 있었다. 출판사의 확장은 소매업을 포기하는 계기가 되었다. 소매점은 1518년 그레고르 요르단(Gregor Jordan)에게 팔렸는데, 그는 이 가게를 판츠만 서적거래 대리점으로 계속 운영했다. 그러나 운영자는 루드비히 호른켄이었던 것처럼 보인다. 그가 죽은 후 1528년까지 한동안 영업이 중단되어 있다가, 아우크스부르크 출신의 볼프 프로인라인이 그의 자리를 이었다. 프로이라인의 주석 투자로 야기된 사업적인 불화가 협회로 하여금 1524년 비텐베르크와 프라흐에 있는 출판사 지점을 폐점시킨 계기가 되었다. 그레고르 요르단은 지점에 보관된 재고 서적을 인수하며 1,300굴덴을 할부로 지급했다. 회사 그 자체는 30년 전쟁(1618-1648) 초기까지도 그 흔적을 추적할 수 있다.

  게오르크 대공의 정책은 라이프치히 서적거래의 발전에 치명적인 영향을 미쳤다. 가톨릭을 맹신하는 제후였던 게오르크 대공의 핍박 아래 라이프치히 출판업은 몰락을 피할 수 없었다. 종교개혁 작품은 박해를 받았고, 가톨릭 작품은 구매가가 없었다. 필연적인 번거로움을 피하기 위해 인쇄업자들은 종교개혁 노선에 속하는 작품을 타지에서 인쇄했다. 비텐베르크에 새로 설립한 인쇄소에서 멜키오르 로터, 아일렌부르크의 볼프강 슈퇴켈, 1524년 니클라스 알브레히트의 이름으로 활동한 그의 아들 야콥 슈퇴켈과 니켈 비데마르 등이 종교개혁적인 작품을 인쇄했다. 시의회는 처음에 서적거래상들을 가능한 한 보호해 주었으나, 후에 게오르크 대공의 의도에 따라서 서점을 검열하고, 2명의 성직자, 재판관과 배심원

그림 51 : 발렌틴 슈만의 지그네트

을 통해 재고 서적을 검사하고 외설적으로 간주된 서적의 목록을 드레스덴으로 보냈다. 바르텔 포겔(Bartel Vogel), 모리츠 골츠(Moritz Goltz), 비텐베르크 출신의 크리스토프 슈람(Christoph Schramm) 등의 가게는 1528년 드레스덴으로부터 또 다른 명령이 하달될 때까지 폐점되었으며, 그들의 서적을 프랑크푸르트 매세로 운송하는 것도 그때까지 금지되었다.

 1522년에서 1539년 사망할 때까지 게오르크 대공의 반종교개혁 노력의 결과는 라이프치히 서적거래상의 파산이었다. 발렌틴 슈만(Valentin Schumann)과 같은 가톨릭 계열의 출판업자조차도 몰락했다. 새로운 서점의 개업이 중단되었고 서적의 수는 빠른 속도로 줄어들었다. 라이프치히의 많은 인쇄업자가 타지로 탈출했다. 시몬 에크슈타인(Simon Eckstein)은 아나베르크로, 게오르크 페니히(Georg Pfennig)는 포젠으로, 페터 호퍼(Peter Hofer)와 야콥 슈퇴켈은 아이스레벤으로 이주했고, 한스 베르크만(Hans Bergmann)은 1533년 종교로 인해 추방당했다. 같은 시기에 '판츠만 서적거래' 회사가 흔적도 없이 사라진다. 인쇄소의 수는 절반으로 감소한다. 볼프강 슈퇴켈, 마르틴 란츠베르크, 에라스무스 바헬벨, 야콥 타너 등은 이미 언급되었다. 멜키오르 로터는 아들 미하엘과 함께 막데부르크로

그림 52 : 니켈 볼라베의 지그네트

자신의 인쇄소를 옮겼고, 1537년 이후에 자신의 서점을 아마 헤닝 조사트(Henning Sosadt)에게 넘겼던 것처럼 보인다. 기존의 인쇄소 중에 단지 니켈 슈미트(Nickel Schmidt), 미하엘 블룸(Michael Blum), 발렌틴 슈만의 인쇄소만이 라이프치히에 종교개혁이 들어올 때까지 살아남았다. 1520년대 이후에 생긴 인쇄소는 아마 로터 인쇄소의 지점으로 추정되는 니켈 볼라베(Nickel Wolrabe)의 인쇄소뿐이었다.

그 당시 언급될 수 있는 인쇄업자는 다음과 같다. 게오르크 켈너(Georg Kellner)는 1511년 볼프강 슈퇴켈의 인쇄소에서 출판한 작품에 등장한다. 블라시우스 살로몬(Blasius Salomon)은 슈트라스부르크의 요한 쇼트에게 한 작품을 인쇄해주도록 위탁했다. 루터에게 보낸 프로벤의 편지에서 그는 활동적인 서적거래상으로 언급된다. 그는 프랑크푸르트 매세를 방문했고, 1539년까지 아주 가끔 등장한다. 출판하지 않은 서적 행상인으로는 클레멘트(Clement) 가문만이 번영하였다. 1540년에서 1556년까지 활동했던 세바스티안 로이쉬도 언급될 수 있다.

게오르크 대공(1471-1539)의 통치 시기가 기반이 튼튼한 출판사를 파산으로 몰아간 반면에 1539년 종교개혁이 들어온 뒤 라이프치히에는 거의 믿을 수 없을 정도로 발전한 출판사가 하나 등장한다. 이것은 위에 언급된 니켈 볼라베 출판사이다. 그는 사업적인 관점에서 견실하지 못했다. 그의 사악한 수호신은 세바스티안 로이쉬(Sebastian Reusch)였는데, 그는 가난하지만 수완 있는 볼라베에게 돈을 빌려준 재력이 있는 상인이었다. 로이쉬는 채권자의 압박으로부터 벗어나는 방법을 알고 있었다. 게오르크 대공의 통치 시기에도 볼라베는 게오르크 비첼(Georg Wizel)의 『설교집』(Postille)의 인쇄를 떠맡았다. 대공이 죽은 후에 선제후 요한 프리드리히가 라이프치히에 인쇄 금지령이 내렸는데, 왜냐하면 라이프치히에서는 반(反)루터적인 작품이 더 이상 인쇄되지 말아야 했기 때문이다. 이런 금지 명령에도 불구하고 종파적으로 여전히 양분되어 있었던 라이프치히 시의회는 비록 비밀로 진행되었을지라도 인쇄가 지속되고 있었다. 그러나 위험이 발생하자 서적들은 황급히 베를린으로 옮겨졌다. 볼라베는 수감되었지만, 대공의 부인 카타리나와 공작령 시의원 안톤 폰 쇤베르크(Anton von Schönberg)가 비호한 결과, 그는 사전 검열 없이는 책을 인쇄하지 않겠다고 서약하고 구속에서 풀려났다. 심지어 시의원의 추천으로 새로운 교회규정, 종교적 옹호문, 시편, 성서 등의 인쇄와 출판이 그에게 위임되었고, 이 인쇄물들을 모든 성직자가 사들였다. 성서를 인쇄하는 비텐베르크의 출판업자 바르텔 포겔, 모리츠 골츠, 크리스토프 슈람 등은 이런 재인쇄가 반복되는 현상을 저지할 수 없었다.

외관상 유리해 보이는 상황에도 불구하고 볼라베는 빚에서 벗어나지 못했다. 가장 악질적인 채권자였던 세바스티안 로이쉬는 그를 곤경에 빠뜨렸고, 볼라베는 시의회가 800굴덴을 그에게 빌려주라는 드레스덴에서 온 명령으로 후원해줌으로써 재정적 어려움에서 빠져나올 수 있었다.

그밖에도 볼라베는 2개의 다른 자본가 그룹과 관계를 맺고 있었다. 하나는 안드레아스 볼렌제커(Andreas Wollensäcker), 다른 하나는 메르텐 리히터(Merten Richter)와 그레고르 포르스터(Gregor Forster)를 통해 만들어진 그룹이다. 볼렌제커 그룹은 1541년 이미 8,000 굴덴이라는 많은 돈을 볼라베에게 청구했다. 볼라베는 자신의 전 재산을 저당 잡혀야 했고, 빚

만큼 인쇄된 서적들의 소유권을 압류재산 관리인을 그의 집에 상주시킨 볼렌제커 그룹에 넘겨주어야 했다. 볼라베에게 여전히 남아 있었던 것을 리히터와 포르스터 그룹이 압류했다. 그들 또한 볼라베의 하인인 한스 마우저(Hans Mauser)를 그의 두 번째 압류재산 관리인으로 지정했다. 볼렌제커 그룹은 1544년 1월 볼라베의 서점을 비텐베르크의 한스 뢰플러(Hans Löffler), 막데부르크의 암브로시우스 키르흐너(Ambrosius Kirchner), 페터 쉬러(Peter Schürer) 등에게 4,787굴덴에 판매하였다. 이런 불행한 상황에도 불구하고 볼라베는 새로운 희생자를 찾는 데 성공했다. 그는 서적거래에 대해서 무뢰한이었던 부유한 모피업자 다미안 룬케비츠(Damian Lunckewitz)였다. 로이쉬도 다시 뭔가를 꾸미고 있는 것처럼 보였다. 그는 압류한 서적 일부를 마우저에게 1,845굴덴에 팔았는데, 마우저는 이 서적으로 새로운 서적 소매상을 개업했다. 그 후 볼라베와 로이쉬는 서적의 일부를 서적 행상인 안드레아스 하일(Andreas Heil)과 콘라트 쾨니히(Konrad König)에게 판매한다. 볼라베와 로이쉬의 평판은 시의회가 하일과 쾨니히에게 그들이 행하는 거래를 조심하라고 경고할 정도로 안 좋았다. 물론 아무것도 얻을 수 없었던 룬케비츠는 자신의 서점을 다시 볼라베의 하인인 볼프 귄터에게 양도하였다. 결국 볼라베는 라이프치히에 더 이상 머물 수 없었다. 그는 프랑크푸르트 안 데어 오더로 갔고 그곳에서 처음에는 명성도 얻었던 것처럼 보인다. 그러나 이런 영광도 곧 끝났다. 그는 다시 라이프치히에 나타나서 인쇄를 시작하지만, 그의 시도는 끝까지 갈 수 없었다. 그는 전 재산을 로이쉬에게 양도해야만 했고, 로이쉬는 다시 모든 것을 팔아버렸다. 1552년 볼라베는 종말을 고했다. 그는 행방불명되었고, 그의 부인은 도시로부터 구호물자를 받을 정도로 가난했다. 이런 상세한 서술은 그 당시 사업의 내부적 작동 과정을 볼 드문 기회를 제공하고 있으므로 나름의 가치는 있다. 외부적으로 노출될 수 있는 출판물만으로는 번영하거나 몰락하는 사업 과정의 실체를 보여줄 수 없다. 빛나는 것이라고 해서 모두가 황금은 아니지 않은가!

볼라베와 로이쉬를 통해 새로 설립된 인쇄소에는 어떤 축복도 내리지 않았다. 페터 쉬러는 1548년 부채를 많이 진 채 사망했다. 쉬러의 미망인과 결혼했던 볼프 귄터(Wolf Günther)가 자금도 없이

그림 53 : 야콥 베어발트의 지그네트

인쇄소를 인수했다. 한스 마우저도 마찬가지로 곤경에 처해 있었다. 그의 인쇄소는 후에 중요한 출판 활동으로 에른스트 푀겔린(M. Ernst Vögelin)과의 밀접한 관계를 맺게 되는 로렌츠 핀켈트하우스(Lorenz Finckelthaus)에게 넘어갔다. 볼라베의 집과 그의 인쇄소 일부를 인수했던 서적인쇄업자 야콥 베르발트(Jakob Bärwald)도 마찬가지로 곤경에 처해졌고, 그가 사망한 후(1557) 볼프 귄터의 인쇄소도 파산 절차에 들어갔다. 이어서 그레고르 요르단의 서적 소매업은 파산되었다. 파산하지 않고 발전했던 유일한 출판업자는 하일과 쾨니히였다. 그들은 소매 외에도 출판업을 동시에 운영해서 수익을 창출하였다.

볼라베와는 달리 발렌틴 밥스트(Valentin Bapst)는 성공가도를 달린다. 그는 1530년에 출판업을 시작했고, 1541년 서적인쇄업자로서 시민권을 취득하였다. 비록 그가 평생 타지의 자본가 도움에 의존했을지라도 그는 항상 순리에 따랐으며 일반적으로 높은 존경을 받았다. 그의 가게로부터 사위이며 라이프치히에서 가장 탁월하고 중요한 서적거래상 중의

그림 54 : 에른스트 푀겔린의 지그네트

한 명인 에른스트 푀겔린(Ernst Vögelin)의 가게가 성립되었다. 그는 출판의 중심지로서 라이프치히의 중요성을 부각하는 데 핵심적 역할을 담당했다.

푀겔린은 콘스탄츠에서 1528년 혹은 1529년에 태어나서 라이프치히에서 대학을 다녔고 그곳에서 석사 학위를 받았다. 그는 1557년 발렌틴 밥스트의 딸인 안나와 결혼했고 1559년 시민권을 취득하였다. 장인의 인쇄소는 그가 죽은 후 유산으로 분배되었던 반면에 서점은 푀겔린에 의해 운영되었던 것으로 보인다. 미망인 혹은 라이프치히 문서기록관 요한 크라우스(Johann Krauß)의 부인인 그녀의 딸이 활자의 일부를 보관했다. 푀겔린은 1574년과 1576년에야 비로소 처남인 밀키오르와 게오르크 밥스트(Georg Bapst)의 가게 상속분을 그들에게서 매입하였다. 그는 이제 더 이상 사용하길 원하지 않았던 밥스트의 활자를 자신의 인쇄소에 고용된 탁월한 활자 주조공 토마스 빌헬름(Thomas Wilhelm)을 통해 녹여서 다시 주조하였다. 그는 자신의 인쇄소를 후에 '작센의 알두스(Aldus)'로 지칭될 정도로 정점에 올려놓았다. 활자와 인쇄의 정확함과 아름다움, 그가 항상 프랑크푸르트 매세에 들러 가져왔던 양질의 종이 등은 그의 인쇄물을 최고의 서적으로 만들었다. 그의 출판업은 번성하였고, 작가 중에는 요아힘 카머라리우스(Joachim Camerarius)를 최고로 꼽을 수 있다. 그를 이은 인쇄업자를 열거해보면, 문헌학자 그레크 베르스만, 마테우스 드레서, 『스콜라학파 지식

사전』(*Thesaurus eruditionis scholasticae*)을 출판한 바질리우스 파버, 게오르크 파브리키우스, 니콜 로이스너, 빅토린 슈트리겔 등이다. 푀겔린 출판사의 출판목록에는 신학, 철학, 학교 교재 등이 주류를 이룬다. 팔켄슈타인에 따르면 그는 1559년부터 1578년까지 인쇄했다고 한다. 슈베츠케(Schwetschke)[1]의 『서적매세 연감』(*Codex nundinarius*)[2]에는 1568년에서 1576년까지 그의 이름이 나오며, 1582년의 작품에도 나온다. (1564년 가을 매세 이후 첫 번째 매세 카탈로그가 발간되었고, 출판업자의 이름은 일반적으로 1568년부터 언급되고 있다.) 방대한 인쇄소 외에도 그는 라이프치히 시내와 근교에 토지와 서점을 소유하고 있었는데, 그가 1576년 프랑크푸르트 사순절 매세에 1,550굴덴 가치의 서적을 보냈다는 기록에서 서점의 규모가 추정될 수 있다. 그러나 이 시기에 불행이 그를 덮쳤다. 선제후국 작센의 국내 정책은 그 당시 중재적인 멜란히톤과 정통 루터파 사이의 논쟁으로 심각하게 요동치고 있었으며, 종교개혁의 신앙고백과 관련된 모든 것에 반대하는 증오만이 작센의 국내 정책을 규정했다. '비밀 칼뱅주의'(Kryptocalvinismus)로 의심 받는 자는 생명의 위협을 느껴야만 했다. 푀겔린은 정통 루터파였으나, 그의 친구나 작가군은 대부분 멜란히톤 노선을 추종하였다. 그는 인쇄물에 개혁적 의미를 지닌 문구를 넣었다고 체포되었고, 잠시 석방된 후에 다시 구금되지 않기 위해서 1576년 전반기에 라이프치히를 탈출하였고, 결코 다시 돌아오지 못했다. 그는 프랑크푸르트 매세 방문 중에 체포될 수도 있었을 것이다. 어쨌든 그는 대재앙을 예측했고, 짐작건대 그의 주 채권자인 게오르크 로트(Georg Roth) 박사와 맺은 허구적인 업무 계약을 통해 자신의 전 재산을 안전하게 하려고 노력했다. 그는 하이델베르크로 향했는데,

---

1 Carl Gustav Schwetschke (1804-1881), 독일의 출판업자.
2 Codex nundinarius Germaniae literatae bisecularis. (독일 서적거래의 매세 연감. 구스타브 슈베츠케의 머리말 첨부, 2권, 할레 1850–1877.

최소한 프랑크푸르트 매세를 안전하게 방문할 수 있기 위해 적어도 외부 생활을 보장해주는 팔츠 선제후국으로 갔다. 이제 그의 파산이 급속도로 진행되었다. 1576년 6월 28일에 이미 푀겔린의 서점 하인인 니켈 보크가 그의 서적인쇄소의 직공장 한스 슈타인만과 활자 주조공 토마스 빌헬름에게 시장 히에로니무스 라우셔를 통해 시청에서 선제후의 명령서를 개봉하게 했다. 거기에 따르면 푀겔린이 다시 고용되길 원치 않고, 다시 돌아올 계획이 있는지 알 수 없기에, 이제 그의 아이들도 14일 이내에 떠나야 한다는 것이다. 푀겔린의 두 중요한 채권자가 이 시의회 회의에 참석하였다. 즉, 이미 언급한 게오르크 로트 박사와 서적 행상인 로렌츠 핀켈트하우스이 그들인데, 후자는 푀겔린에게 2,000굴덴을 요구했고, 1578년 부활절 시장이 열리는 시기에 지급 기한이 만료되었다. 둘은 즉시 공동으로 푀겔린의 모든 소유물을 가압류하도록 했다. 핀켈트하우스에게 보증을 서기 위해 이제 푀겔린은 니켈 보크가 핀켈트하우스에게 매주 현금 매상과 서점의 회수 대금을 지불하고 필요한 비용도 고려할 것임을 규정했다. 이렇게 빚을 갚았음에도 불구하고, 그리고 로트 또한 푀겔린에게 지불해야만 했을지라도, 푀겔린과 체결한 계약을 더 이상 유지하길 원하지 않는 두 채권자는 서점을 판매하길 원한다고 선언했다. 여기에 대해 보크는 1576년 11월 1일에 푀겔린에게 서한을 보낸다. "그러나 시장 로트와 핀켈트하우스가 절실히 원하고 있다는 사실이 저를 놀라게 합니다. 인쇄소를 판매하는 데 동의하였고, 이제 거래만이 남아 있습니다. 양질의 서적 중 여전히 몇몇 서적은 계속 출판되지 않아야 합니다." 왜냐하면 좋은 출판사를 개선하려는 가능성이 없어짐으로써 서점이 폐점되었기 때문이다. 이것이 아마 핀켈트하우스가 자신의 사적 이익을 추구했던 라우셔를 통해 그에 의해 제시된 서점의 인수에 대해 알려고 하지 않은 이유였을 것이다.

그 사이에 선제후는 시장의 중재로 추방 명령을 거두어들였다. 1576년 푀겔린의 두 딸이 라이프치히에서 창궐한 전염병으로 사망했다. 살아남은 네 아들을 아무도 받아들이려 하지 않았다. 한 수공업자의 가정에서 아이들을 위해 마련했던 피난처를 시장은 '자기 자신의 아이들 때문에' 거부했다. 이런 상황에서 니켈 보크는 그 아이들을 받아들였다. 그는 아이들을 자신의 집으로 데려갔고, 필요한 것을 마련해 주었고 그들을 위해 선생님 한 명도 고용했다.

이 모든 불행이 푀겔린에 대한 적개심으로 야기된 것은 아니다. 가치 있는 인쇄소를 값싸게 얻으려고 시장 라우셔가 이제 전면에 등장했다. 그는 선제후가 인쇄소에 관심을 지니고 있다는 사실을 알았다. 선제후는 인쇄소가 자신의 영토에서 그대로 있길 원하며 자신이 직접 그것을 인수하려 한다고 언급했다는 것이다. 라우셔는 첫 작품으로 『칼뱅주의자의 증오에 대하여』(In odium Calvinistarum)를 인쇄하겠다고 선제후에게 약속했다. 그는 선제후의 명령으로 1576년 10월에 인쇄소의 매입가를 산정했고(4,000굴덴), 그 어떤 것도 없어질 수 없도록 모든 활자와 테두리 장식 틀을 복제했다. 이런 복제물은 구매자로서 선제후에게 보내졌다고 한다. 동시에 라우셔는 인쇄소의 상황이 종결될 때까지 푀겔린에게 사소한 것도 보내지 말 것을 명령했다. 그는 11월에 인쇄소 운영자인 한스 슈타인만에게 모든 활자와 거푸집을 포함한 모든 인쇄 도구를 신속하게, 프랑크푸르트 암 마인에서 지그문트 프라이아벤트의 예전 동업자였으며 현재 츠비카우에서 인쇄소를 운영하는 시몬 후터에게 - 라우셔는 그를 최고 검열관으로 임명했었다 - 배송할 것을 명령했다. 라우셔는 여섯 개의 인쇄기로 인쇄할 수 있는 집을 건축하길 원했다. 물론 푀겔린은 전혀 몰랐는데, 만약 핀켈트하우스와 로트가 채권자로서 그것에 항의를 제기하지 않았더라면, 최소한 5,000굴덴 가치의 인쇄소를 합법적으로 빼앗겼을 것

그림 55 : 헤닝 그로세의 지그네트

이다. 1576년 말경 전능한 힘을 과시했던 시장이 갑작스럽게 사망함으로써 푀겔린은 재산의 일부나마 건질 수 있었다. 그는 팔츠의 선제후로부터 노이슈타트 안 데어 하르트의 서기로 임명되었으며 1590년 하이델베르크에서 사망했다. 그의 세 아들 고트하르트, 필립, 발렌틴이 처음에는 - 후에 예나로 가버렸던 - 한스 슈타인만의 운영 하에서 출판 사업에 계속 종사했다. '푀겔린의 유산'이라는 이름의 회사는 1599년까지 존재하고, 발렌틴 푀겔린 혼자 1591년에서 1604년까지 운영하다가 하이델베르크로 이주했다.

이 시기와 그다음 시기의 조그만 인쇄소의 활동을 추적하는 것은 무의미할 것이며, 그들의 성과도 아주 낮은 수준으로 급락했다. 16세기 마지막으로 언급될 중요한 라이프치히 출판업자는 헤닝 그로세(Henning Große)이며, 1553년 할버슈타트에 태어났다. 그는 1575년 콘라트 쾨니히에 의해 라이프치히에 유산으로 남겨진 서점을 매입하였고 쾨니히의 미망인과 결혼했다. 1581년 출판 활동의 시작과 더불어 그는 자신이 인쇄한 모든 작품에 대한 선제후령 작센의 출판 우선권을 취득하였다. 그는 얼마 되지 않아 중요한 출판업자가 되었으며 명망도 얻었다. 1590년에 이미 그는 시의회 의원이 되었으며, 그가 '비밀 칼뱅주의적'인 무질서로 휩쓸려 들어갔을 때 상황은 극적으로 흘러가고 있었다. 그로세는 당국의 수색 원칙에 서명할 것을 단호히 거부했다. 1593년 5월 19일 종교개혁자와 그 추종자들에 반대하는 폭동이 발발해서, 대학생과 수공업 도제로 이루어진 패거리에 의해 상인 아돌프 바인하우스의 집을 약탈당했고, 그로세 집 창문도 투석으로 부서졌다. 소위 칼뱅주의에 대한 격렬한 증오가 너무나 커서 폭동을 진압하기 위해 소집된 시의회는 시청에서, 만약 칼뱅주의자들이 추방되지 않는다면 자신들이 직접 개입할 것이라고 선언했다. 헤닝 그로세도 이제 다른 사람들과 함께 도시를 떠나야만 했다. 그러나 그가 곧 돌아오는 것이 가능했던 것으로 보인다. 그는 시의회에서 제명되었지만, 추후 상황은 여러모로 그에게 유리하게 전개되었던 것처럼 보인다.

헤닝 그로세의 가게는 그 당시 라이프치히에서 가장 컸으며, 그는 말하자면 모든 모임에서 라이프치히 서적거래상의 지도자 역할을 담당했다. 그가 1595년부터 타지와의 관계를 수월하게 하려 일부는 혼자서, 일부는 아들 프리드리히와 함께 프랑크푸르트 사례에 따라 매세 카탈로그를 출판함으로써, 그는 자기도 모르게 라이프치히의 서적거래를 활성화하는 데 일조했다. 처음에는 라이프치히 대학 측에서 행한 검열의 어려움, 그다음으로는 아브라함 람베르크와 벌인 재인쇄 논쟁이 그로 하여금 1596년과 1597년에 할레에서 인쇄를 지속하고, 그 후 아이스레벤에 자신의 인쇄소를 설립하도록 만들었다. 그는 1604년에 라이프치히에도 인쇄소를 설립했는데, 이것은 라이프치히 서적인쇄업자 길드가 결성(1606)되기 이전이라 가능했다.

헤닝 그로세는 1621년 11월에 사망하였다. 그는 1581년에서 1621년까지, 그의 상속인은 1622년에서 1627년까지 매세 카탈로그에 등장한다. 인쇄소의 운영이나 출간된 서적에 그는 다른 출판인과 연합으로도 여러 번 등장한다. 예컨대, 1594년과 1596년의 헤닝 그로세와 푀겔린, 1600년에서 1610년까지 헤닝 그로세와 바르톨로모이스 포크트, 1604년의 헤닝 그로세와 비른슈틸, 1607년과 1610년의 헤닝 그로세와 쉬러 등이다. 아들 프리드리히의 회사는 1600년과 1620년에 독립적으로 등장하고, 프리드리히 그로세의 상속인은 1603년에 등장한다. (프리드리히는 그 이전에 이미 사망한 것으로 추정된다.) 어쨌든 1605년에서 1622까지의 등장하는 헤닝 그로세 주니어도 헤닝 그로세의 아들이었다. 1615년에는 바르톨로모이스 포크트와 연합하여 등장한다. 헤닝 그로세 주니어의 상속인은 1623년에서 1633년까지 등장한다. 그로세 상속인과 1634년부터 등장하는 헤닝 그로세가 동일한 것인지 확인될 수 없다. 그 외에도 1634년 헤닝, 1638년 A. M, 그로스, 1638년 헤닝 그로세, 1638년에서 1656년 그의 상속인 등의 이름이 발견된다. 1591년에 태어난 또 다른 아들 고트프리트는 1623년 시의회 의원이 되었다. 1637년 그의 사망 후 그의 인쇄소는 상속 과정에서 유명한 성서 용어색인의 저자인 처남 프리드리히 랑키쉬(Friedrich Lanckisch)에게 넘어갔다. 고트프리트 그로세는 1618년에서 1636년까지 서적을 인쇄하고 출판했으며, 그의 상속인과 미망인은 1637년부터 출판목록에 담겨있는 매세 카탈로그에서 발견된다. 연합으로도 등장하는데, 예컨대 1620년 고트프리트 그로세와 카스파르 클로제만(Kaspar Klosemann), 1626년 고트프리트와 바르톨로모이스 포크트, 1629년에서 1663년까지 고트프리트와 헤닝 그로세의 상속인, 1650년 고트프리트의 상속인과 에렘 맘프라스, 1654년 고트프리트 그로세와 바르톨로모이스 포크트의 상속인 등이다. 1665년부터 요한 그로세가 등장하는데, 부분적으로는 헤닝 그로세 주니어 상속인, 프리드리히 랑키쉬와 그의 상속인, 조합원과 각각 연합하여 등장한다. 요한 그로세도 헤닝 그로세 시니어의 후손으로 추정된다.

11. 빈

1482년 빈에 처음으로 5종의 인쇄물이 출간되었을 때, 독일에는 이미 15개, 이탈리아에는 40개, 프랑스에는 7개의 인쇄도시가 있다. 오늘날까지도 알려지지 않은 유랑 인쇄업자가 이 5종의 인쇄물을 제작했다. 이 중 가장 방대한 작품 『후견인들』(*Manipulus curatorum*)은 172쪽, 가장 짤막한 작품 『에기디우스의 철학적 오류』(*Aegidii Errores philosophorum*)는 단지 - 페이지 순서 표시가 없는 - 10쪽 분량만을 담고 있다. 이 중 4종의 인쇄물은 게르송(Gerson)의 『고해에 대한 가르침』(*Lehre von der Beichte*)이나 그 당시 페스트가 창궐하는 시기에 즐겨 읽혔던 대중을 위한 『성 로쿠스 전설』(*St. Rochus Legende*)처럼 실용적인 작품이다. 그러나 단 한 작품, 데니스(M. Denis)에 따르면 빈의 최초 작품인, 『요하네스 마이거의 차별 논쟁서』(*Tractatus distinctionum Joannis Meyger*)만이 학술 분야에 속한다. 다섯 작품 모두 동일한 인쇄기에서 제작된 것으로 보이는데, 단지 하나의 활자만을 소유한, 서툴며 영세한 초보 인쇄업자의 작품으로 추정된다. 합스부르크 가문이 대대로 통치하는 영토의 수도는 프리드리히 3세의 마지막 10년 통치 기간에 정치적으로나 종교적으로 무기력했고, 또한 아주 엄격한 스콜라주의를 신봉하는 대학은 성직자들에게 어떤 자극도 줄 수 없었다. 빈에는 강력한 필경사 길드가 여전히 번영하고 있었는데, 그들은 구텐베르크의 제자들이 들어오지 못하게 했다. 레거(Reger), 포이에르바흐

그림 56 : 요한 빈터부르거의 지그네트

(Peuerbach), 니더(Nider) 등과 같은 토착 학자들은 자신의 작품을 타지의 인쇄소에 맡겼다. 빈에서 인쇄소가 존재해야 한다는 필요성은 전혀 없었다. 1474년에서 1476년까지도 대학의 법학과는 도서관에 비치할 여러 가지 필사본 외에도 새로 인쇄된 서적들을 구입하기 위해 라인지역, 중부 독일, 이탈리아 등지로 교수들을 파견하였다.

1483년에서 1491년까지 알려진 빈 인쇄물은 없다. 1492년에 비로소 빈에 상주하는 인쇄업자가 정착했다. 따라서 인문주의가 빈에 입성했던 시기와 일치한다. 요한 빈터부르거(Johann Winterburger)는 이름에서 알 수 있듯이 크로이츠나흐 근교의 백작령 슈폰하임에 위치한 빈터부르거에서 태어났다. 16세기 전반기의 인쇄업자는, 한 명의 빈 인쇄업자와 두 명의 폴란드 인쇄업자는 예외이지만, 신성로마제국 출신의 독일인이었다. 빈터부르거의 활동은 1492년에서 1519년까지, 즉 막시밀리안 황제가 사망한 해에 이르기까지 이어졌다. 황제의 보호 아래 빈은 인문주의의 중요한 지역이며 양성소가 되었다. 콘라트 켈티스, 쿠스피니안과 요한 비테츠는 그의 후원자들이었다. 그의 업적은 인쇄를 일상적인 장르로 부상시킨 것이다. 그에 의해 제작된 인쇄물이 총 106종이 알려져 있는데, 그중에는 물론 한 장짜리 규정이나 훈령도 있었다. 그의 첫 번째 출판물은 페르시우스의 『풍자』(Satiren)였다. 주로 대학이 그를 고용했지만, 그는 아름다운 합창 서적의 인쇄에서도 탁월한 능력을 보였다. 그의 인쇄소는 잘 정비되어 있었고, 학술 작품 인쇄의 경우 박식한 조판공과 교정사가 그를 도와주었기에 조판은 정확했다. 그러나 그는 그리스어 활자를 소유하지 않아서, 서너 곳에 등장하는 그리스어 인용문은 인쇄하지 않고 비워두어야 했다. 그럼에도 불구하고 그가 제작한 최고의 작품은 바젤, 뉘른베르크, 아우크스부르크, 슈트라스부르크 등지의 인쇄기에서 제작된 인쇄물에 결코 뒤처지지 않았다.

17년 동안 빈터부르거는 빈의 유일한 출판업자였다. 1510년 마침내 슐레지엔 군주국 야우어에 위치한 리벤탈 출신의 히에로니무스 비토르(Hieronymus Vietor)가 빈에 두 번째 인쇄소를 설립하였다. 그는 폴란드 왕이 거주하는 도시인 크라카우에서 대학을 다녔고, 그곳에서 1499년 학사학위를 취득하였지만, 주 관심사는 서적인쇄와 서적거래였다. 그는 빈으로 이주한 해에 바이에른 외팅 출신의 요한 징리너(Johann Singriner)와 연합하였고, 그와 - 그들은 '조합의 노력과 공동의 이익'(sodales laborum et lucri socii)이라 칭해진다 - 1514년 12월까지 함께 일했다(Mayer 1883, 32). 84종의 인쇄물이 공동 작업의 결과이다. 그들의 서점은 성 로렌츠 수녀 수도원 건너편에 있는 전통적인 플라이쉬마크트에 있었다. 그들은 이미 그리스어 활자를 지녔고, 좋은 인쇄를 통해 두각을 나타내었다. 그들의 인쇄기에서 제작된 최초 인쇄물은 클라우디아누스의 작품이었다. 1512년 그들은 특히 울리히 폰 후텐의 (그가 베네치아 전쟁에 참전했을 때)『황제 막시밀리안에게 보내는 경고』(Ermahnung an den Kaiser Maximilian)를 인쇄하였다. 그러나 1515년 초에 이미 둘은 헤어졌지만, 좋은 친구 사이를 유지했다. 비토르는 1517년 다시 크라카우로 이주했고 1546년 사망할 때까지 그곳의 인쇄소에만 열중하였다. 그의 동생 베네딕트가 빈 인쇄소를 운영하였고, 그가 죽은 후 다른 직공장이 1531년까지 운영하였다. 비토르는 독일어 서적은 거의 제작하지 않고 라틴어 서적을 주로 인쇄했지만, 몇 권의 그리스어와 폴란드어 서적도 인쇄하였다. 그의 그리스어 활자는 특히 찬사를 받았다.

그림 57 : 요한 징리너의 지그네트

그의 인쇄물은 텍스트 오류가 없었으며, 종이는 양질이었고 목판화는 우아했다. 그가 제작한 가장 아름답고 진귀한 작품은 아마 랑 주교의 『오데포리콘』(*Odeporicon*)일 것이다. 인쇄물은 거의 세속적인 작품이었고, 몇몇 작품만이 신학적인 작품이었다. 교재, 고전주의자들의 작품, 의학이나 천문학 작품, 교훈시, 웅변 등이 출판사의 주요 서적이었다.

징리너는 비토르로 결별한 후 죽을 때(1545)까지 아주 역동적으로 활동했다. 콜리미티우스, 카머스, 바디안 등과 친교를 맺은 그는 학문의 중요성을 잘 이해하고 있어서 고전주의 작가들의 정확한 판본을 공급하였고, 자신의 인쇄소에서 열정적으로 일했을 뿐만 아니라 활자 주조에도 전념하였고 다른 인쇄업자를 위해 목판화도 공급해주었다. 그의 안티크바 활자가 특히 아름답고 높은 평가를 받았다. 그는 동시에 히브리어 활자를 소유했던 최초의 빈 인쇄업자였다. 그의 놀라운 업적은 베르뵈츠(Verbösz)의 『세 갈래 헝가리 법률집』(*Tripartitum Opus juris hungarici*, 1517)이다. 그는 이 작품을 위해 40일 동안 71장의 전지에 아주 큰 안티크바 활자를 이용하였지만, 표지는 고딕 활자로 인쇄하였다. 인쇄물의 수, 다양함, 장식 등의 관점으로 보면 그는 당대 가장 뛰어나고 활동적인 거장에 속한다. 그의 첫 번째 인쇄물은 알베르투스 마그누스의 『자연철학』(*Philosophia naturalis*)이며, 그의 마지막 인쇄물은 페르디난트의 부인이었던 왕후 안나를 위한 나우세아 주교의 기도서이다. 그는 신학, 의학,

법학, 논쟁서, 문헌학, 시학, 수사학 등의 분야에 속한 작품을 인쇄하였다. 특히 그는 목판화 장식 분야에서 출중한 능력을 보여주었다. 그가 제작한 인쇄물은 데니스에 따르면 253종에 - 물론 이 중에는 규정을 담은 1장짜리 인쇄물, 임명장, 행정규칙도 있다 - 이르는데, 최근의 연구에서 안톤 마이어는 여기에 160종의 인쇄물을 추가하였다. 1561년까지 계속 활동했던 징리너의 상속인은 여기에 92종을 추가했다. 1540년 아버지에게 부여된 - 저지오스트리아 군주의 모든 규정을 인쇄하는 - 우선권이 상당한 수의 인쇄물 제작을 가능하게 했다.

1548년에서 1552년까지 활동했던 바이에른 출신의 요한 카르보(Johann Carbo)에 대해서는 알려진 것이 거의 없다. 거기에 반해 1548년에서 1552년까지 빈에서 활동했던 네덜란드 출신의 에기디우스 아퀼라(Egidius Aquila)는 많이 알려진 인쇄업자이다. 그의 세련된 작품 중에 특히 플랑크(Planck)의 『히브리어 문법 체계』(Institutiones Grammatices Ebreae)가 뛰어나다. 아퀼라의 미망인은 아우크스부르크 출신의 미하엘 침머만(Michael Zimmermann)과 결혼하는데, 그는 당대 최고로 유명한 인쇄업자 중 한 명이었다. 그는 1553년에서 1565년까지 활동하며 근동의 작품 인쇄를 위한 인쇄소도 설립하였고, 예를 들면 1561년 시리아어 성서를 출판하였다. 그의 동시대인이었던 라파엘 스크첼루스키는 프로테스탄트 신앙고백으로 인해 폴란드에서 탈출해야 했고, 빈에서 호프할터라는 이름으로 개명하고 가톨릭으로 개종하여 1556년에서 1563년까지 인쇄했다. 그는 삽화가 들어간 작품을 제작하기 위해 라우텐자크, 휩슈만, 히르쉬포겔 등과 같은 당대 최고의 예술가를 고용했다. 그는 후에 데브레스친으로 갔는데, 그곳에서 화려하게 장식된 최초의 헝가리어성서를 인쇄하였고, 1568년 사망하였다. 비슷한 시기에 가톨릭 예수회 소속 수도사들이 그 인쇄기를 강탈하여, 종교적인 인쇄를 통해 세속의 인쇄업자들을 무력화하려고 시도했다. 신성로마제국의 황제도 스스로 이런 목적을 위해 매년 300굴덴을 지원했고, 귀족 또한 당연히 그에 의해 유도된 계획에 서명함으로써 참여했다. 그러나 첫 번째 출판물로 페터 카니시우스(Peter Canisius)의 소(小)교리문답서를 제작했던 인쇄소는 기부로 재정이 허락할 때까지만 지속되었다(1559년에서 1565년).

  16세기 중엽 오스트리아는 이미 예수회 국가라는 낙인이 찍혀 있었다. 원래 서적인쇄술은 막시밀리안의 통치하에서만 자신과 유사한 가지를 뻗으며 번영했다. 페르디난트 왕이 1523년 루터 작품을 금지하는 순간 오스트리아 전체에서 정신적 삶의 후퇴가 점점 분명해졌다. 종교 검열은 방법론적으로 오스트리아 학문의 황폐화에 일조했다. 1560년대에 전통적 고전주의 작품의 인쇄는 완전히 중지되었다. 도처에서 제한된, 말하자면 단지 교회나 당국의 호의로 허용된 문학은 오스트리아의 줏대 없는 하녀로 전락했다. 전통의 지식인들은 사망하거나 타지로 이주했지만, 새로운 지식인들은 오스트리아로 유입되지 않았다. 예술은 기술적으로는 발전했지만, 정신적으로는 매일 그 영향력을 잃어가고 있었다. 침머만의 미망인과 결혼했던 카스파르 슈타인호퍼(Kaspar Stainhofer, 1566-1576)는 탁월한 인쇄업자이며 유능한 상인이었지만, 출판업자로서는 자신의 능력을 발휘하지 못했다. 시사 문제를 다룬 진부하기 짝이 없는 소책자들이 그의 출판목록을 채웠다. 대학의 첫 인쇄업자였던 슈테판 크로이처(Stephan Creutzer, 1572-1594)는 박식한 인쇄업자이며 활자 주조공으로 출중한 역량을 보였지만 프로테스탄트 성향을 지닌 자로 의심받았다. 그 때문에 그는 조사받기 위해 끌려갔으며, 그의 인쇄소는 한동안 폐쇄되었다. 궁정 서적인쇄업자 미하엘 아펠(Michael Apfel, 1576-1588)은 예수회 회원 기념 간행물, 고위직 인사에 대한 찬양서, 달력, 기담(奇談), 신문 등을 주로 출판했다. 그럼에도 불구하고 그는 크로이처가 했던 것처럼 가톨릭교회와 그 교리에 위배되는 것은 결코 인쇄하지 않겠다고 서약해야만 했다. 아우크스부르크의 유명한 예술가 가문 출신인 다비드 드 네커(David de Necker, 1576-1585)는 거푸집 제작자이기도 했는데, 아우크스부르크에서 라이프치히를 거쳐 빈으로 왔다. 그의 동생으로 추정되는 헤어쿨레스 드 네커(Hercules de Necker)가 1587년까지 인쇄소를 계속 운영했다. 여기서 특히 세바스티안 뮌스터의 새로운 귀족 명감(名鑑) 해설서, 화려한 도제 소책자, 요스트 판 『죽음의 무도회』(*Totentanz*)의 세 번째 재인쇄 등이 제작되었다. 그의 목판화는 아주 뛰어났고, 인쇄물은 깔끔하고 아름다웠다. 그렇지만 그가 프로테스탄트 성향을 지닌 자로 의혹을 받았기에 많은 그림과 인쇄물은 몰수되었다. 빈의 주교 카스파르는 몰수한 인쇄물을 일부는 주교구의 마당에서 소각했는데, 이런 연유로 그의 인쇄물이 현재에는 거의 남아 있지 않다.

마이어의 계산에 따르면 16세기 동안 대략 1,600종의 인쇄물이 빈에서 출판되었다. 16세기 말까지 여기서 중요한 인쇄업자로 10여 명이 더 언급될 수 있다. 16세기 동안 문학작품의 후퇴가 점점 눈에 띄고, 예수회 문헌은 점점 더 압도적인 비율을 차지한다. 그 때문에 이 작품들 하나하나는 서술되지 않을 것이다. 빈 인쇄업자들의 작업은 계속해서 빈 시장이라는 협소한 판매 영역으로만 설정되었다. 그 때문에 빈은 당시 독일 정신사의 발전에서 거의 기여하지 못했다. 약간 과장하여 표현하면, 빈은 서적인쇄술과 서적거래의 역사에서 엘자스의 작은 제국도시 하게나우보다도 중요하지 않다.

12. 막데부르크

막데부르크는 서적인쇄술이 작센 가문 출신의 대주교 에른스트의 영향으로 도입된 도시이다(Götze 1872; Hülße 1880). 막데부르크 최초의 인쇄소는 '공동생활 형제단'에 의해 설립되었다. 그러나 입증될 수 있는 최초의 인쇄업자들은 알베르트 라벤슈타인(Albert Ravenstein, 1483)과 요아힘 베스트팔(Joachim Westfal, 1484)이다. 베스트팔은 슈텐달 출신인데, 그는 1486년 혹은 1487년에 다시 그곳으로 돌아가서 저지독일어와 라틴어 『작센 법전』을 2절판 크기로 인쇄했다. 그의 주요 인쇄물은 2점의 평범한 목판화가 삽입된 저지독일어 복음서로 1484년에 인쇄된 2절판 크기의 서적인데, 최초의 저지독일어 복음서이다. 다음 인쇄업자는 바일부르크 출신인 시몬 코흐(Simon Koch)인데, 1486년과 1488년에 제작된 그의 인쇄물이 남아 있다. 대표작은 1486년 2절판으로 제작된 『미사 전서』이다. 시몬 멘처(Simon Mentzer, 1490-1503)가 뒤를 잇고 있는데, 그는 교훈적, 오락적, 교화적인 대중서를 인쇄했던 것으로 보인다. 그의 인쇄물은 모두 목판화로 장식되어 있다. 그러나 막데부르크의 가장 중요한 인쇄업자는 모리츠 브란디스(Moritz Brandis, 1491-1504)였다. 예전에 라이프치히에서 활동했던 그는 라이프치히에서부터 이미 대주교 에른스트, 그리고 막데부르크의 인쇄업자와 거래하고 있었다. 그는 라이프치히에서의 사업실패를 막데부르크에서 완전히 복구한 것처럼 보이는데, 왜냐하면 그가 여기서 활자와 두문자를 많이 소유했기 때문이다. 그의 인쇄물로는 저지독일어와 라틴어 서적만 알려져 있고, 그중 7종은 목판화로 장식되었다. 그의 대표작은 1493년에 제작된 2절판 크기의 『미사 전서』 초판이다. 그 외에도 라틴어-저지독일어 사전인 『보카불라리우스』(*Vocabularius optimus Gemmula vocabulorum dictus*)가 두드러지는데, 그는 이 책을 최소한 두 번, 1495년과 1497년에 인쇄했다. 그의 인쇄소는 야콥 빈터(Jakob Winter, 1506-1513)에게 넘어간 것으로 추정된다.

대주교 에른스트의 사망 후 그의 후계자인 가톨릭을 맹신하는 알브레히트 폰 브란덴부르크(Albrecht von Brandenburg, 1514년 이래 마인츠 대주교이기도 함) 치하에서 막데부르크의 서적인쇄는 일시적으로 종말을 고했다. 종교개혁에 반감을 품은 주교좌성당 참사회와 종교개혁에 우호적인 시의회는 서로 적대적이었다. 종교개혁의 시작과 더불어 수많은 전단지와 논쟁서가 등장한다. 그러나 이런 인쇄물은 일시적으로 오직 타지로부터 유입될 수 있었고, 1520년에서 1523년까지 대부분 니켈 비데마르(Nickel Widemar), 변절자의 대리인인 라이프치히의 볼프강 슈퇴켈을 통해 아일렌부르크에서 인쇄되었다. 가톨릭 맹신자의 대표 용사는 막데부르크 출신의 바울 수도원 소속의 수도승이며 데사우의 궁정 설교사였다. 무엇보다도 선제후령 작센의 귀족 출신인 니콜라우스 암스도르프(Nikolaus Amsdorff)의 종교개혁 노선을 대표한 요한 멘징박사(Dr. Johann Mensing), 요하네스 프리츠한스(Johannes Fritzhans), 에버하르트 바이덴제(Eberhard Weidensee), 볼프 키클롭스 의학박사(Dr. med. Wolf Cyclops) 등의 인쇄업자가 막데부르크에서 활동하였다. 막데부르크에서 인쇄된 논쟁적 내용을 지닌 작품들은 1530년까지 한 가지 예외만 제외하고 - 주지하다시피 루터의 영향으로 - 고지독일어로 인쇄되었다. 1520년대 말부터 평범한 사람들을 독자층으로 고려한 일련의 조그만 작품들도 저지독일어로 출판하였다. 이런 현상은 1540년대 초까지 지속된다. 특히 루터 작품의 출판이 대세를 이룬다. 저지독일어 성서와 노래책의 인쇄만이 16세기를 넘어 1631년까지 지속된다.

볼프 키클롭스박사의 권유에 화답하여 한스 크나페 주니어(Hans Knappe der Jüngere)가 1524년 막데부르크로 왔고, 그곳에서 다음 해까지 인쇄했다. 하인리히 외팅어(1525-1531)가 뒤를 이었는데, 그는 막데부르크에서 성서의 일부(『모세 5경』, 1528)를 저지독일어로 인쇄한 최초의 인쇄업자이다. 그리고 예전에 비텐베르크에서 활동했던 한스 바르트(Hans Bart)는 1527년과 1528년 활동했다. 마찬가지로 예전에 비텐베르크에서 활동했고, 1528년과 1529년에 막그데부르크로 왔던 미하엘 로터는 보다 중요한 인쇄업자이다. 그는 막데부르크에서 안티크바 활자를 사용했던 최초의 인쇄업자이기도 하다. 그의 출판사에서는 많은 수의 전단지 외에도 신학서적과 게오르크 마요르의 교재 등이 제작되었다. 1500년에 태어난 한스 발터(Hans Walther)는 하인리히 외팅어의 인쇄소를 인수하고 1530년부터 1560년까지 대부분 저지독일어로 저술된 종교개혁서적을 출판하였다. 그에 반해 크리스티안 뢰딩어(Christian Rödinger)는 약간의 신학서적만을 인쇄했다. 제작일자가 기입된 그의 최초 인쇄물은 1545년에 나왔다. 그는 알베르트 롤레빈크(Albert Rolevink)의 권유로 1553년 혹은 1554년 예나로 이주했다.

1529년부터 1562년까지 막데부르크에서 일련의 덴마크어 인쇄물이 출판되었다는 사실도 주목할 만하다. 그 일부는 로스톡과 뤼벡에서 활동하는 서적 제본가 혹은 서적 행상인의 주문으로 제작되었다. 그 외에도 막데부르크 출판사는 '아우크스부르크 임시조치'에 반대하는 사람과 엄격한 정통 루터주의 추종자들이 막데부르크에 모인 것을 통해 특정 종파를 수용하였다. 여기에 모인 인쇄업자들은 이미 언급된 니콜라우스 암스도르프, 마티아스 플라키우스 일리쿠스, 레겐스부르크 출신의 니콜라우스 갈루스 등이다.

막데부르크의 서적 행상인들은 가난했으며, 위협과 박해가 드물지 않게 산재해 있음에도 전단지를 행상으로 판매함으로써 빵값을 벌려고 일했다. 한스 로르(Hans Lor)는 15세기에 이미 등장한 뛰어난 서적 행상인이었다. 그가 1490년에 이미 모리츠 브란디스의 『작센 법전』 출판에 관여한 것이 입증되고 있으며, 1517년 라이프치히의 멜키오르 로터의 인쇄소에서 브란덴부르크 주교 관구의 『미사 전례』를 제작하게 했다.

13. 튀빙겐

그림 58 : 요한 오트마르의 지그네트

튀빙겐(Roth 1880; Steiff 1881) 최초의 인쇄업자는 로이트링겐 - 여기서도 그는 최초의 인쇄업자로서 1482년부터 인쇄했다 - 출신의 요하네스 오트마르(Johannes Otmar)였다. 프란치스코 수도원 독서장 파울 스크립토리스의 권유로 그는 1497년 말경 튀빙겐으로 이주했다. 그는 박식한 인쇄업자로서 교정자 역할도 담당했다. 대부분 신학서적을 제작했던 그는 튀빙겐 최초의 순수한 출판업자 프리드리히 마이엔베르거(Friedrich Meyenberger)를 위해서도 인쇄했다. 오트마르는 1501년까지 튀빙겐에 머물렀지만, 그 이후 아우크스부르크로 이주했고, 그곳에서 1502년부터 1514년까지 활동했다. 그를 이어 튀빙겐의 가장 중요한 인쇄업자 토마스 안스헬름(Thomas Anshelm)이 등장한다. 그는 1488년 슈트라스부르크에서 이미 몇 종의 인쇄물을 제작한 것으로 추정되는데, 1500년에서 1511년 3월까지 포르츠하임에서 서적인쇄업자와 서적거래상으로 활동했으며, 그곳에서 아마 요한 로이흘린의 권유로 튀빙겐으로 왔다. 필립 멜란히톤, 미하엘 후멜베르거 등 튀빙겐의 인문주의자들과 친교를 맺은 그는 오직 인문주의를 장려하는 목적을 최우선으로 인쇄기를 돌렸다. 대학의 자유학예과 교수 요하네스 힐테브란트(Johannes Hiltebrant)를 필두로 하였고, 1514년 그가 사망하자 멜란히톤이 그 역할을 대신했던 숙련된 교정자들은 그의 인쇄물에 교정의 명성을 안겨주었다. 잘 정리된 테두리 장식으로 아름다운 서적의 외관은 이런 정확한 교정과 더불어 그의 명성을 독일 전역으로 알렸다. 그는 그 당시 아주 드문 히브리어 활자도 소유하였다. 1516년까지 그는 튀빙겐에서 활동했으며, 그 후 하게나우로 갔고, 그곳에서 그와 친교를 맺었던 튀빙겐 학자들의 인쇄업자로 계속 활동했다.

 수년의 휴지 기간이 지난 뒤 1523년 초에 비로소 한 인쇄업자가 다시 튀빙겐으로 왔다. 그는 1519년에서 1522년까지 슈트라스부르크에서 인쇄했던 아우크스부르크 출신의 울리히 모어하르트(Ulrich Morhart)이다. 그는 특색 있는 테두리 장식, 어린이 알파벳을 비롯한 많은 두문자 등 장비를 잘 갖춘 인쇄소를 소유하고 있었다. 그의 노선은 안스할렘과는 아주 달랐다. 인문주의는 후퇴하고 그 자리를 논쟁적 가톨릭주의가 대신한다. 가톨릭 편에서 루터와 츠빙글리를 공격하는 논쟁자, 예컨대 에크, 샤츠거, 디텐베르거, 투베리우스, 노이도르프 등은 자신들의 논쟁서를 그에게 맡겼다. 슈타이프에 따르면 그 당시 튀빙겐은 남북으로 침투하는 종교개혁에 대항하는 반동 세력의 비상 집결지였다. 그러나 모어하르트는 확신에 차서 이런 일을 한 것은 아닌 듯하다. 그는 인쇄소를 돈벌이에 치중하여 운영하였고, 영업 이익을 보장해주는 주도적 시류에 따라갔다. 예컨대 그는 종교개혁 노선에 따른 슬라브의 서적인쇄에도 적극적으로 참여했다. 종교개혁에 열광한 남슬라브 설교자 프리무스 트루버(Primus Truber)는 가톨릭 고위 성직자의 박해로 조국 크라인에서 추방되어 1540

년 뷔르템베르크로 갔는데, 그곳에서 크리스토프 대공에 의해 우라흐의 목사로 임명되었고, 후에 네카강변의 라우펜으로 갔고 그다음 다렌딩엔으로 자리를 옮겼다. 멀리서 그의 동포들에게 종교개혁을 알리기 위해 그는 1550년 남슬라브 나라들에 확산된 독일어 발음에 따른 슬로베니아 방언을 라틴어 (후에는 독일어) 문자로 정착시키고, 그럼으로써 그때까지 존재하지 않았던 슬로베니아 국민문학의 창립자가 되었다. 그는 슬로베니아 알파벳의 기초를 구축하였으며 브렌츠와 루터의 『교리문답서』를 번역하였다. 울리히 모어하르트는 뉘른베르크 혹은 슈바벤-할에서, 작품을 인쇄하려는 시도가 좌절된 후 비록 은밀스럽게, 그리고 잘못된 회사 이름으로 제작했을지라도, 여기서 작품 제작에 성공했다. 페터 파울 베르게리우스(Peter Paul Vergerius)의 동의하에 트루버(Truber)는 1555년부터 루터의 번역에 따른 신약성서를 '슬로베니아어'로 번역하였다. 이것은 모어하르트 상속인(모어하르트는 1554년에 사망하였다)의 인쇄소에서 인쇄되었다. 그러나 이 성서의 출판으로 트루버의 자금, 그리고 일부 크리스토프 대공과 크레인 의회의 일부 의원을 통해 보증된 후원금 등이 소진되었다. 이런 상황에서 마찬가지로 종교적 신념으로 인해 고행을 떠나야만 했던 명망 있는 황제의 관료 한스 폰 운그나드 남작(Hans Freiherr von Ungnad)이 등장했고 풍부한 자금으로 이 일에 개입했다. 1557년부터 우라흐에 머물렀던 그는 1560년 트루버와 관계를 맺기 시작했고 그때부터 자기 수입의 대부분을 트루버에 의해 시도된 계획을 후원하는 데 사용했다. 또한 크로아티아어로 번역하는 것도 시작되었다. 운그나드는 우라흐에 있는 자기 저택에 자신의 인쇄소를 설립했고, 여기서 모어하르트의 작품 외에도 슬라브어 인쇄물을 제작했다. 뉘른베르크 활자 조각가를 통해 고대 슬라브어와 키릴어 활자가 제작되었으며, 라틴어, 고대 슬라브어, 키릴 문자라는 세 가지 판으로 새로운 크로아티아 서적을 인쇄했다. 운그나드는 종교개혁 성향의 작품을 이탈리아어로 번역하여 인쇄하는 작업도 시작했다. 그러나 그의 자금은 비용을 충당하기에는 충분하지 못했다. 이런 상황에서 뷔르템베르크 대공의 지속적인 후원 외에도 보헤미아의 왕과 후에 신성로마제국의 황제가 되는 막시밀리안 대공이 상당한 재원을 내놓았다. 다른 기부금은 예컨대, 크레인, 슈타이어, 오스트리아, 여러 독일 군주와 제국도시, 개인 등 여러 방면에서 제공되었다. 그러나 1564년 12월 27일에 운그라드는 사망하였고, 그때부터 트루버는 스스로에게 의지할 수밖에 없었다. 비록 그가 지칠 줄 모를 정도로 열심히 일했을지라도 그때까지의 대규모 인쇄소 운영은 더 이상 지속될 수 없었다. 인쇄된 서적의 판매는 서적거래의 일반적인 방법으로 이루어지지 않았다. 이런 일에 열광했던 개인들은 서적을 손에 넣어, 위험을 무릅쓰고 남슬라브 국가와 나아가 더 먼 지역에 이르기까지 서적을 공급했다. 이탈리아 인쇄물은 바젤을 거쳐 확산되었다. 1586년 6월 트루버가 사망한 후 이런 계획은 완전히 사라졌다. 서적 재고들이 어디로 갔는지 알려지지 않았다. 고대 슬라브어와 키릴 문자는 30년 전쟁에서 노획물로 황제 측 수중에 떨어졌고, 황제 페르디난트 3세를 통해 로마 가톨릭 선전을 위한 인쇄 도구로 전락했다.

튀빙겐의 후기 인쇄업자나 출판업자 중에는 개성 있는 인쇄를 통해 게오르크 그루펜바흐(Georg Gruppenbach), 지성과 근면을 통해 에버하르트 빌트(Eberhart Wild)가 두드러진다. 빌트는 인쇄 활동을 시작하자마자 그가 사방으로, 특히 헝가리로 많은 양을 확산시킨 신비주의적 신지학 서적으로 인해 슈벤크펠트(Schwenckfekd)[1]를 믿는 이단이라는 혐의를 받았고 1622년 압수수색을 당했다. 가택 수색에서 많은 양의 서적, 예컨대

---

[1] 카스파 폰 쉬벵크펠트(Caspar von Schwenckfeld, 1489-1561)은 독일인 신학자이자, 작가, 그리고 설교자였으며, 개신교 개혁자 및 영성주의자이며, 종교개혁의 초기 지도자 가운데 한 사람이었다.

요한 아른트, 발렌틴 바이겔, 그리고 그 당시 집권하고 있었던 정통파들이 눈엣가시처럼 여겼던 작가들, 더 나아가서 슈벤크펠트 등의 서적들이 발견되었다. 그 외에도 빌트의 집에 이단자들의 비밀집회가 거행되었음이 밝혀졌다. 그는 시 참사회에 의해 심문을 받기 직전에 로텐부르크로 도망쳤지만, 모든 것을 빼앗기고 다시 튀빙겐으로 압송되었다. 벌금과 구류 외에도 그의 인쇄소와 서적거래는 금지되었으며, 재고 서적들이 모두 몰수당했다. 그러나 뢰벤슈타인 백작의 주선으로 형벌의 일부가 사면되었고 다시 인쇄소를 열 수 있었다. 그는 불굴의 의지로 자신의 인쇄소 운영을 헤쳐 나갔다. 그의 이름은 1631년에 이르기까지 매세 카탈로그에서 엄청난 양의 출판물과 더불어 등장한다. 현재도 남아있는 거대한 회사 요한 게오르크 코타(Johann Georg Cotta)는 17세기 중반부터 비로소 중요한 출판사로 부상했다.

14. 비텐베르크

비텐베르크(Eichsfeld 1740)의 서적인쇄업자와 서적거래상의 활동은 종교개혁으로 야기된 운동과 밀접하게 관련되어 있다. 1509년에서 1522년까지 활동했던 요한 그루넨베르크(Johann Grunenberg)가 비텐베르크 최초의 서적인쇄업자이다. 그의 인쇄소는 아우구스티누스 수도회의 수도원에 있었는데, 당시 그곳에는 루터도 살았다. 그 때문에 그가 루터의 첫 번째

그림 59 : 한스 루프트의 지그네트

작품과 루터 친구들의 작품을 인쇄했다는 사실이 쉽게 설명될 수 있다. 멜키오르 로터가 그 뒤를 잇는데, 그는 1519년에서 1524년까지 활동했다. 1521년에서 1546년까지 활동했던 니켈 쉬르렌츠(Nickel Schirlentz)도 종교개혁 문헌을 제작했다는 사실은 자명하다. 마찬가지로 1521년 비텐베르크에서 인쇄를 시작했던 게오르크 라우(Georg Rhaw)의 경우는 흥미롭다. 1488년 태어난 그는 처음에는 라이프치히 토마스 학교 성가대 지휘자로 뛰어난 음악가이며 수학자였다. 그는 1547년까지 오랜 기간에 걸쳐 비텐베르크 시의회 의원으로 재직했다. 그의 인쇄기로부터 1529년 루터

의 대(大)교리문답서와 소(小)교리문답서 초판이 제작되었다. 1531년 그는 아우크스부르크 신앙고백의 결정판도 인쇄했다. 그는 루터의 작품 외에도 멜란히톤, 그리고 후에는 다른 종교개혁가의 작품도 인쇄하였다. 그 자신의 작품은 신학, 수학, 음악 분야의 내용을 담고 있다. 1548년 8월 6일 그가 사망한 후 상속자가 인쇄소를 1566년까지 계속 운영했다.

1495년 태어난 한스 루프트(Hans Lufft)는 대부분 추정하고 있는 1524년이 아니라, 자신의 신념으로 수도원을 떠나서 비텐베르크로 왔던 요한 프리츠한(Johann Fritzhan) 작품을 인쇄한 1523년에 이미 인쇄 활동을 시작하였다. 1524년부터 그는 루터 작품, 특히 독일어 성서의 인쇄업자로서 두각을 나타내었다. 그의 이름은 멜키오르 로터와 더불어 종교개혁의 역사에서 절대 분리될 수 없을 정도로 결합해 있었다. 그는 1584년 9월 2일에 사망하였다.

비텐베르크의 또 다른 인쇄업자를 언급해보면, 한스 바이스(Hans Weyß, 1525-1539), 클루게(Jos. Kluge, 1525-1552), 두 명의 페터 자이츠(Peter Seitz, 1536-1578), 한스, 차하리아스, 요한 크라프트(Johann Krafft, 1549-1615) 등이다. 특히 요한 크라프트는 멜란히톤의 작품도 인쇄했다.

비텐베르크의 출판서적거래는 거의 200년 동안 중요한 역할을 담당했으며, 16세기 말까지 라이프치히를 훨씬 능가하고 있었다. 비텐베르크의 출판서적거래는 루터주의를 엄호하는 외벽의 역할을 담당했고 대학의 수요를 충족해주었으며, 초기에는 성서 인쇄가 강력한 지지대가 되었다. 루터가 살아 있는 동안 금세공사 크리스티안 되링, 유명한 화가 루카스 크라나흐, 서적 행상인 바르텔 포겔, 크리스토프 슈람, 모리츠 골츠 등은 출판의 전문가였으며, 16세기 말에는 사무엘 젤피쉬와 쉬러 가문이 전문가 대열의 일원으로 들어왔다.

■ 참고문헌

Bergner, Rud.(1884), *Siebenbürgen*. Leipzig.

Birt, Th.(1882), *Das antike Buchwesen in seinem Verhältnis zur Literatur*. Berlin.

Burckhardt, Jak.(1877), *Die Kultur der Renaissance*. 3. Auflage von Ludwig Geiger. Leipzig.

Butsch, A. F.(1878), *Bücherornamentik der Renaissance*. Leipzig.

Eichsfeld, E. G.(1740), *Relation vom Wittenbergischen Buchdrucker-Jubiläo*.

Ennen, L.(1869), *Geschichte der Stadt Köln*. Köln und Neuß.

Falk, F.(1879), *Die Druckkunst im Dienste der Kirche*. Köln.

Fechter, D. A.(Hg.)(o. J), *Beiträge zur ältesten Geschichte der Buchdruckerkunst in Basel*. Basel.

Götze, L.(1872), *Ältere Geschichte der Buchdruckerkunst in Magdeburg. 1. Abteil: Die Drucker des 15. Jahrhunderts*. Magdeburg.

Gregorovius, Ferd.(o. J.), *Geschichte der Stadt Rom im Mittelalter*. Stuttgart.

Hase, O.(1869), *Die Koberger Buchhändlerfamilie zu Nürnberg*. Leipzig.

Haßler, K.D.(1840), *Die Buchdruckergeschichte Ulms*. Ulm.

Heffner, L.(1858), *Zur Geschichte der Erfindung der Buchdruckerkunst im Archiv des historischen Vereins für Unterfranken und Aschaffenburg*. XIV. Würzburg.

Herberger, Th.(1865), *Zur Geschichte der Einführung der Buchdruckerkunst in Augsburg*. Augsburg.

Hülße, F.(1880), *Beiträge zur Geschichte der Buchdruckerkunst in Magdeburg. I. Die Drucker von 1500-1552*. Magdeburg.

Ilgenstein, M.(1884), "Die älteste Buchdruckergeschichte Ulms", in: *Centralblatt für Bibliothekwesen*.

Kirchhoff, A.(1851), *Beiträge zur Geschichte des deutschen Buchhandels*.

Leipzig.

Kirchhoff, A.(1853), *Die Handschriftenhändler des Mittelalters*. Leipzig.

Lange, Ad.(1864), *Peter Schöffer von Gernsheim, der Buchdrucker und Buchhändler*. Leipzig.

Linde, A. v. d.(1878), *Gutenberg, Geschichte und Erdichtung aus den Quellen nachgewiesen*. Stuttgart.

Madden(1878), *Lettres d'un Bibliographe*. Paris.

Marquardt, J.(1882), *Das Privatleben der Römer im 7. Bande des Handbuchs römischer Staatsaltertümer*. Berlin.

Mayer, A.(1883), *Wiens Buchdruckergeschichte*. Wien.

Meineke, A.(o. J.), *Fragmenta poetarum Graecorum comicorum*.

Merlo, J. J.(1879), *Die Buchhandlungen und Buchdruckereien „Zum Einhorn" vom 16. Jahrhundert bis zur Gegenwart*. Köln.

Metz, Fr.(1834), *Geschichte des Buchhandels und der Buchdruckerkunst*. Darmstadt.

Meyer, F. H.(o. J.), "Primus Truber, Hans Freiherr von Ungnad und Genossen". in: *Archiv für Geschichte des deutschen Buchhandels VII*.

Meyer, L. E.(1840), *Die Buchdruckerkunst in Augsburg bei ihrem Entstehen*. Augsburg.

Mezger, G. C.(1840), *Augsburgs älteste Druckdenkmale*. Augsburg.

Panzer, G. W.(o. J.), *Beschreibung der ältesten Augsburger Ausgaben der Bibel*.

Platter, Thomas(1878), *Selbstbiographie, bearbeitet von Heinrich Boos*. Leipzig.

Potthast, A.(1863), *Im Anzeiger für Kunde der deutschen Vorzeit*.

Rochelle, Nee de la(1830), *Recherches sur l'etablissement de l'art typographique en Espagne et en Portugal*. Paris.

Roth, R.(1880), *Das Büchergewerbe in Tübingen vom Jahr 1500 bis 1800*. Tübingen.

Rudolphi, E. C.(1869), *Die Buchdruckerfamilie Froschauer in Zürich*. Zürich.

Schmidt, Ad.(1847), *Geschichte der Denk- und Glaubensfreiheit in dem ersten Jahrhundert der Kaiserherrschaft und des Christentums.* Berlin.

Schmidt, Carl(1882), *Zur Geschichte der ältesten Bibliotheken und ersten Buchdrucker zu Straßburg.* Straßburg.

Schneegans, W.(1882), *Abt Johannes Trithemius und Kloster Sponheim.* Kreuznach.

Schoemann, G.F.(1853), *Griechische Altertümer*, Berlin.

Sepp(1878), *Festschrift bei Stiftung der Gedächtnisfenster am Erfindungsort der Glasmalerei zu Tegernsee.* München.

Steiff, K.(1881), *Der erste Buchdruck in Tübingen (1498–1534).* Tübingen.

Stockmeyer, J., und B. Reber(1841), *Beiträge zur Basler Buchdruckergeschichte.* Basel.

Varrentrapp, C.(1878), *Hermann von Wied und sein Reformationsversuch in Köln.* Leipzig.

Voigt, G.(1880), *Die Wiederbelebung des klassischen Altertums.* Berlin.

Wattenbach, Wilh.(1875), *Das Schriftenwesen des Mittelalters.* 2.Aufl. Leipzig.

Wetter, J.(1836), *Kritische Geschichte der Erfindung der Buchdruckkunst.* Mainz.

Wustmann, G.(1879), *Die Anfänge des leipziger Bücherwesens.* Leipzig.

Wyß, A.(1879), "Zur Geschichte der Erfindung der Buchdruckerkunst", in: *Quartablätter des historischen Vereins für das Großherzogthum Hessen.* Darmstadt.

Zapf, G. W.(1786), *Augsburgs Buchdruckergeschichte.* Augsburg.

■ 찾아보기

작품명

- 『(구약성서의) 아가서』
  (Cantica canticorum)__195
- 『4권으로 구성된 알베르투스 마그누스의 새로운 논리학에 대한 게라르두스 하르더비쿠스의 해설서』
  (Gerardi Hardervici commentarii in quatuor libros novae logicae Alberti Magni)__131
- 『가스파리니 바르치치 양피지 서간집』
  (Liber Epistolarum Gasparini Barzizii Pergamensis)__157
- 『거짓말과 속임수』
  (fabel und gauklerrey)__124
- 『건강의 정원』
  (Ein Gart der Gesundheit)__100
- 『게르송 작품집』
  (Opera Gersonis)__164
- 『격언』(Proverbia)__142
- 『고해에 대한 가르침』
  (Lehre von der Beichte)__225
- 『고해』(Confessionale)__133
- 『교구장 발라프리디 스트라보니스의 주해와 안젤미 라우두넨시스의 행간 주석이 첨부된 라틴어 성서』
  (Biblia latina cum glossa ordinaria Walafridi Strabonis et interlineari Anselmi Laudunensis)__118
- 『교리문답서』__238

- 『궁정생활에 관한 대화』
  (Gesprächs vom Hofleben)__209
- 『그라티아누스 교령집』
  (Decretum Gratiani)__115, 162
- 『그레고리우스 9세의 교령집』
  (Gregorii IX. Decretales)__99
- 『그리마니』(Grimani)__25
- 『그리스도교의 가르침에 대하여』
  (De Doctrina christiana)__113
- 『네 가지 역사서』__108
- 『대전』(Summa)__113
- 『도나투스 문법』__108
- 『도덕의 거울』
  (Speculum morale)__113
- 『도덕적 나병에 관한 설교』
  (Tractatus de morali lepra)__66
- 『도시의 명성』(Notitia Urbis)__14
- 『독일어 사전』
  (Vocabularium teutonicum)__65
- 『독일의 성인전례서』
  (dytsche Passional)__137
- 『디스키플루스의 설교』
  (Sermones discipuli)__119
- 『라이엔슐』(Die Leyenschul)__106
- 『라틴어 성서』(Biblia latina)__33
- 『레겐스부르크 미사 전서』__109

- 『루키안』(Lucian)__142
- 『루터성서』__106
- 『르네상스의 서적 장식』 (Bücherornamentik der Renaissance)__128
- 『마이츠 시편』__90
- 『마차린 성서』__59
- 『메리안의 지형학』 (Meriansche Topographie)__148
- 『문헌 애호가』(Philobiblion)__15
- 『미사 성가집』(Graduale)__157
- 『바보들이 탄 배』(Narrenschiff)__39
- 『바젤 대학의 학생 명부』 (Matricula studiosorum Universitatis Basileensis)__156
- 『발라프리두스 스트라보누스의 주해를 첨부한 라틴어 성서』 (Biblia Latina cum glossa ordinaria Walafridi Strabonis)__161
- 『발레리에 도서관 카탈로그』__96
- 『법률 전서』(Corpus juris)__31
- 『베네딕트 수도회의 미사 전서』__109
- 『보니파키우스 8세. 여섯 번째 법령집』 (Bonifacii VIII. Liber sextus Decretalium)__99
- 『보석함』(Schatzbehalters)__198
- 『보카불라리우스』 (Vocabularius optimus Gemmula vocabulorum dictus)__233
- 『보카불라리움 엑스 크보』 (Vocabularium ex quo)__59
- 『보편 신학』(Pantheologia)__195
- 『빈자의 성서』__109

- 『빌리발트 피르크하이머에게 보내는 서신』(Epistel an Wilibald Pirckheimer)__209
- 『사랑하는 이에 대한 매춘부의 정조』 (De Fide Meretricum in suos Amatores)__105
- 『사물의 발명에 관하여』 (Von Erfindung der Dinge)__186
- 『사법의 거울』 (Speculum judiciale)__116
- 『사순절』(Quadragesimale)__157
- 『사투르날리아 축제』 (Macrobii Saturnalia)__28
- 『상인용 산수 교과서』__207
- 『새이럼 성당용 미사성가집』 (Graduale ad usum Sarum)__141
- 『색다른 특색을 갖춘 시골 여자 콜루멜라』 (L. Columella de re rustica cum aliis, illi adjunctis)__28
- 『서간』(Brief)__173
- 『서적매세 연감』(Codex nundinarius)__144, 219
- 『설교집』(Postille)__215
- 『설교』(Homilien)__32
- 『성 로쿠스 전설』(St. Rochus Legende)__225
- 『성명 고유명사』(Onomasticon propriorum nominum)__170
- 『성스러운 도시 쾰른 연대기』 (Cronica van der hilliger stat Coellen)__133
- 『성인의 삶』(Heiligenleben)__123
- 『성인전』(Legenda Sanctorum)__189

찾아보기 | 247

- 『세 갈래 헝가리 법률집』
  (Tripartitum Opus juris hungarici)__228
- 『세계사 스케치』
  (Fasciculus temporum)__79
- 『소비 악습』
  (Comestorium vitiorum)__195
- 『수사학』(Rhetorica)__166
- 『수에비의 역사』
  (Historia Suevorum)__80
- 『쉐델 연대기』
  (Schedelsche Chronik)__198
- 『쉘호른 성서』
  (Schelhornsche Bibel)__59
- 『스콜라주의의 역사』
  (Historia scholastica)__122
- 『스콜라학파 지식 사전』
  (Thesaurus eruditionis scholasticae)__218
- 『시간의 분책』
  (Fasciculus temporum)__160, 190
- 『시편 50장에 대한 요하네스 크리소스토무스의 책』
  (Liber Joannis Chrysostomi super Psalmo quinquagesimo)__130
- 『신국론』(De Civitate Dei)__96, 119
- 『신성한 역사적 노동』
  (Sacrarum historiarum opus)__209
- 『아스테자누스 총론』
  (Summa Astexani)__134, 136
- 『악마 혹은 죄인의 위로』__109
- 『안토니 벨저의 도서 카탈로그』
  (Catalogus bibliothecae Antonii Welseri)__188

- 『에기디우스의 철학적 오류』
  (Aegidii Errores philosophorum)__225
- 『역사의 거울』
  (Speculum historiale)__113, 179
- 『영혼의 작은 정원』
  (Hortulus Animae)__140
- 『오데포리콘』(Odeporicon)__228
- 『오로시우스의 군주편』
  (Editio princeps des Orosius)__178
- 『요세푸스』(Josephum)__139
- 『요하네스 마이거의 차별 논쟁서』
  (Tractatus distinctionum Joannis Meyger)__225
- 『요한 안드레아의 서문이 있는 클레멘스 5세의 교령집』
  (Clementis V. Constitutions cum Apparatu Joannis Andreae)__99
- 『요한계시록 주해』
  (Glosa super Apocalipsim)__204
- 『욥기에 나타난 윤리 혹은 해설』
  (Moralia seu Expositio in Jobum)__153
- 『욥기에서 나타난 그레고리우스 교황의 윤리』(Gregorii Magni Moralia in Jobum)__152
- 『우르스페르겐 연대기』
  (Chronicon Urspergense)__76
- 『우화집』__108
- 『유명한 여인에 관하여』
  (Von Berühmten Weibern)__186
- 『유스티니아누스 코덱스』
  (Justiniani Codex, 1475)__99
- 『의무에 관하여』

- (Von den Pflichten)__186
- 『이탈리아 실리우스』
  (Silius Italicus)__28
- 『인간 삶의 위대한 극장』
  (Magnum Theatrum Vitae Humanae)__148
- 『인노첸시오 4세의 교령집』
  (Decretalen Innocenz)__116
- 『자연철학』
  (Philosophia naturalis)__228
- 『작센 법전』
  (Sachsenspiegel)__135, 159
- 『재건의 과업』
  (Opus restitutionum)__133
- 『전원시』(Bucolica)__34, 210
- 『점성술 명제 15』
  (Propositiones astrologicae XV)__204
- 『제후에 대한 경고』
  (Ermahnung an die Fürsten)__209
- 『주해가 있는 스타투스 작품집』
  (Statii Opera cum commentario)__28
- 『주해가 첨부된 유스티아누스의 제도집』
  (Justiniani Institutiones cum Glossa)__99
- 『죽음의 무도회』(Totentanz)__231
- 『줌마 프래디칸티움』
  (Summa praedicantium)__121
- 『지리학』(Geographie)__191
- 『질문 형태의 주해』
  (Annotationes in questiones)__170
- 『찬사의 기술에 관하여』
  (De Arte Praedicatoria)__94
- 『천문력표』(Ephemeriden)__199

- 『천문학』__106
- 『침머른 연대기』
  (Zimmern Chronik)__53
- 『칭찬받을 만한 대중에 관한 설교』
  (Sermo ad populum praedicabilis)__132
- 『카스파리누스의 철자법』
  (Casparini Pergamensis Orthographiae Liber)__54
- 『카톨릭콘』(Catholicon)__59
- 『칼뱅주의자의 중오에 대하여』
  (In odium Calvinistarum)__221
- 『코르넬리우스 켈수스의 의학에 대하여』
  (Cornelius Celsus de medicina)__28
- 『콘스탄츠에서 열린 공의회 백서』
  (Conciliumbuch geschehen zu Constanz)__180
- 『쾰른 미사전서』
  (Missale Coloniense) 141
- 『쾰른 인쇄업자 연감』
  (Annales Typographici Civitatis Coloniensis)__140
- 『쾰른연대기』__58
- 『쾰호프 연대기』__130
- 『크리소스토무스』
  (Chrysostomus)__143
- 『클레멘스 교령집』
  (Clementinae)__116
- 『클레멘스 교황의 교서』
  (Codex Constitutionum Clementis Papae, 1460)__91
- 『클뤼니 미사전서』
  (Missale Cluniacense)__159
- 『키케로의 의무에 관하여』

찾아보기 | 249

- (Cicero de Officiis)__91
- 『탐험자 용어 목록』
 (Repertorium Vocabulorum exquisitorum)__153
- 『터키인에 대한 그리스도교인의 경고』__109
- 『토마스 아퀴나스의 12 자유토론』
 (Thomae Aquinatis Quodlibeta duodecim)__195
- 『토마스 아퀴나스의 주석 해설』
 (St. Thomae de Aquino Expositio Sententiarum)__99
- 『토마스 아퀴나스의 주석이 첨부된 보에티우스의 철학의 위안』
 (Boetii liber de consolatione philosophiae cum commentario Thomae de Aquino)__196
- 『토이어당크』(Theuerdank)__181
- 『토티아나 문고』
 (Bibliotheca Thottiana)__141
- 『페터 라베나투스의 법학 정전 요약』
 (Petri Ravennati Compendium juris canonici)__210
- 『풍자』(Satiren)__226
- 『프로사르드 연대기』__25
- 『프톨레마이오스의 지리학』
 (Geographie des Ptolemäus)__123
- 『플루타르크』(Plutarch)__142

- 『필사 예찬에 대해』
 (De laude scriptorum manualium)__76
- 『하느님의 이성적 직분』(Rationale Divinorum Officiorum, 1459)__91
- 『합의서』(Einigungsbuch)__190, 191
- 『합창을 위한 미사 성가집』
 (Graduale pro choro)__76
- 『행운에 관하여』(Vom Glück)__186
- 『헤르메스 트리스메기스투스』
 (Mercurius Trismegistus)__100
- 『헤쿠바』__34
- 『황제 막시밀리안에게 보내는 경고』
 (Ermahnung an den Kaiser Maximilian)__227
- 『후견인들』
 (Manipulus curatorum)__225
- 『후안 토르케마다의 시편 해설』
 (Joannis Torquemada Expositio Psalterii)__99
- 『후앙 드 투레크레마타의 명상록』
 (Meditationes Johannis de Turrecremata)__105
- 『히브리어 문법 체계』
 (Institutiones Grammatices Ebreae)__229
- 『히에로니무스 서간집』
 (Hieronymi Epistolae)__99

인물명

ㄱ

가구인, 로베르트__54

가이어, 니클라스__107
갈루스, 니콜라우스__235

게납, 카스파르 반__146
게르송__195, 225
게링, 울리히__156
게브빌러, 히에로니무스 폰__115
게스너, 콘라트__174
게오르크 대공__210
겐스플라이쉬, 게오르크__43
겐스플라이쉬, 프릴로__41
겔레니우스, 지기스문트__165
겡엔바흐, 팜필루스__168
골츠, 모리츠__213
괴츠, 니콜라우스__134
괴츠, 파울__122
구알테루스, 루돌프__174
굴덴샤프, 요한__135
귄터, 볼프__216
그라프, 우르스__186
그란, 하인리히__126, 183
그레고리우스 대교황__153
그레프, 히에로니무스__126
그로세, 고트프리트__224
그로세, 요한__224
그로세, 프리드리히__224
그로세, 헤닝__222
그로테, 게르하르트__22
그루넨베르크, 요한__241
그루펜바흐, 게오르크__239
그뤼너, 한스__190
그뤼닝어, 요한__117

그리마니__25
그림, 야콥__67
그림, 지그문트__185
글로브, 아카티우스__209
기미에, 요한__95
김니쿠스, 요한__148

ㄴ ··

나들러, 게오르크__184
나들러, 헤르만__157
나사우, 아돌프 폰__67, 82, 91
나우클러, 요한__80
네커, 다비드 드__231
네커, 헤어쿨레스 드__231
노이도르프__237
노이되르퍼, 요한__196
노이마이스터, 요한__104
노이스, 하인리히 폰__134, 137
노페스, 쿠노__47
니더, 요한__66
니코크라투스__5
니콜라우스 5세__38, 77
니콜리__38
니타르트, 한젠__192

ㄷ ··

다버츠호퍼, 크리소스토무스__188
다비트, 카임 벤__184
단테__37

데모스테네스__5, 186
도도, 아우구스티누스__161
도루스__12
도이츠, 게르라흐 폰__76
되링, 크리스티안__242
두란두스, 길리엘무스__91
두란티우스, 빌헬름__116
뒤네__49
뒤러, 알브레히트__124, 194
드레서, 마테우스__218
드리첸, 게오르크__45, 47
드리첸, 안드레아스__70
드리첸, 클라우스__45, 47
디도, 피르맹__32
디스키플루스__119
디오클레티아누스__18
디텐베르거, 요한__106, 237
디폴트 후터__190
딩크무트, 콘라트__190

ㄹ

라바터, 루드비히__174
라벤슈타인, 알베르트__232
라벤스베르크, 요한__126
라스카리스, 콘스탄틴__75
라에타__10
라우, 게오르크__241
라우버, 디볼트__27, 113
라우버, 야콥__155

라우셔, 히에로니무스__220
라이저, 게오르크__116
라인하르트, 요한__122
라톨트, 에르하르트__181
라피데, 요한 하인라인 드__76, 160
라피드, 요하네스 아__54
라흐너, 볼프강__142, 165
란츠베르크, 마르틴__210, 213
람베르크, 아브라함__223
람슈타인, 로이톨트 폰__51
람파르터, 니콜라스__168
랑니켈__203
랑엔, 루돌프 폰__118
랑키쉬, 프리드리히__224
레거, 요한__191, 192
레고몬타누스, 요한__198
레나누스, 베아투스__126, 161
레오 10세__36, 78
레온하르트__22
레차, 프란시스쿠스 드__195
레하이머, 요한__52
렌비히, 게르하르트__104
렌헨, 루드비히 폰__136
렘페르츠, 하인리히__134
로덴슈타인, 헤네 폰__52
로르, 요한__205
로르, 한스__235
로머스키르헨 1세, 하인리히__148
로스라인, 페터__182

로스비타_76
로이쉬, 세바스티안_207, 214
로이스너, 니콜_219
로이트링엔, 마르틴 폰_192
로이흘린, 요한_236
로이흘린_138
로터, 멜키오르_207, 242
로터, 미하엘_234
로트, 게오르크_219
롤레빈크, 베르너_79, 160
롤레빈크, 알베르트_234
뢰딩어, 크리스티안_234
뢰벤슈타인 백작_240
뢰플러, 한스_216
루드비히 11세_96
루드비히 9세_32
루센시스, 율리우스_12
루쉬, 아돌프_28, 114, 161
루츠_187
루클루스_6
루터, 마르틴_3, 168, 198, 219
루펠, 베르톨트_54, 153, 154
루프, 짐프레히트_185
루프트, 한스_242
루호, 발트하자르_170
룬케비츠, 다미안_216
뤼빙어, 에르하르트_98
뤼쉬, 니콜라우스_158
리그나미네, 필립 드_112

리비우스, 티투스_102
리비우스_31, 36
리치오, 로베르투스 드_157
리터스하우젠, 콘라트_188
리페, 한스_45, 69
리헬, 베른하르트_127, 157, 159
리헬, 요지아스_127, 160
리히터, 메르텐_215
린만, 요한_127, 182

■ ....
마그누스, 알베르투스_228
마르티알리스_11
마르티어, 페터_174
마요르, 게오르크_234
마우저, 한스_216
마이덴바흐, 야콥_105
마이스터, 요한_164
마이엔베르거, 프리드리히_236
마인츠, 디터 폰_98
마인츠, 아돌프 폰_60
마인츠, 알브레히트 폰_36
마인츠, 콘라트 폰_43
마차린_59
막데부르크, 에른스트 폰_206
막시밀리안 황제_226
만시온, 콜라드_202
맘프라스, 에렘_224
망, 크리스토프_188

망어, 미하엘__188
메디치, 코지모 폰__38
메서슈미트, 게오르크__126, 127
메트링어, 페터__156
멘징, 요한__233
멘처, 시몬__232
멘텔, 요한__112, 202
멜란히톤__219
멜링하우스, 율리우스__148
멩거린, 페터__53
모루스, 토마스__171
모르, 아르보가스트__157
모어하르트, 울리히__127, 237
무레, 콘라두스 드__153
무스쿨루스, 볼프강__165
물리히, 헥토르__114
뮌스터, 세바스티안__169, 231
밀러, 요하네스__185
밀리우스, 아르놀트__144
밀리우스, 크라토__127

ㅂ ....

바그너, 게오르크__104
바그너, 레온하르트__76
바그너, 콘라트__22
바그너, 페터__199
바덴, 토마스 안스헬름 폰__125
바디안__228
바다우스, 요도쿠스__142

바르바로사, 프리드리히__31
바르톨로모이스, 그레고리우스__166
바르트, 하인리히__45
바르트, 한스__234
바이겔, 발렌틴__240
바이덴제, 에버하르트__233
바이센부르거, 요한__199
바이스, 한스__242
바인하우스, 아돌프__223
바일덱, 로렌츠__50, 71
바젠, 한스 폰__173
바커, 야콥__184
바헬벨, 에라스무스__210, 213
발다르퍼, 크리스토프__116, 133
발더, 요하네스__169
발부스, 요하네스__64
발부스__10
발터, 베른하르트__198
발터, 한스__234
발트람__30
밥스트, 발렌틴__217, 218
베게티우스__186
베르가모, 가스파리니 폰__155
베르거, 페터__184
베르게리우스, 페터 파울__238
베르겔, 요한 아르놀트 폰__106
베르길리우스, 폴리도르__186
베르길리우스__76
베르나데, 루드비히 드 라__92

베르덴, 마르틴 폰__135, 137
베르만, 그레고르__209
베르발트, 야콥__217
베르뵈츠__228
베르스만, 그레크__218
베르크만, 요한__168
베르크만, 한스__213
베른헤어__36
베리, 리차드 드__15
베플러__179
베벨, 요한__169
베사리온__75
베소브룬, 디무트 폰__30
베스트, 요아힘__232
베스트헤머, 바르톨로모이스__169
베지켄, 요하네스 드__163
베지크하임, 요하네스 폰__156
베켄후브, 요한__116
베크, 레나투스__127
베크, 발타자르__127
베헴, 프란츠__106, 136
베흐터뮌체, 니콜라우스__59, 65
베힝어, 요한__126
벤스츨러, 미하엘__155
벤커, 야콥__45
벨레유스__10
벨로바켄시스, 빈켄티우스__113
벨슈비르트, 리엔하르트__192
벨저, 마르쿠스__187

벰블러, 요한__179
보니파키우스 8세__91
보에티우스__14
보익, 앙리__31
보카치오__35, 37, 186
보크, 니켈__220, 221
본가르트, 헤르만__137
볼게무트__198
볼라베, 니켈__214
볼렌제커, 안드레아스__215
볼터, 베른아르트__147
볼프, 요하네스__176
볼프, 토마스__169
뵈티허, 그레고르__209
부르군트, 필립 폰__25
부르스터, 한스__156
부르크마이어, 한스__186
부링어, 하인리히__174
뷜링엔, 루드비히 폰__140
브란덴부르크, 알브레히트 폰__79, 106, 233
브란디스, 루카스__205
브란디스, 마르쿠스__204, 205
브란디스, 마테우스__205
브란디스, 모리츠__205, 232, 235
브란트, 마티아스__126
브란트, 세바스티안__39
브레톤, 빌헬름__142
브레히터, 마르틴__52
브룀저, 라인하르크 폰__52

브룬넨, 요한__101
브리링어, 니콜라우스__169
블라우비러, 요한__180
블룸, 미하엘__214
비너, 요한__180
비데마르, 니켈__213, 233
비르중, 마르크스__185
비르크만, 아르놀트__107, 143
비르크만, 요한__144
비르크만, 프란츠__140
비르트__13
비른슈틸__223
비베스, 루드비히__142
비쇼프, 니콜라우스__166
비스티치, 베스파시아노 드__38, 75
비일, 프리드리히__155
비첼, 게오르크__215
비츠, 한스__98
비테르보, 아니우스 폰__204
비테츠, 요한__226
비토르, 히에로니무스__227
비트만, 요한__207
빈더, 한스__207
빈터, 로베르트__170
빈터, 야콥__233
빈터, 콘라트__66, 135
빈터부르거, 요한__226
빌러, 게오르크__186
빌러, 프란치스쿠스__161

빌러, 한스__158
빌트, 에버하르트__239
빌헬름, 토마스__218, 220
빔펠링, 야콥__53
빔펠링__126

ㅅ

사돌레투스__36
사스파흐, 콘라트__50
살로몬, 블라시우스__122, 214
새바이니, 폰__16
샤이터, 크리스토프__184
샤츠거__237
세쿤두스__12
소시우스 형제__12
쇠퍼, 이보__104
쇠퍼, 페터__53, 127
쇠플린__45
쇤베르크, 안톤 폰__215
쇤스페르거, 한스__180
쇼이를, 크리스토프__39
쇼이펠라인, 요한__181, 186
쇼트, 마르틴__114, 121
쇼트, 안드레아스__188
쇼트, 요한__126, 214
쇼트, 페터__39, 121
숍저, 한스__184
술라__6
쉬러, 마티아스__126

쉬러, 페터__216
쉬르렌츠, 니켈__241
쉬슬러, 요한__178
슈람, 크리스토프__213
슈만, 발렌틴__210, 213
슈미트, 니켈__214
슈바인하임__76
슈반, 요한__127
슈벤크펠트__239
슈타이너, 하인리히__186
슈타인만, 한스__220, 221, 222
슈타인하임, 멜키오르 드__178
슈타인호퍼, 카스파르__230
슈타트론, 헤르만 폰__95
슈텡엘__188
슈토커, 미데하르트__46
슈퇴켈, 볼프강__210, 213
슈퇴켈, 야콥__213
슈퇴플러, 요한__106
슈툭스, 게오르크__199
슈툼프, 한스__174
슈트라스부르크, 베른헤어 폰__34
슈트리겔, 빅토린__219
슈파이어, 벤델린 폰__74
슈펭겔, 테오발트__107
스보프, 토마스__126
스코투스, 요하네스__95
스크첼루스키, 라파엘__229
스토보이스, 요한__186

식스투스 4세__77, 199

ㅇ

아게실라우스__9
아그리콜라, 루돌프__28
아르놀트, 요한__147
아른트, 요한__240
아리스토텔레스__5, 166, 171
아메르바흐, 요한__118, 157, 164
아모니우스, 안드레아스__141
아모니우스, 페터__142
아시니우스폴리오__8
아우구스투스__8, 9
아우구스티누스__96
아이히, 레온하르트 폰__200
아퀴나스, 토마스 폰__64, 113, 198
아퀼라, 에기디우스__229
아탈루스왕__7
아텐도른, 페터__119, 125
아트렉투스__12, 13
아티쿠스, 폼포니우스__6, 8, 11
아페르거, 안드레아스__188
아펠, 미하엘__230
아프리카누스, 스키피오__9
아하테스, 레온하르트__133, 156, 160
안드로니쿠스, 폼필리우스__12
안스헬름, 토마스__236
안토니우스__7
알란체, 루카스__127, 200

알레리아, 요하네스 폰__93
알렉산더 6세__78
알렉산더대왕__5
알로페키우스, 헤로__146
알바노, 유스투스 드__191
알브레히트, 니클라스__213
알브레히트, 요한__127
알비노, 유스투스 폰__192
알비키우스__188, 204
알빈, 요한__107
암스도르프, 니콜라우스__233
암스테르담, 마르틴 폰__163
앙부아즈, 야콥 폰__159
에게놀프, 크리스티안__127
에게슈타인, 하인리히__115
에네아__10
에라스무스__126, 142, 165
에르바흐, 테오도리히 그라프 운트 헤어 추__53
에르포르디아누스, 요하네스__184
에모이스, 요하네스 파버__169
에버, 요한__125
에어링어, 게오르크__110
에크__237
에크슈타인, 시몬__213
에피스코피우스, 니콜라우스__166
에피쿠로스__10
에흐트첼러, 아르놀트 겔후에스 춤__52
엘힝어, 마테우스__184

엠저__210
엥크후이젠, 얀 폰__32
오르시니, 지오르다노__35
오이리피데스__5, 34
오코__188
오트마르, 요한__181, 184, 236
오트마르, 질반__185
오페너, 베르흐톨드__98
오포리누스, 요한__167
올뮈츠, 야콥 폰__76
올페, 요한 베르크만 폰__132
올페, 페터 폰__132
외콜람파디우스, 요한__143, 165, 201
외크린, 에르하르트__184
외팅어, 하인리히__234
요르단, 그레고르__212
요르단, 페터__105, 136
요빈, 베른하르트__127
요세푸스, 플라비우스__178
요셉, 아르놀트__145
운그나드, 한스 폰__238
운켈, 바르톨로모이스 폰__134
울리아__14
울리허, 게오르크__127
울하르트, 필립__184
위벨린, 게오르크__122
유베날리스__11
유클리데스__5
유클리드__182

율리우스 2세__78
이솝__119
이젠그린, 미하엘__169
이젠부르크, 디터 폰__67, 91
이젠후트, 레온하르트__164
이켈자머__106
인쿠스, 베른하르트__97
일리쿠스, 마티아스 플라키우스__235
잉그바일러, 하인리히 폰__122

ㅈ

자이, 페터__242
작스, 한스__194
장손, 니콜라우스__202
젠센슈미트, 요한__109, 195
젤피쉬, 시무엘__242
조르크, 안톤__74, 179
조사트, 헤닝__214
주트, 레오__174
지모니스, 요한 하인리히__148
지모니스, 하인리히 요셉__148
지버__53
지볼트, 하인리히__127
지티히, 요한__184
짐마쿠스__14
징리너, 요한__227

ㅊ

차이너, 귄터__177

차이너, 요한__189
차이센마이어, 루카스__184
체닝어, 콘라트__199
첼, 울리히__24, 53, 58, 202
츠빙글리__174, 201
치리히체, 코르넬리우스 폰__137
치오티, 요한 밥티스트__149
침머른, 베르너 빌헬름 폰__53
침머만, 미하엘__229

ㅋ

카니시우스, 페터__230
카르보, 요한__229
카를 5세__168
카를레, 요한__51
카를슈타트__201
카메라리우스, 요아힘__218
카머란더, 야콥__127
카머스__228
카이미스, 바르톨로모이스 드__133
카임, 우르반__126
카헬오펜, 콘라트__206
칼라누스__6
칼리보이스, 바르톨로모이스__169
칼비, 안드레아__122
캑스톤, 윌리엄__149, 202
케레스__54
케르너, 콘라트__127
케스틀린, 헤르만__180

케슬러, 니콜라우스__119, 156, 163
케이저스베르크, 가일러 폰__39
케퍼, 하인리히__153, 194
켈러, 암브로시우스__180
켈러, 요한__180
켈티스, 콘라트__183, 226
켐펜, 요한 반__146
코논, 요한__161
코르베이__37
코르비누스, 마티아스__39
코른만, 페터__127
코베르거, 안톤__95, 161, 196
코베르거, 요한__199
코베르거, 한스__123
코타, 게오르크__240
코페르니쿠스__3, 169
코흐, 시몬__232
콘라트 3세__41
콜럼버스__3
콜리누스, 고스빈__147
콜리누스, 마티누스__146, 147
콜리미티우스__228
콩티, 에티앙느 드__31
쾨니히, 콘라트__216, 222
쾨펠, 볼프__127
퀼리커, 페터__156, 164
퀼호프, 요한__131, 132
쿠나스트, 외르크__127
쿠리오, 발렌틴__169

쿠스토스, 도미니쿠스__188
쿠퍼, 크리스토포루스__205
퀸틸리아누스__11
크나페, 한스__234
크노브라우흐, 요한__122, 126
크노블로흐처, 하인리히__125
크라나흐, 루카스__242
크라우스, 요한__218
크라캄프, 요한 빌헬름__148
크라코비와, 마테우스 드__64
크라탄더, 안드레아스__169
크라프트, 요한__242
크레모나, 바르톨로모이스 폰__133
크로이스너, 프리드리히__199
크로이처, 슈테판__230
크벤텔, 페터__106, 107, 136
크벤텔, 하인리히__134
크세노폰__171, 186
클라우디아누스__227
클라인, 마테스__207
클레멘트, 페터__207, 214
클레오파트라__7
클렘__66
클로제만, 카스파르__224
클루게__242
키르헨, 야콥 폰__158
키르흐너, 암브로시우스__216
키스틀러, 바르톨로모이스__126
키케로__8, 11, 186

키클롭스, 볼프__233, 234
킨크, 요한__148
킬헨, 야콥__157

ㅌ

타너, 야콥__210, 213
타츠, 카스파르__184
타키투스__36
테렌티우스__33, 192
테오도르 가자__210
테오크리츠__34
테오크리투스__171
테오폼프__6
투르너, 하인리히__156
투르네빌, 빌헬름 폰__95
투베리우스__237
투키디데스__5, 186
트루버, 프리무스__237
트리어, 니콜라우스 폰__35
트리테미우스, 요한__76
트리트하임, 압트__53
트리폰__11, 12
티옹빌, 메를렝 드__66

ㅍ

파라켈수스__170
파르벤뷔르너, 파이트__157
파버, 바질리우스__219
파브리키우스, 게오르크__219
파이어아벤트, 지기스문트__107
파이푸스, 프리드리히__199
파일, 요한__110
판노니우스, 야누스__39
판아르츠__76
판처__94, 204
판츠만, 아우구스틴__211, 212
판츠슈만, 아우구스틴__139
팔라티나__14
팔츠, 프리드리히 폰 데어__115
페니히, 게오르크__213
페르킨스__66
페첸슈타이너, 하인리히__109
페트라르카__37, 169
페트레유스, 요한__200
페트리, 아담__168
페트리, 요한__162, 167
페트리, 하인리히__168
페페르코른__138
펠데너, 요한__190
펠리칸, 콘라트__161, 174
포겔, 바르텔__213, 242
포기오__169
포라기네, 야코부스 드__189
포르스터, 그레고르__215
포르츠하임, 야콥 폰__119, 164, 166
포르텐바흐__187
포르트, 우르반__209
포이팅어, 콘라트__39, 185

포지오, 프란츠__35
포크트, 바르톨로모이스__223
폰타누스, 야콥__188
폴리우스, 발러리아누스__12
폴리크라테스__5
폴리히, 마르틴__204
푀젤린, 에른스트__217, 218
쀨렌, 요한__146
푸르터, 미하엘__166
푸스트, 요한__55
프라이아벤트, 지그문트__221
프락셀, 한스__31
프랑크, 다비트__188
프레보스트, 니콜라우스__141
프레토리우스, 요하네스__188
프로몰트, 에버하르트__156, 160
프로벤, 요한__162
프로벤, 히에로니무스__139, 166
프로사르드__25
프로샤우어, 요한__174, 184
프로샤우어, 크리스토프__173
프로인라인, 볼프__183, 212
프뤼스, 요한__117, 122, 126
프리드리히 3세__91, 225
프리스너, 안드레아스__195
프리제, 울리히__27
프리제노, 마리노 드__36
프리츠한, 요한__242
프리츠한스, 요하네스__233

프리트베르크, 페터__105
프톨레마이오스__191
플라멘트, 아베__164
플라우투스__35
플라이덴부르프__198
플라터, 토마스__170
플라테아, 프란키스쿠스 드__133
플라톤__5, 171
플라흐, 마르틴__117
플란츠만, 요도쿠스__180
플랑크__229
플랑탱, 크리스토프__145
플루타르크__9, 31
피르린, 한스__184
피르크하이머, 빌리발트__39, 123
피세, 사보야르덴 빌헬름__54
피셔, 로렌츠__209
피스터, 알브레히트__59, 108
피우스 2세__77
피지, 라이너루스 드__195
피지스트라투스__5
핀켈트하우스, 로렌츠__217

ㅎ

하나우, 베르톨트 폰__194
하르쉬, 한스__98
하르푸루스__5
하이트머스__36
하인리히 3세__31

하일, 안드레아스__216
하일, 요한__145
하일란트, 마르쿠스__165
하일마누스__24
하일만, 안드레아스__46, 70
하일만, 안톤__46
하젤베르크, 요한__127
한크쿠비스__96
할레, 에른스트 폰__208
헤겔__77
헤네베르크, 베르톨트 폰__78
헤니쉬__188
헤로도토스__9
헤르모도루스__5
헤어고트, 요한__201
체어바겐, 요한__127, 166
헨릭페트리, 세바스티안__169
헨키스, 콘라드__92
헬마스페르거, 울리히__61
호나우, 니콜라우스 폰__116
호라티우스__12
호르닝, 안드레아스__207
호르레만, 쿠르드__93
호른켄, 루드비히__139, 211, 212

호퍼, 알브레히트__211
호퍼, 페터__213
호헨방, 루드비히__189
호헨촐러른, 프리드리히 폰__182
호흐페더, 카스파르__199
홀, 레온하르트__191
홀바인, 한스__162
회르넨, 아르놀트 테어__74, 132
회르넨, 페터 테어__132
회셀, 다비트__188
횔첼, 히에로니무스__199
후메리, 콘라트__51, 60
후스츠너, 게오르크__116
후터, 시몬__221
후텐, 울리히 폰__185, 209
후티히우스, 요한__124
후푸프, 마티아스__125
히스트, 콘라트__123
히어라트, 안톤__148
히에로니무스__10, 94
히츠호른, 유카리우스__146
히토르프, 고트프리트__138, 212
힌데눔, 안드레아스__211
힐테브란트, 요하네스__237

문자·사회·문화 총서 37

독일의 서적인쇄와 서적거래의 역사
구텐베르크의 발명에서 1600년까지

1판 1쇄   2020년 5월 30일

지 은 이 | 프리드리히 카프
옮 긴 이 | 최경은
펴 낸 이 | 김진수
펴 낸 곳 | 한국문화사
등   록 | 제1994-9호
주   소 | 서울특별시 성동구 광나루로 130 서울숲 IT캐슬 1310호
전   화 | 02-464-7708
팩   스 | 02-499-0846
이 메 일 | hkm7708@hanmail.net
홈페이지 | hph.co.kr

ISBN 978-89-6817-890-0   93010

- 이 책의 내용은 저작권법에 따라 보호받고 있습니다.
- 잘못된 책은 구매처에서 바꾸어 드립니다.
- 책값은 뒤표지에 있습니다.

- 이 도서의 국립중앙도서관 출판예정도서목록(CIP)은 서지정보유통지원시스템 홈페이지 (http://seoji.nl.go.kr)와 국가자료공동목록시스템(http://www.nl.go.kr/kolisnet) 에서 이용하실 수 있습니다(CIP제어번호: CIP2020020076.
- 이 역서는 2010년도 정부재원(교육과학기술부 학술연구조성사업비)으로 한국연구재단의 지원을 받아 이루어졌음(NRF-2010-361-A00018).